孩子不是壞，只是被情緒綁架了

用腦科學與10大教養心法
化解孩子的情緒風暴與失控行為

給家有5~12歲孩子家長的SEL教養指南

凱特・席佛頓 Kate Silverton　著

蕭秀姍　譯

THERE'S STILL NO SUCH THING AS NAUGHTY: PARENTING THE PRIMARY YEARS
(Simple Steps to Support Your Child's Mental Health from 5-12)

推薦序

為家長與孩子指引方向的情緒地圖

——KidPro醫學級兒童發展教育團隊創辦人、職能治療師
黃暐恬（恬兒）

在孩子情緒崩潰的當下，我們常常無所適從。明明只是襪子穿反了、湯太燙了、玩具被碰了一下，孩子卻像世界末日般地哭喊或爆炸。這本《孩子不是壞，只是被情緒綁架了》，用我們能理解的語言——比喻、圖像與故事——帶我們走進孩子的大腦，讓混亂的行為有了可解釋的路徑。

全書最迷人的設計之一，就是用猢猻樹來代表大腦，並且用3種動物來代表大腦的不同區域：蜥蜴（生存腦）、狒狒（情緒腦）、智叟貓頭鷹（理智腦）。這樣的比喻，簡潔又深刻。例如，當孩子突然躺在地上不肯動時，我們會知道，是「蜥蜴感到威脅，正在嘶嘶叫」；而當孩子胡亂尖叫或打人時，可能是「狒狒正捶打胸口，呼喚保護」。大人的任務，就是讓貓頭鷹——那隻智慧的、溫柔的調節者——能順利飛下來，用羽翼包住前兩者，安撫整個系統。

這本書不只解釋孩子怎麼了，也教我們怎麼做。書中提供的實用策略，從「盒式呼吸法」到「蝴蝶擁抱法」，都是扎實根基於神經科學與心理治療的介入手法。例如書中寫道：「有模式的

重複性刺激，例如跳彈跳床、打鼓、練韻律呼吸、聽音樂、按摩⋯⋯這些活動能幫助歷經創傷的孩子調節情緒，並打造出更有結構的腦部。」

書中同時提醒我們：要幫助孩子發展情緒調節能力，最關鍵的是我們自己先學會安頓自己。正如書中所說：「若我們無法以身作則，就不能期待孩子會有更好的行為。若希望孩子學會情緒調節的藝術，我們自己就必須先學會。」

這不是一本指責父母的書，而是一本用愛與理解支持大人的書。它幫我們建構出一個可以實踐的情緒教養框架，也賦予我們在情緒風暴中看見秩序與希望的眼睛。

做為一位長期與孩子、家庭一起工作的職能治療師，我深知──每一次爆炸背後，其實都是一個孩子在大聲求救。而這本書，是給我們大人的一張情緒地圖，也是一個柔性的指引：讓我們回頭牽起孩子的手，再次一起前進。

推薦序
陪你一起讀懂孩子的情緒訊號

——舞蹈治療師／心理師　蘇鈺茹

　　工作時，我常聽到家長說：「孩子都講不聽！」、「孩子很愛故意搗亂！」、「孩子很難搞，讓我們覺得很頭痛。」陪伴家長支持孩子走過情緒風暴的經驗，讓我深刻理解到，孩子的問題行為或情緒狀況，其實常是孩子正在發出他們說不出口的求救訊號，而非惡意挑戰。

　　這本溫暖又實用的教養書，帶我們從身體、腦神經科學切入，一起用理解的眼光看見孩子的世界。它讓我想起創造式藝術治療裡重要的起點——「安全基地」：當孩子知道在焦慮、害怕時能回到穩定的關係中尋求安慰，他就會更有信心往外探索世界。

　　書中強調，孩子不是壞，而是還不知道如何管理情緒。他們的理性腦仍在發育，難以用語言說明焦慮、悲傷、羞愧等情緒，才會透過「頂嘴」、「不配合」、「發脾氣」等行為來表達。這本書正是在教我們如何讀懂這些非語言的情緒訊號。

　　我喜歡作者真誠又帶有幽默的語氣，既不說教，也不塑造完美父母的魔幻期待。她以豐富的故事和舉例，邀請我們一起先放

下「應該怎樣」的框架,嘗試去好奇、去理解孩子各種問題行為背後的原因。

此外,書中以「蜥蜴腦、狒狒腦、貓頭鷹腦」三種動物比喻孩子大腦運作,簡單又好記。從兄弟姊妹爭執到突然爆炸的崩潰時刻,書中提供許多實用建議與遊戲方法,可以幫助我們陪著孩子一起學習調節情緒、整理內在、發展出更健康的表達方式。家長也能從中練習如何在「愛」與「界限」之間找到平衡,成為更有彈性、更有覺察的支持者。

如果你的孩子正處於學齡期,你也常納悶「為什麼孩子總是這樣?」、「我還能怎麼做?」,誠摯邀請你打開本書,陪孩子一起走過那些看似「不乖」、其實是他們正在尋求連結的時刻,讓親子關係更有彈性,也幫助你更深入認識孩子與自己。

＊本文作者著有:《成為孩子的安全基地:心理師教你如何培養孩子的情緒彈性,陪你在育兒的路上好好照顧自己》、《不想談也沒關係:心理師帶你以非語言方式,為封閉的心靈打開些許空間,擺脫失落,獲得療癒》(合著)

目錄

推薦序
為家長與孩子指引方向的情緒地圖　003

推薦序
陪你一起讀懂孩子的情緒訊號　005

前言　015

Part 1
理解行為與處理情緒　021

Chapter 1
觀念建立── 為何我們得了解腦部的發展進程　023
蜥蜴、狒狒與智叟貓頭鷹　027

Chapter 2
觀念建立── 孩子的「不當行為」與神經系統的關聯　044
會上升，必定也會下降：副交感神經系統──我們的「降落傘」　047
「發生在迷走神經中的事，不會只停留在迷走神經中」　048
倒下／僵住　057

Chapter 3
冷靜── 解決父母的壓力　060
通通抖掉（不用大吼大叫）　065
蝴蝶擁抱法　067
為什麼要規律地搖啊搖　067
呼吸　068
改善你的「迷走神經張力」　072
暫停的力量　072

睡眠	073
你的時間	074
最後一步,接受諮詢	075

Chapter 4
讓孩子冷靜—— 如何釋放孩子的壓力   078

跟孩子聊聊他們的壓力反應	078
幫孩子設定行為界限	089
傾聽、同理、同在	090

Chapter 5
接住情緒—— 憤怒處理與強烈情緒爆發   095

學習情緒素養的工具	100
實情之箭與情緒共鳴	106

Part 2
建立安全穩固的支持關係   115

Chapter 6
連結—— 為何我們必須先建立連結,才能引導孩子   117

破裂與修復	124

Chapter 7
創意—— 依附遊戲的重要性   134

將遊戲融入日常作息	136
玩遊戲的基本規則	138
遊戲時間的靈感	142
如何結束遊戲時間	147

Chapter 8
好奇心—— 為何好奇心是王道!   151

複述的力量	153
把個人情緒放一邊	159

Chapter 9
溝通—— 這是條雙向道　171
避免負面批評與羞辱　174
閉上自己的嘴，讓孩子發聲　176
消去批評的意見　177
斟酌你的語氣　178
所有行為都是一種溝通　180
願意溝通就能找到解方　184

Chapter 10
同理與關懷—— 即使孩子好像關上了心門，我們仍能保持敞開的心　188
以設定界限代替處罰　190
選擇與自然後果　192
做孩子的榜樣　195
關懷與自我意識　196
「善意對待」　197
關懷與自我照顧　198

Chapter 11
約定與危機管理—— 搞定孩子的崩潰時刻　205
協助孩子穿越情緒風暴　206
一級情緒風暴　209
二級情緒風暴　211
三級情緒風暴　216
危機管理計畫　219
孩子希望獨處時怎麼辦　227

Chapter 12
關鍵對話—— 什麼時候該說什麼話　238
複述　238
把個人情緒放一邊　239
做開放式提問　239

不要預設立場	240
避免問為什麼	241
先別急著解決問題	241
「我在想」	243
用「部分」來表示	243
別把你的感受強加在孩子身上	244
認同並接納孩子的情緒	245
不要擅自解讀孩子的畫	245
說話精簡	246
避免陷入情緒陷阱	246
大人也要懂得道歉	249
理解與陪伴	250
選擇與後果	254
用說故事的方式來說理	254

Part 3
實戰演練時刻   257

Chapter 13
上學相關問題   259

分離焦慮	261
拒學	266
霸凌	267
羞辱與孩子的自我認知	271
面對別離	272

Chapter 14
螢幕使用時間、社群交體與自我形象   275

智慧型手機與螢幕使用時間	275
社交媒體	280

Chapter 15
手足問題   284

手足競爭與衝突解決	287

界限與如何劃下界限　　　　　　　　　　　294
一般手足爭吵的有效快速解決方案　　　　297

Chapter 16
背景差異、困境與發展障礙　　　　302

背景差異　　　　　　　　　　　　　　302
困境　　　　　　　　　　　　　　　　304
失去與悲痛　　　　　　　　　　　　　304
發展障礙　　　　　　　　　　　　　　312

Chapter 17
社群　　　　　　　　　　　　　　323

資源　　　　　　　　　　　　　　　　330
致謝　　　　　　　　　　　　　　　　332

我們與其他人類之間存在著極其精密的連結，尤其是在成長過程中。我們的人際關係在生理和心理上都深植於我們每個人之中，塑造了我們對自己和世界的感受與思考方式。這些關係可以做為我們的錨點，幫助我們培養面對逆境的韌性，並提供一個安全的基地，讓我們能夠冒險探索世界。人腦從根本上來說是一種社會器官。它不僅確保了我們做為個體的生存，也確保了我們做為一個物種的生存。這就是為什麼人際關係如此重要。

——倫敦大學學院神經科學暨精神病理學教授
艾蒙・麥克羅瑞（Eamon McCrory）

給麗莎,沒有妳我永遠不會知道這些事

作者說明

保密原則是治療關係的基石。本書提及的真實育兒故事,皆已獲得書面授權,並對人物身分進行變更。在某些情況下,來自不同家長與孩子的經歷與情境,也會被整合歸於一位當事人,以保護個人隱私。

用語說明

孩子的照護者有許多不同的形式與稱謂。我由衷致敬並肯定所有投入養育或照顧兒童的人們所展現的無私承擔:無論是父母、主要照顧者、寄養家庭、收養父母、祖父母、親屬照顧者、繼父母,或是教師、社工與醫療人員等。在本書中,為求簡明易讀,我將一律以「父母」做為泛稱,用以代表所有在孩子成長中扮演重要角色的照顧者。

前言

　　身為兒童治療師以及有2個上小學的孩子的母親，我非常了解教養孩子是多麼困難、繁重、令人筋疲力盡的一份工作。

　　「我在教養裡已經感受不到任何喜悅了。」我的新個案妮姬在第一次諮詢時這樣告訴我。她說她6歲的兒子「完全不受控」，常常對她說「我討厭你」、「你很無聊」，而她也坦承，每天與孩子相處的那幾個小時，是她一天中最艱難的時刻。

　　她一邊搖頭，一邊難過且不可置信地說，這不是她想像中當媽媽的樣子。

　　她問了我3個問題，也可能是我們在教養感到困頓時常會自問的問題：

- 「是我哪裡做錯了嗎？」
- 「是我的孩子有問題嗎？」
- 「現在改變還來得及嗎？」

　　我寫這本書，是希望為父母帶來希望（當然也會有解答），幫助我們重新建立與孩子之間的親密連結，並且讓家庭恢復和諧與溫暖。

　　當父母需要協助時，並不是因為我們不夠好、不夠能幹，而

是因為這份工作真的非常辛苦。教養的承諾與責任是沒有盡頭的,而我們往往還要獨自面對,資訊又充滿矛盾,還得花精力與時間滿足孩子的種種需求。

但我們要記得:過去並不是這樣的。我們的祖先在小型社群中養育孩子,幾乎每一位大人與青少年都參與其中。這種跨世代的共同教養,成為一股強而有力的社會支持,也讓父母能夠憑著直覺去照顧孩子,這份直覺則是來自代代相傳的智慧。而如今,當社區支持的教養方式逐漸消失,取而代之的是一堆意見導向的政策與教養方式,即使這些方式立意良善,卻常常讓我們站在孩子的對立面,也讓孩子有所反抗。

我們沒有人想跟孩子對立。這種情況在孩子進入青春期後只會變得更加嚴重。如果我們想要守護孩子的心理健康,並且一生都與他們維持快樂、健康的關係,我們就必須認真學習近年來關於「兒童發展」以及特別是「神經生物學」的最新發現。這些研究清楚說明了孩子為什麼會有某些行為。這些領域所揭露的研究結果不僅令人振奮且深入,甚至足以改變我們的人生。

這也是為什麼我要讓「科學」成為本書的基礎。這不只是為了幫助我們找回直覺、提升教養信心,更印證了我們祖先本能知道的一件事:孩子本質上是由**感覺**,而非受「理性」驅動的生物。而如果我們想真正理解孩子,我們也必須學會成為一個更「有感」的大人。

當我們理解孩子的行為是受到他們的神經系統驅動,而不是所謂的「壞」或「不乖」,我們就能用不同的方式看待孩子的發展,並且用更多的同理與關懷去陪伴他們。

許多時候，我們會持續使用某種教養方式，只因為我們「一直以來都是這樣做的」。近年來，「紀律」（discipline）這個詞經常與用處罰和嚴厲措施來控制孩子的行為畫上等號。但其實，discipline這個字來自拉丁文discipulus，意思是「學習」。而我將在本書中示範：我們完全無須用處罰的方式，就能教會孩子如何維持良好的行為。

最有效的方式，是透過設立界限與示範我們希望孩子展現的行為，而不是反覆呈現我們不希望他們學習的行為。

我在這裡與你分享的一切，來自我數十年來的經驗累積：包括我個人的心理治療歷程、學術研究、身為母親的實踐，以及我在兒童臨床工作中的所見所學。這些資訊都有實證基礎，而書中的練習則根植於所謂的「創傷知情教養實務」（trauma-informed practice）。這些也正是我教養自己的孩子與照顧年幼個案時所採用的方法。

就像我在我的第一本書《根本沒有「不乖」這回事》（*There's No Such Thing as 'Naughty'*）中所做的那樣，我會從行為的腦科學基礎開始說明，並再次運用我設計的三個角色比喻：蜥蜴、狒狒與貓頭鷹。我的孩子現在已經長大了點，因此我會在本書中加入與他們年齡段相關的最新研究與附加概念，包括我所重視的十大教養心法──這些心法都是支持孩子心理與生理健康發展的核心支柱。

我的大腦喜歡有條理，而這十個心法也都剛好以字母C開頭！

觀念建立（Construction）

冷靜（Calm）
接住情緒（Containment）
連結（Connection）
創意（Creativity）
好奇心（Curiosity）
溝通（Communication）
同理與關懷（Compassion）
約定與危機管理（Contracts and Crisis Management）
社群（Community）

　　每一章都會聚焦在一個教養心法，我會向你說明為什麼掌握這些心法非常重要。你會在這些篇章中找到簡單、快速、實用的親子練習，還有具體的對話引導與建議。我也會分享自己的教養經驗（尤其是「出了差錯」的例子），包括我先生和其他家庭的真實案例。

　　在第三部中，我將說明你該如何將這些心法實際應用在生活中，無論是在家裡，還是出了門面對外在世界的挑戰。在最後一章中，我們會探討社群的重要性，呼籲家長在遭逢困境時敞開心胸分享自己的情況，在有需要時尋求幫忙，並為其他可能需要我們幫忙的人提供協助。

　　在一同為我們的孩子發聲的過程中，我們能引發改變，並讓那些不為我們、孩子及孩子來未健康與福祉著想的人士與政策擔起責任。當我們改變自己看待孩子的方式，我們就會看到不一樣的孩子。我們也會看到身為父母的我們有所改變。

我初次見到妮姬時，她對教養完全失去了希望與信心。但僅僅經過4次諮詢，情況便開始有所轉變。她了解大腦科學的基本原理，並和我一起練習一些實用的小技巧後，表示我建議的這些小「調整」，竟然為他們家帶來了巨大改變。她覺得自己不再那麼想控制一切、不再那麼容易批判，她的兒子也變得更平靜、更願意親近她。她驚喜地說：「妳是魔法師嗎？這改變發生得太快了，我覺得自己好像有了一個完全不同的孩子。而我的兒子確實也有了一個不同的我。」

　　我不是魔法師，但我知道如何把「魔法」帶回我們的教養中。告訴我們該怎麼做的正是科學。當我們選擇以保持玩心而非處罰的方式與孩子互動時，孩子的大腦會釋放令他們感到愉悅的神經化學物質，讓他們在我們的陪伴中感受到快樂、愛與喜悅。

　　正如著名神經科學家雅克・潘克賽普（Jaak Panksepp）所說，這些讓人感到快樂的神經物質就像是「睡美人，只等著被喚醒」[1]。

　　我寫這本書，是希望每一位父母都能與孩子建立起他們曾經夢想過的關係，也能讓孩子們擁有他們本該得到的教養經驗。我們無須等到孩子陷入危機，才去反思自己的教養方式。這就是激發我為家人利益而進行這項研究的初衷。當然，我也不是完美母親，我依然有那些氣得抓住水槽邊低聲咒罵「天啊，我真是受夠了」，身後孩子還在吵架的日子。但就如詩人與行動家馬雅・安傑洛（Maya Angelou）所說：「當我們知道得更多，我們就能做得更好。」

　　科學已經為我們打開了一扇門，讓我們理解：我們能教孩子

的事，也正是孩子能教我們的。

　　我無法保證這段旅程會永遠一帆風順，事實上也無須如此。因為往往正是在我們與孩子關係出現裂縫的時候，才蘊藏著修復與連結的最大契機。我能保證的是：你會在這本書中找到支持，也會找到那些讓你安心的答案，知道永遠不嫌晚，我們總能做出改變。就像沒有「完美的父母」，世界上，也依然沒有「壞孩子」。

　　我們**可以**成為孩子需要的那種父母，而我們所擁有的力量，遠比我們自己以為的還要多。

　　我也希望你能從本書中感受到安慰——雖然我們各自航行在不同的船上，但我們無須再孤單地航行下去。

凱特・席佛頓，2024年3月

Part 1

理解行為與處理情緒

　　第一部是關於**觀念建立**,我們會用簡單易懂的方式說明科學如何揭示孩子「壞行為」背後的真相。我們也會一起探索,如何在混亂的育兒日常中保持**冷靜**。

　　因為如果我們希望教會孩子情緒調節的能力,我們自己也必須先做出示範。

Chapter 1
觀念建立──
為何我們得了解腦部的發展進程

了解腦部，你就能了解行為

「我**恨**他！」

「我**恨**你！」

「我很**餓**！」

「她對我**不好**！」

「我把這個弄得很**糟**！」

「我肚子**痛**。」

「我**不要**穿這雙襪子！」

「我**不想**上學！」

「我**才不**做！」

　　從最初五年的育兒生活中「存活」下來，你可能會認為（大家也都這麼想），度過了嬰兒推車的階段，孩子又去上學，生活應該會過得容易點吧。

　　今年早上，我先生在仲裁了一場誰最後應該拿到Weetabix餅乾的爭奪戰後，表示那些跟他說5到12歲是「最棒（年紀）」的

人，應該「只有一個小孩」，接著再就事論事地補充道，「不然就是不常陪小孩」。

即便你想像中應該是終生摯友的手足目前仍只透過空手道交流，你也發現自己在多次崩潰後上網搜尋什麼是「憤怒管理」（這裡指的是你的崩潰，至於小孩的就先別管了），我保證都還有希望。

我們的救星以令人難以置信的樣貌現身——神經科學，準確來說是神經生物學科學。腦部與神經系統研究的革命性進展，在當前為我們具體解釋了孩子的行為。是的，包括了打人、咬人、抓人、尖叫、哭泣、生悶氣與欺負手足；科學竟然揭開了這一切奧秘。科學完全破除了「不乖」這個概念，我在第一章中會解釋箇中原因。

身為兒童治療師與兩個小學生的家長，我完全能了解孩子的行為有時是多麼令人憤怒、沮喪，甚至恐懼。我會教你如何確保孩子的行為在大方向上是安全的，並且讓家裡恢復歡樂與和諧。我也會教你，為何你無須槓上孩子就能掌控情況，以及為何你能改用你的連結力量來下指示。

我會分享我在診間以及家中會運用的實作與秘訣、情境模擬與工具。這將能協助你在幾分鐘內解讀孩子的行為，並且保持冷靜。是的，即使你的6歲兒子幼稚地將褲子套在頭上到處跑、拒絕上床睡覺，或是你11歲大的女兒在你溫柔地想跟她聊聊她今天過得如何時大叫「走開」。

本章的重點是「建立觀念」：探討孩子的腦部如何建構，又如何影響他們的行為。我們所探索的科學會解釋，無論孩子表現

得多成熟，在每個新學年來臨時多自負地站在校門口，他們有時仍會在處理壓力與成功調節內心強烈感受及情緒上陷入困境。你將會看到孩子之所以會有與你不一樣的行為，是因為他們的腦跟你的不一樣。即便是11歲的孩子，他用來探索世界的腦袋，還是不如你的來得複雜精密。懂得「腦部的建構方式」能協助我們了解原因。

> **大腦益智盒**
>
> 「我們的大腦是分階段發展的，較原始的部分會先發育，而大腦中較精細複雜的區域則是最後才成熟。讓我們能夠進行「心智化」（mentalise）、真正去理解他人如何看待世界、如何看待周遭事物的這個腦區，要到我們二十多歲時才會完全發展成熟。這也是為什麼，我們不能把小學生看做是「已經發展完成的大人」，因為他們離那個階段還很遠。真正能理解「人是怎麼運作的」這件事，需要一顆成熟的大腦才能做到。」
>
> ——當代精神分析與發展科學教授
> 彼得‧福納吉（Peter Fonagy）

孩子的腦仍在發育，這就是為什麼他們的行為也仍在發展。這表示他們**會**犯錯，也需要你在他們犯錯時給予協助。就像我

們不會在孩子數學考砸,或寫錯字時處罰他們(我希望是這樣!),我們必須在他們行為出錯時提供引導,並示範我們想看到的做法,而非展現我們不想要的行為。

從神經科學了解孩子的大腦如何發展,能協助我們在孩子做出不成熟行為時,展現出我們的關懷。因為大腦能健康發育是孩子未來良好心理健康的基礎,所以任何關心孩子的人都應該考量孩子的腦部發展情況,我們也應該善盡自己的職責。若我們想了解孩子(還有自己),我們就需要了解科學。

這裡的困難之處在於,腦科學可能跟這個器官本身一樣複雜。在孩子的腦袋中運作的那些腦部基本結構名稱,可能還比較適合當做電影《星際大戰》中角色的名字。想想看間腦(diencephalon)、大腦腳(cerebral peduncle)、橋腦(pons)、蜘蛛膜(arachnoid),更不用說胼胝體(corpus callosum)與扣帶迴(cingulate gyrus)了。難怪忙碌的父母會忽略大腦科學!人腦公認是已知世界中最複雜的生物器官之一,不過我們並不需要了解到那麼複雜的程度。

身為有時間壓力的父母,當我的孩子出現「不當行為」時,我會想要有個馬上能參考的資料,提醒**自己**「沒有『不乖』這回事」!我想出了一個簡單的比喻,以一棵樹代表腦部,並以3種動物代表腦部最具影響的區域。這個比喻顯然運用了破格的想像來解釋一些十分驚人的科學,但我發現這個易於理解的視覺比喻很有用,能協助我快速記起影響孩子行為(還有我的)的不同腦部區域,尤其是在家長不知所措的時刻!

這個比喻的靈感來自精神科醫師布魯斯・佩里博士(Dr

Bruce Perry）的腦部發育神經序列模型。[1]我會推薦你去看看他的著作，還有本書大腦益智盒中提到的所有科學家與臨床醫師的著作。這些寶貴的研究構成了本書的學術主幹，也協助我幫助自己的孩子以及診所中的年輕孩子。

在我的比喻中，整個腦部被想像成一棵大猢猻樹（baobab tree），這種樹在非洲被稱為「生命之樹」。猢猻樹是三種動物的家：一隻蜥蜴、一隻狒狒與一隻具有智慧的老貓頭鷹。每隻動物代表腦部的不同區域，每個區域影響著我們行為的不同面向。實際上，這些腦部區域在多數方面都相互關聯且共同合作。雖然在孩子出生時這些部位都已經存在，但腦部不同的部位與區域發展的速度並不相同。

本書的比喻新增了一個部分，神經系統由猢猻樹的根部來代表。我們的身體與腦部都是經由神經系統來回傳遞資訊。了解神經系統以及腦部如何發展，就能解釋孩子的每個行為。就讓我們從頭來看看為什麼是這樣。

蜥蜴、狒狒與智叟貓頭鷹

蜥蜴腦

在受精後的幾週內，孩子腦部的第一個部位就會開始發育形成。這個部位就是所謂的腦幹，它讓嬰兒能在子宮中存活：負責調節呼吸、心跳、血壓、吞嚥與睡眠模式。

腦幹也與攝食、平衡與協調有關，對孩子的意識、知覺與動作都有重要影響。腦幹與小腦和間腦組成了我們所說的「生

存腦」。它們的功能都在幫助我們生存。這就是為什麼它們會與孩子的壓力反應有關：孩子感受到威脅、挑戰或恐懼時所做的行為，就是壓力反應。憂鬱也源自於此。

我將這些部位想像成蜥蜴，因為它們代表著腦的最原始部分，跟爬蟲動物的大腦非常相像，已經存在數億年之久。

了解它們的功能，能協助我們解讀孩子們的焦慮、反抗與古怪行為，也讓我們更能包容與安撫孩子們的這些行為。

腦幹經由脊髓將孩子的腦部與其他身體部位相連，所以它也構成了孩子的部分神經系統。就像腦幹（或「蜥蜴腦」）能讓孩子在子宮中存活，它們也讓孩子能在當下存活。它監督著我們不太會意識到的所有行為，例如你在讀這本書時呼吸了多少次。

蜥蜴腦在與其他腦部位協力運作時，會持續掃瞄孩子（還有你）的內部環境，確認系統是否保持平衡；是否需要食物或飲水、是否有必須對抗的感染，或是否具有足夠的睡眠。想像一隻獨自坐在樹幹基部的蜥蜴，警戒著周遭的環境，感知著孩子會聽到、看到、嘗到、感覺到與聞到的一切。就像身處野外的蜥蜴，若是它感受到任何危險，就會**馬上採取行動**。

這個古老又原始的腦部位，對孩子的日常行為有極大的影響。若孩子覺得太餓或太冷，或是感到焦慮或害怕，或周圍環境太吵，蜥蜴腦就會驅動壓力反應，並驅使孩子對外部「危險」做出反應。甚至大腦只是**感知**到具有威脅性的想法，也會觸發這種反應。若孩子正在煩惱即將到來的拼字考試，或有別的孩子跑到他們背後大叫，在他們還沒有察覺到之前，蜥蜴腦就會有所反應了。

> ## 大腦益智盒 [2]
>
> 「即便我們在認知層級沒有察覺到危險,我們的身體也已經開始在神經生理層級進行一系列的神經程序,以促成戰鬥、逃跑或僵住這類應變防禦行為。」
>
> ——《多重迷走神經理論》(*The Polyvagal Theory*)作者、心理學家暨神經科學家,史蒂芬・波吉斯博士
> (Dr Stephen W. Porges)

生理學家沃爾特・坎農(Walter Cannon)是第一位以「戰鬥或逃跑」反應來描述壓力反應的人。[3]無論何時,只要你的孩子表現出挑釁、煩躁、憤怒或「攻擊性」,你就應該意識到他們實際上正處於戰鬥或逃跑的狀態。

面對在學校度過漫長的一天後跺腳大喊「我好餓!」的孩子,或是孩子拿走另一位手足最心愛的玩具所引發的咆哮與打架場面,你都應該想到誘發孩子壓力反應的成因。

想想若是你太常熬夜,你多快就會開始跺腳或咆哮?或是你太常錯過吃飯時間,你多快就會感到煩躁或「餓怒」(hanger)?大腦會持續監控我們的狀態,若是發現我們可能處在「挨餓」的危險,或是因睡眠不足而變得脆弱,就會驅使我們有所行動。

逃跑反應會協助我們避開危險,而不是正面迎戰。帶孩子到

某些他們不熟悉的新地方,你可能就會在孩子身上看到這樣的反應。這類地方像是:生日派對、吵雜的餐廳、新朋友的家、第一天到新學校。

當逃跑反應被觸發時,孩子可能會繞圈跑,或逃離你身旁。我們常會看到孩子在緊張或害怕時逃走。這種行為很容易被解讀為「不乖」,但這是孩子的腦部感測到危險並迫使他們採取行動的徵兆。興奮、害怕、丟臉、尷尬、生氣或無聊等情緒,都可能觸發戰鬥或逃跑的反應。

若孩子感覺受到威脅,腦部卻偵測到他們無法戰鬥也無法逃跑時,他們可能就出現**僵住**、**昏厥**或**倒下**等壓力反應。

孩子在課堂碰上無法回答的問題而感到不知所措時,也可能會僵住,兩眼茫然地看著前方。或有人對他們大聲咆哮時,他們也可能會變得沉默。就像野外的蜥蜴在遇到無法戰鬥也無法逃跑的情況時,可能會保持靜止狀態一樣,僵住也提供了孩子無須移動身體的一種「逃離」方式。我們可能會看到孩子找尋躲避的地方,藏在桌子下或拒絕移動。僵住是一種解離(dissociation)狀態,我們常在經歷過創傷的孩子身上看到這樣的反應,就連像我們這樣的成人也會有相同反應。

若孩子完全陷在恐懼中,或甚至歷經內疚、尷尬或丟臉這類排山倒海而來的情緒,就有可能昏厥或倒下。如同前面所說,若是他們無法逃跑或戰鬥,我們可能就會看到孩子癱倒在地板上。看起來在身體或心理上沒有反應的孩子,常會被認為是故意作怪,或是「不乖」。我曾看過老師與家長拚了命要把倒在地上的孩子拉起來,要求他們別再「搞怪」。但孩子的腦幹與神經系統

其實只是正在做它們本來該做的事情。我要再次聲明,這個反應完全是無意識的。孩子不是故意的,就像有的大人也無法控制自己在看到血時昏倒。昏厥是倒下反應的另一個例子。

> **大腦益智盒**
>
> 「當遭到威脅或受傷時,所有的動物都會從可能反應的『資料庫』中找尋應對策略。[4]我們會定位、閃避、躲藏、身體僵硬、緊繃、退縮、戰鬥、逃跑、定住不動、崩潰等等。這一切都是以身體為基礎的協調反應,是身體為了保護與防禦自己所做的事情。」
>
> ——《喚醒老虎》(*Waking the Tiger*)作者　彼得・列文博士
> (Dr Peter Levine)

因為我們沒上過神經生理學,也沒學過神經系統是如何應對威脅(我們之中有多少人有過這種經驗?!),所以我們都能理解,為何我們和上個世代在看到孩子出現讓我們無法理解的舉動時,會驟下他們看起來很「不乖」(甚至覺得他們亂來)的結論。理解當孩子感受到威脅時,他們的大腦部是如何驅動他們的行為,有助於我們更正確地看待他們的舉動。

你將會在本書的第二部發現許多實作方法,這些方法能協助你解讀孩子那些時常令人不解(有時還讓人感到丟臉)的行為。

此外，我也會教你如何在這些時刻給予孩子有效的協助，快速幫助他們冷靜下來。

我們也會探討那些採取我們可能會稱為「取悅他人」這種生存機制的孩子，心理治療師佩特・沃克（Pete Walker）將此種機制定義為「**討好**」（fawn）。[5]這個反應同樣傾向於發生在孩子受到威脅的狀況，或是孩子碰到讓他們感覺受到威脅的人物時。選擇以討好做為生存反應的孩子，在家中或班級中容易遭到忽視，因為他們的表現一直很「良好」。然而，「討好」成了學到要對周遭的人讓步的孩子的防禦機制，無論對象是他們的手足、朋友、父母或老師，以避免讓他們感到不快，或遭遇威脅或更糟糕的情況。過度順從的孩子將他人的需求置於自身需求之上，恐將深深影響他們的幸福感（wellbeing）。孩子的大腦在確定沒有其他選項（例如戰鬥、逃跑或倒下）能擔保孩子的生存時，同樣會啟動這個機制。我們常在受過創傷或虐待的孩子身上看到所謂的討好行為。[6]

了解腦部對孩子行為的影響，能改變我們看待孩子及教養的方式。有著「不受控的蜥蜴腦」的孩子並不是「不乖」，他甚至只是個無法停下來**思考**的孩子。

負責應對緊急情況的腦部位，已經經過數百萬年的有效演化。它們並非是設計來阻止我們對行為後果進行思考，因為當生存危機出現時，已經沒有時間讓你思考了。你的孩子崩潰倒在超市走道上，並不是故意要給你難堪；當手足搶走最後一塊蛋糕，或是另一個孩子在足球場上過度阻截他們，他們同樣難以控制那股想揍人的衝動。這並不是說，我們應該鼓勵或忽視會讓孩子自

己或周圍人們受傷的危險行為。我會以實際的方式說明，為何設下行為界限並對孩子的舉措有正確的期待非常重要。若是我們想幫助孩子了解以及應對這個非常容易反應也非常原始的大腦部位，我們就必須以身作則，做出那些我們想在孩子身上看到的行為：懂得反省、展現關懷且情緒穩定。

我也在第二部中談到了焦慮。我們的腦還沒有演化到能分辨身體與情緒上的威脅。這就是為何孩子在擔心害怕時會感覺到自己好像真的有危險，這也是為什麼孩子與朋友交惡、面對即將來臨的考試，或想到他們將在學校做的表演，會跟他們在公園遇到一隻對他們吠叫猛衝的狗一樣，引發出戰鬥／逃跑反應。

學習腦知識並協助孩子了解大腦，能幫助他們調整自己的行為。我將會示範當孩子的蜥蜴腦受到驚嚇時該如何安撫孩子，以及該如何協助孩子面對挑戰、建立韌性，克服對未來的擔憂與焦慮。

接下來，讓我們看看孩子腦中下一個仍需完整發展，以及我比喻為「狒狒腦」的部位。

狒狒腦

這裡就是科學家常說的邊緣腦（limbic brain）。孩子出生後的最初幾年，是邊緣腦發育最快速也最顯著的時期。我之所以會以狒狒來代表邊緣腦，是因為這是所有哺乳動物（例如貓狗）都會有的哺乳動物腦。腦中的蜥蜴區與狒狒區會一同合作，影響孩子較原始的行為，因為這兩個區域都非常注重生存。

狒狒坐在蜥蜴上方高一點的樹枝上。牠的技能較為複雜，因

為牠跟孤僻的蜥蜴不同，全心投入處理人際關係以及與他人的連結。

當你的孩子還是學步的幼兒時，驅動他們踏出第一步、說出第一個字、對你展現第一個燦爛笑容的就是狒狒腦。這些對我們而言的美好時刻，對狒狒而言則是成長旅程上的重要儀式。狒狒知道，孩子無法獨自存活。這就是為何狒狒會鼓勵孩子與主要照顧者（我們）建立心理連結，也就是所謂的「依附」（attachment）關係。幼兒的這些可愛聲音與笑容，就是專門設計來確保你在掠食者出現時不會輕易忘記他！

為了在生命的前幾年健康發育，孩子的狒狒需要持續受到關照，並取得安全感。擁有可信賴且充滿關愛的關係，能幫助孩子建立信任感，並在未來與主要照顧者分離時發展出健康的應對機制。這很重要，因為這形塑了孩子未來處理壓力的能力。這就是為什麼孩子在最初三年所受到的照顧，對於協助他們調節情緒與建立未來韌性至關重要。

因為工作、疾病、住院、喪親等等原因，導致孩子過早與主要照顧者長時間分離，有時可能會造成孩子未來出現焦慮以及壓力所引起的心理健康問題。

對此有所理解，能協助我們以更加疼惜的角度看待孩子（當然還有我們自己）的行為脈絡。你或許會擔心自己的缺席、所受的壓力或心理問題影響到孩子，但我向你保證，我也會提供你這方面的引導。因為即便今日你對你與孩子之間的關係有任何擔憂，故事也無須在此畫下句點。就像我們在心理治療中所說的，斷裂的地方總會修復。

我們每次協助孩子處理他們的恐懼、焦憂與「壓力」時，就是在幫助他們學習如何在未來做到這些事情。我們就是用這樣的方式建立情緒韌性，什麼時候開始都不嫌晚。

孩子的許多早期經驗都以記憶的形式儲存在這部分的腦中。孩子的記憶、情緒與感受，都能讓他記得那些他喜愛與覺得有安全感的活動與人們，反之亦然，這一切都是對孩子的生存而言相當重要的指引。

腦中的杏仁核（amygdala）負責處理我們的記憶，也賦予記憶情緒上的意義。被認為是腦部恐懼中心的杏仁核，與腦幹密切合作，一同處理可能與我們的生存相關的訊息。

大腦益智盒

「身為邊緣系統關鍵部位的杏仁核，會從所有外部感官與身體接收傳入的訊息，並能在小於0.1秒的時間內偵測到潛在威脅，這比大腦創造出有意識的想法或感覺快速許多。」

——《以腦為基礎的教養法》（*Brain-Based Parenting*）作者丹尼爾・休斯博士（Dr Daniel Hughes）與強納生・貝林博士（Dr Jonathan Baylin）

杏仁核負責處理憤怒、恐懼與愉悅這類強烈情緒。這也是我

的孩子在外婆來家裡時會馬上感到興奮的原因,因為孩子的狒狒腦將外婆連結到與她玩遊戲的正向感受以及記憶(可能還有她帶來的巧克力!)。

相反的,若孩子在學校遭到訓斥,或在操場上與朋友大吵一架,杏仁核可能就會以負面的方式處理這些事件,而且相關的記憶就會被「貼上」丟臉、尷尬和恐懼這類負面標籤。負面事件更容易被記住,因為這些事件可能關乎生存,所以腦部會優先記住這類體驗。這意味著,即使只是想到明天要上學就可能觸發壓力反應,因為學校現在跟負面事件有了關聯。

我們將在第二章中看到,這可能會導致**全身**反應,驅動戰鬥、逃跑、僵住與倒下這類防禦行為。以下是最近連絡我的家長喬親身體會到的事情。

喬,身為6歲奧莉芙、3歲米亞與寶寶馬修的母親

我有3個孩子了,最大的孩子奧莉芙最近在上學途中開始「作怪」,拖拖拉拉、堅持她的襪子「沒拉好」,還唉唉叫我走得太快。我們要停下來好多次,而我同時還得顧著嬰兒車以及蹣跚走步的幼兒,這讓我感到很挫折。我們到達校門口時,奧莉芙因此「大發脾氣」。我連絡凱特時,她要我花點時間想想為何會發生這種情況。是否有什麼事讓奧莉芙心煩,或是學校裡有什麼事讓她不開心?而我在壓力極大的情況下,就直接認定奧莉芙很難

搞！

　　隔天，我打從心底好奇地問她：「襪子沒拉好有這麼重要嗎？」奧莉芙馬上泣不成聲地哀嚎道：「襪子有拉好，我的膝蓋就不會受傷！」她上星期在操場跌得很慘，流了不少血。難怪她會想把襪子「拉好」，因為她想保護她的膝蓋！我依照凱特的建議跟奧莉芙聊了一下跌倒這件事，我們談到「膝蓋受傷」與「都是血」，還有這真的很痛也很可怕。我意識到跌倒不只在奧莉芙身上留下了傷口。奧莉芙非常害怕再次跌倒受傷。

　　我覺得自己之前生氣實在太糟糕了，因此我停下腳步，跟奧莉芙一同靠牆坐下，並且抱著她。奧莉芙又哭了一會兒，然後投入我的懷抱。我告訴她，我現在完全了解為什麼對她來說襪子「拉好」這麼重要了。現在我冷靜下來，自然就會想到要怎麼解決問題，而不責備她！我問奧莉芙，穿褲襪能讓在她跑步時安心一點嗎？她開心（與鬆了一口氣）的模樣融化了我的心。現在奧莉芙穿褲襪上學，走路上學也成了一件開心的事。這讓我好像成了有史以來最好的媽媽，而這一切不過是因為我停下腳步去思考原因。

....

　　在這個例子中，事件（令人討厭的跌倒）與相關的受傷及疼痛感受記憶結合，**觸發了奧莉芙的狒狒腦**。受傷是對生存的潛在威脅，所以狒狒腦在奧莉芙比較靠近學校時，就會翻起跟斗來。狒狒腦的工作是保護奧莉芙，所以它會盡可能地阻止她去上學（逃跑反應），然後當奧莉芙的媽媽堅持要走快一點，它就會以拒

絕走快一點的方式來「戰鬥」。這就是我們會看到孩子堅持「我**不要！**」的情況。奧莉芙的蜥蜴腦與狒狒腦正在驅使她去拉她的襪子，這既是一種拖延策略，也能在跌倒時「保護」她。真是太聰明了！不過這種行為會造成她自己的狒狒腦與媽媽的狒狒腦對立，因為媽媽的狒狒腦也會因孩子上學遲到這種難堪行為而覺得有壓力。

難怪奧莉芙會這麼難搞，最後在校門口以「崩潰」的方式**倒下**。只有在喬協助奧莉芙處理跌倒這件事，了解她的疼痛與害怕再跌倒的焦慮，她才能釋放壓抑的情緒大哭一場，並進一步「驅除」壓力反應。在緊急情況解除後，奧莉芙與媽媽能走路去上學，問題有了解決辦法，奧莉芙也恢復到日常平和且開心的狀態。

在第二部中，我將會示範該如何鼓勵孩子對我們說出他們的感受，而不是用崩潰的方式來反應。我也會解釋你該如何協助孩子，以更安全也更適當的方式，釋放壓力反應。

當我們的「智叟貓頭鷹」當家時，我們就做得到。

智叟貓頭鷹

智叟貓頭鷹的正式名稱為前額葉皮質（prefrontal cortex），這是讓人類有別於其他多數動物的人腦區域。這個所謂「更高級」或更複雜的思考腦，要到大約3歲才會開始上線，並到成人時期才會發育成熟。這就是為何孩子年紀小時，很容易就會感受到壓力。因為它是協助我們處理壓力與調節重大感受與情緒的大腦部位──而且它仍在發育中。智叟貓頭鷹協助我們學習、具有

同理心、從他人的角度來思考世界,以及解決問題。智叟貓頭鷹讓我們能從錯誤中學習、建立韌性,以及擁有強烈的自我意識。智叟貓頭鷹所代表的大腦部位讓我們能感知時間,思考過去與現在,並了解概念與細膩的想法。

> **大腦益智盒**
>
> 「心智化讓我們能從外部檢視自己,並從內部觀察他人。它讓我們能理解誤會,並能主觀地認識自己。這些心理學技巧讓我們在很大程度上能以直觀的方式,自發性地了解自己的行為,以及經由考量他人信念、欲望與感受,也就是他們的心理狀態,來了解他人的行為。」
>
> ——當代精神分析與發展科學教授　福納吉

擁有智叟貓頭鷹,能協助我們分辨對錯,思考我們行動的後果。腦的這個部位得益於貓頭鷹坐在高聳樹冠上的「大局觀」,能協助我們將自身經驗以及他人置入事件的脈絡中,提供我們清晰的視角。

若是我們的蜥蜴受到驚嚇(像我想像中的那樣「嘶嘶叫」),或是我們的狒狒驚慌得捶打胸口,我們的貓頭鷹就會俯衝下來,以溫暖舒適的羽翼抱住牠們,安撫道:「放心,不會有

事的。」如同我們將看到的，我們就是以這種方式成功調節情緒，並打造良好心理健康的穩固基礎。這正是神經精神科醫師丹尼爾‧席格博士（Dr Daniel Siegel）所說的擁有良好的「垂直整合」。[7]

同樣的，若威脅真實存在，我們強大的貓頭鷹就會協助整合狒狒及蜥蜴，組成一支出色的團隊聯手保護我們！簡而言之，擁有貓頭鷹腦讓我們能開心駕馭人生，在享受高昂興致與體驗人生低潮時，不至於感到不知所措。

但……你的孩子尚未擁有智叟貓頭鷹！他們有的是很小的「小貓頭鷹」，請記住，那是一隻還在學習的小貓頭鷹。

當然，孩子的前額葉皮質比起幼兒時期已更加發達，這也解釋了為何他們現在在學校坐著不動與集中注意力的時間比較長，情緒崩潰的情況也越來越少（希望是這樣）。不過若是孩子有擔心的事，或是生病、疲勞、受到挑戰，還是那天過得不太好，或是有人說了讓他們難過的話、他們的足球隊輸了比賽，你通常都能確定他們的蜥蜴與狒狒肯定會跳上駕駛座。

即使到了11歲，孩子的小貓頭鷹也還沒有太多人生歷練，沒有能自信俯衝下來安撫蜥蜴與狒狒的智慧或羽翼。但**你的智叟貓頭鷹可以**。

無論何時，也無論基於什麼原因，只要孩子陷入困境（無論對你而言原因有多不合理），派出你的智叟貓頭鷹是讓他冷靜下來最快也最健康的方式。

簡而言之，在你的溫暖、關愛與理解下，你能向小貓頭鷹示範該如何駕馭一切。這可能違反你的直覺，特別若是你像我老公

一樣,不是以這種方式被養大的。

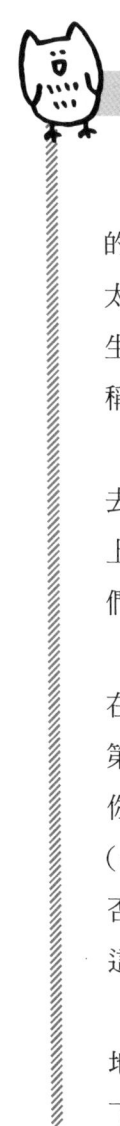

與麥克一起練習

身為在英格蘭東北部艱苦社會住宅中長大的人,我的家人很少會(如果有的話)談到感受,我得承認我太太凱特的「智叟貓頭鷹」教養法,一開始讓我覺得很陌生。我擔心這會讓我們「放縱」孩子在家做出那些能統稱為「不乖」的行為!

像我們7歲的兒子威爾伯就會在我們的床上跳來跳去。他早上就會這麼做,這不只會把床弄亂,還會讓他上學遲到。所以我會大叫「停下來!」,並將他趕出我們的房間。

某天早上,由於我的教育方式顯然起不了作用,在沮喪中我思考著若是凱特這時會說什麼。她在她的第一本書中提出了她稱為SAS的建議,「說出(say)你看到的」行為,並說出那是何種行為,然後認同(acknowledge)可能與此行為有關的情緒,像是孩子是否顯得苦惱、生氣、憤怒或失望。最後再安撫(soothe)這些令孩子感到難受的情緒。

我來到正在跳東跳西的威爾伯面前,盡可能平靜地說:「威爾伯,我看到你在我們床上跳。」我停頓一下,慎重說道:「你好像有點在嘶嘶叫(frizzy)?你想

跟我說說怎麼了嗎？」

「嘶嘶叫」是凱特用來描述孩子們較為古怪的行為的字詞之一。威爾伯現在的舉動，應該就滿符合這個用詞。就像施了魔法般，他馬上停止跳床，脫口而出：「我跟以尚約好之後要一起玩，我現在很擔心！」

我大吃一驚，突然間一切都說得通了。威爾伯才剛到一間新學校，他跟新朋友約好了要到他家玩。他不是「不乖」，而是焦慮！

我想到他是最近才有這種「亂跳」的行為，而且差不多就是剛上新學校的時候開始的。轉學與交新朋友這種巨大轉變難免會引發緊張情緒，他是否就是以跳床的方式來緩和情緒的呢？

我想到他不在自己的床上跳，而是跑到我們床上跳，應該有特別的用意。他是否正在藉此向我展示他內在的感受？凱特常說，孩子的內在感受常會投射到外在行為。我驟下「不乖」的結論，意味著我完全錯過了威爾伯的行為所發出的信號。

以提問的方式，讓兒子感受到我想幫他，而不是斥責他，就足以讓他敞開心扉。他能用自己的話來告訴我他的感受，而不是在鋪好的床上大跳特跳，宣洩自己的感受。

我們好奇孩子內心在想什麼時，只要觀察他們的外在行為就

能略知一二。在下一章中,我將揭開孩子的神經系統如何大大影響他們的行為。因為在孩子腦中發生的一切不會只局限在腦部,還會「延伸」到身體上。

智叟貓頭鷹的智慧

- 孩子的行為之所以與大人的不同,是因為他們的腦跟大人的不一樣。
- 當我們了解大腦後,就更能理解孩子的行為。
- 以猢猻樹這種象徵性的比喻方式,能幫助我們了解大腦。這棵樹是比喻性動物蜥蜴、狒狒與智叟貓頭鷹的家。牠們代表腦的不同部位,會影響我們行為的不同面向,以及我們的內在感受。
- 我們的智叟貓頭鷹會協助我們調節強烈情緒,並從他人的視角看待世界。
- 孩子還沒擁有發育完整的智叟貓頭鷹腦。他們只有小貓頭鷹,身上還掛著學習板。
- 我們可以運用我們智叟貓頭鷹的智慧,教導小貓頭鷹如何駕馭自己。這麼做能協助孩子的大腦健康發育,並在未來擁有健康的心理。

Chapter 2

觀念建立──
孩子的「不當行為」與神經系統的關聯

發生在迷走神經的事,不會只停留在迷走神經中

　　無論威爾伯是在我們的床上跳,或是在凌晨三點吵醒我們,大叫「我房間裡有討厭的怪獸!」,驅使他做出這些行為的不只有大腦,還有神經。

　　神經系統是身體的指揮中心,其中包括腦部、脊髓及複雜的神經網絡。神經系統連結了身體所有部位,讓它們能彼此交流,創造出傳輸資訊的高速公路。在我想像的比喻中,猢猻樹長長的樹根會在身體與腦部之間來回傳遞資訊。

　　我們的神經系統,引導著我們所做、所說、所想與所感受到的一切。其中一個關鍵部分被稱為自主神經系統,你從名稱就能看出它是自主運作的。它持續監控我們是否健康,是否處在平衡中。無論我們醒著還是睡著,它都會運作,這也解釋了為何孩子若是在夜裡察覺可怕的動靜(或是威爾伯說的討厭的東西),就會馬上跳起來衝到我們房間。神經系統會確保我們生存,並協助我們了解世界以及內部感受。

　　想了解孩子的行為,就得了解他們的神經系統,因為一旦神

經系統失常,孩子就會脫序。

> ### 大腦益智盒
>
> 「雖然我們會認為腦部掌管一切,但我們日常體驗的核心與我們航行世界的方式,都始於身體的自主神經系統。[1]我們是誰、世界如何運作、我們要做什麼,以及我們感受如何等等故事,都是出自於此。形塑我們安全感與連結體驗的,正是我們的生物學。」
>
> ——治療師暨創傷顧問與《柔性塑造》(*Anchored*)作者
> 黛比・黛娜(Deb Dana)

若孩子沒有安全感(請記住,光是想像就會帶來跟真實事件同樣的威脅感),壓力荷爾蒙與化學物質就會釋放到他們體內,迫使他們採取行動——這就是壓力反應。這是自主且立即發生的。我們已經看到,跟同學約好之後去對方家玩的擔憂,如何觸發威爾伯的壓力反應,還有奧莉芙在操場跌倒也同樣引發了**她的**壓力反應。

我們的壓力反應通常被認為是正面的演化適應。這是我們的腦部與身體對恐懼的自主反應。短暫大量釋放腎上腺素與皮質醇,能幫助我們逃脫或對抗阻擋我們的一切。壓力反應讓我們能夠面對挑戰、解決問題,像是走進全是陌生人的房間、演講、鍛

鍊身體、開車，甚至談戀愛！

　　壓力反應對孩子也有正面意義。它能協助他們學會騎腳踏車、爬樹、交新朋友，以及上學第一天在校門口與你道別。有點壓力是好事。如果我們希望孩子具有韌性與自信，就得協助他們善待神經系統，正向駕馭壓力反應。沒有我們的幫忙，孩子是做不到的。壓力反應涉及**全身反應**，而這類症狀有時會讓人不知所措。

　　交感神經系統負責活化壓力反應。我都是藉由想像跳傘員（skydiver）來記住代表交感（sympathetic）的「s」。跳傘的比喻能協助我們了解我們或孩子面對驚恐或挑戰時會發生的情況。

　　讓想像，當你發現自己身著跳傘裝備，正要爬進小型Cessna 182飛機時的情況。基於未知原因，你同意要為慈善活動表演跳傘。光是想到要在三千公尺的高空中從移動的飛機中一躍而下，你的蜥蜴腦與狒狒腦就會發狂。它們（正確）偵測到潛在的生命威脅，在你還未意識到之前，那隻狒狒就跳過樹枝敲打「火災警鐘」，拚命提醒你有危險。這個警鐘就是杏仁核，若是杏仁核判定這確實會對生命造成威脅，它就會傳送擔憂的訊息到腦中名為「下視丘」的結構中。然後下視丘就會經由神經系統與身體其他部位「對話」，觸動連鎖反應。

　　回到慈善跳傘活動，由於現場還有你的家人與朋友，所以你設法壓抑恐懼，前往跑道，走進飛機中。此時你的系統處於過度驅動的狀態。你的腎上腺瘋狂分泌腎上腺素與皮質醇到血液中，讓你的心臟跳得更快，以便將血液送到四肢、肺部與腦部，準備好**行動**。飛機起飛，你的呼吸加快，將更多氧氣送到你的大腦，讓你的感覺變得超級敏銳。時間似乎慢了下來，增加的血糖賦予你更多的

能量去**戰鬥**，或在這個例子，不是逃跑，而是真的是飛起來！

這裡值得一再提醒的是，此過程是在你不自覺的情況下自主發生的。你無法有意識地控制它，對孩子而言也是一樣。

機艙門開啟，你的下視丘—腦下垂體—腎上腺系統開始發揮作用（你會了解為何我喜歡使用這個比喻），甚至給正在體內大肆搗亂的神經化學物質添加更多的壓力荷爾蒙。坐在艙門邊，看著幾千公尺下綠油油的田野，你的腦袋一片混亂、胸口緊繃，連吞口水都有困難，再加上心跳加快，胃也絞成一團。

你的智叟貓頭鷹，也就是你的前額葉皮質，抓住機會提供了一點安慰。它安撫你會恐懼是很正常的（不是開玩笑的），但它也補充，你之前已經接受過訓練（希望如此），而且你不是單獨一個人跳。此時，你的教練向你點點頭，你大口吸氣，移動到門口。然後向外跳！

在自由落下的過程中，教練冷靜與穩定的存在也協助你保持冷靜。強風陣陣吹來，不過你所受的訓練發揮作用，你設法保持平衡。嗨，你甚至開始享受腎上腺素飆升的快感與看到的美景！教練拉開傘繩，降落傘升起，阻止你落下。降落傘減緩你下降的速度，讓你緩和且安全地飄下落地。

會上升，必定也會下降：副交感神經系統——我們的「降落傘」

這是我們神經系統運作的模式。

雖然我們面對的每個挑戰，不會都像跳傘那般極端且為時較

長,但我們的大腦與身體仍會以同樣的方式因應,只是我們體驗到症狀的時間更短一些而已。例如:你的小孩衝到繁忙馬路上讓你感受到的短暫衝擊與心臟怦怦跳、重大工作面試前的手掌流汗及呼吸急促,或是在高速公路上險些失控打滑造成的巨大衝擊及雙手顫抖。

一旦度過「危機」,我們的神經系統就會恢復平衡。神經系統會這樣設計,是因為維持平衡對我們來說非常重要。我們無法處於高度緊張的狀態太久,因為症狀會過於嚴重,而且長時間過度分泌腎上腺素與皮酯醇,也會對我們的健康造成極大傷害。[2]

就像降落傘(parachute)能減緩我們跳傘時下降的速度,我們稱為副交感神經系統(parasympathetic nervous system;我們能用降落傘的「p」來記住)的部分,在我們戰鬥或逃跑後會負責恢復身體的平靜。副交感神經作用時會釋放抗焦慮的化學物質,讓我們的系統安全地恢復恆定狀態,也就是回復穩定。

我們就是藉此度過教養生活的許多考驗與磨難,維持心智與身體的平衡,無論是孩子上學就要遲到,還是一邊煮飯一邊接聽工作電話。我們的神經系統會確保這一升一降的過程,而主導下降過程的正是迷走神經。

「發生在迷走神經中的事,不會只停留在迷走神經中」

迷走神經是人體最長的神經,構成了副交感神經的主體。迷走神經負責讓我們的器官在壓力反應活化後恢復平靜。構成迷走神經的大多數個別神經元,都是感覺神經元。它們會將器官的訊

息傳送到大腦中,也會受到從環境輸入的感官訊息活化。它解釋了我們對特定人士或情境的「本能反應」,或是為何我們一走進房間,若是裡頭有人剛吵過架,我們就能感受到緊張的氣氛,或是在不用轉身的情況下,就能「感測到」有人跟著我們。

迷走神經對我們的身體與心理健康有極大的影響。研究已證實,它在控制心臟病、克隆氏症、類風溼性關節炎及帕金森氏症這類病症的發炎與免疫反應上,扮演著吃重角色。[3]目前發現,刺激迷走神經能協助患有癲癇、糖尿病、憂鬱症及創傷後壓力症候群等患者。簡單來說,健康的迷走神經是我們身心健康的基石。整脊師與功能性醫學醫師納瓦茲‧哈比(Navaz Habib)在《啟動你的迷走神經》(*Activate Your Vagus Nerve*)一書中,將迷走神經描述為「人體交響樂團指揮」。[4]這表示,迷走神經若是失調,我們也會跟著失控。

我們每個人如何反應壓力,取決於我們能夠忍受症狀的程度,以及我們恢復冷靜的速度。在第三章中,我會分享一些能啟動迷走神經的簡單方法,確保你在戰鬥/逃跑後能快速取得降落傘。我也會協助你教導孩子應用相同的方法。讓迷走神經維持良好運作是教養的關鍵,因為它除了能支持孩子的健康,還能讓孩子的行為較為平穩,並減少失控行為。

想想在某些教養節目中,大人在外頭經由監視器看到孩子在房間裡胡鬧時的情況。這是孩子處在戰鬥或逃跑狀態中,身邊卻沒有人能引導他們安定下來的關係。我將在第四章及第十章中,向你示範如何協助孩子用安全的方式來體驗與表達「火力全開」的全身性壓力反應。這代表當孩子面臨「失控」的危險時,我們

比較不會看到太多嚴重的不當行為。

壓力處理是擁有良好心理健康的關鍵，也就是我們如何應付壓力，以及如何讓自己冷靜下來。我們並非天生就有這樣的能力，得透過學習才能掌握。

因此，當孩子受到驚嚇或挑戰時，我們的回應方式將能幫助孩子調節身體與情緒的壓力反應。從孩子出生起，我們就扮演著這樣的角色了，因為寶寶還沒有自我調節的能力，需要我們協助處理他們的壓力。寶寶感到害怕時，也會體驗到皮質醇爆發的感受。每次你本能地回應，抱起寶寶並予以安撫，就會觸發美好的「關愛」荷爾蒙「催產素」及強力「腦內啡」釋放，協助安撫他們，讓他們冷靜下來。經由你充滿愛意、令人安心且可靠的存在，你已經在「訓練」孩子的韌性了。孩子在學步的幼兒期仍然需要我們協助，事實上，根據研究顯示，4歲以下的孩子每20秒就需要他人協助他們調節情緒！[5]你的孩子目前也還需要你協助。以下是一位讀過我首部著作的媽媽所分享的極佳經驗。

家長的反思

艾美，6歲李歐的母親

我們因為我先生工作的關係，搬到奧地利6個月。我與先生都不會滑雪，不過我們認為這是讓我們的兒子李歐學習滑雪的好機會。李歐一開始覺得滑雪很難，幾天後，教練想給他參加比賽的機會，讓他知道自己進步了多少。然而，教練在最後一刻才告知

李歐，當時旁邊還有很多孩子在看。當教練解釋規則以及李歐必須繞過哪些桿子，並補充說明比賽將計時時，李歐大哭起來。

他在大家面前開始對我跟我先生大吼大叫，狂瘋地試圖踢開滑雪板。然後他放低身子，坐在雪地上，「拒絕」起身。我覺得很尷尬，我得承認這時我的大狒狒接管了一切。我衝過去，用手臂穿過他腋下，拚了命想把他拉起來。我的智叟貓頭鷹本能地想停下來抱抱他，但尷尬與狒狒壓倒了貓頭鷹，於是我反而大聲斥責他「胡鬧」。

李歐氣到不行，將我推開。我能感覺到其他父母與孩子全都在看我。這讓我覺得很沒面子。然後，我腦中有個聲音咚了一下。我讀過你的《根本沒有「不乖」這回事》，所以我突然意識到李歐不是在胡鬧，他只是覺得有壓力！我突然能同理與憐憫李歐，並為自己對他的行為感到尷尬而生氣。期待一個剛接觸滑雪的6歲小孩，在他沒被事前提醒的情況下就上場比賽，實在是太過了。我無視周遭的人們，逕自坐在雪地上對李歐說我很抱歉，一切實在發生得太突然，然後運用我在書中學到的SAS技巧：說出你看到的、認同並安撫。

我對他說「我看得出來你有多生氣」，以及「我理解」。我說我知道我們事先應該多提醒他比賽的事，我覺得很抱歉。他小小的身體放鬆下來靠在我身上，我就像他小時候那樣抱著他輕輕地搖啊搖。我開始安撫他：「沒事的，媽媽在這裡。」幾分鐘後，他的狒狒終於站起來走出門外，不過我並沒有停下來！不久後他就冷靜下來了，不過我試探性地建議他，我們能走一走，看看別的孩子是怎麼做的。我告訴他觀摩之後再決定要不要比賽就

行了。李歐馬上牽住我的手,像隻搖搖晃晃的小長頸鹿似的,踩著滑雪板跟我去看看,這讓我感到很驚喜!在看過一些孩子的比賽過程後,我輕輕在他耳邊說,若是他去試試看,他一定會為自己感到驕傲的。我跟我先生向他保證我們會在一旁觀看,並在比賽結束時走下去迎接他。當他自己走到起點並完成比賽時,我心中真的滿是驕傲(也大大鬆了一口氣)!

來點智叟貓頭鷹的教養課如何?!

李歐出現典型的**倒下**反應,因為他的神經系統超載了。他才剛開始學滑雪這項新技巧,而且綁著滑雪板快速滑下很嚇人,所以他的交感神經系統已經活化!當李歐突然被告知要與其他孩子競賽,而且是在沒有準備的情況下馬上進行,他的狒狒就發狂了。他對自己被置於感覺起來是「危險的」而且可能會很丟臉的處境非常生氣。丟臉是觸發狒狒腦的重大因素,因此也觸發了壓力反應,因為就演化的角度而言,羞辱帶來的危機具有高度風險。遭到羞辱可能代表著我們不被接受,甚至可能被驅逐出「團體」。無論對我們還是對孩子來說,在公眾前遭到羞辱或丟臉都是嚴重的威脅。因此,狒狒會出現也幾乎是預料之事。李歐腦中的狒狒無法戰鬥,他只能試圖踢開滑雪板來逃避,但他也跑不掉。他還剩下什麼選項,能讓他不去做自己的大腦及身體認知為對情緒與身體有威脅的事情?結果就是:他**崩潰**了,**倒下**了。李歐既非「不乖」,也不「軟弱」,他只是個被壓力反應接管的6歲孩子。

幸好他媽媽能壓制自己一開始(可理解)的狒狒反應。她安

撫的話語以及輕柔地抱著他搖啊搖,釋放出所有美好的抗焦慮化學物質,其中包括催產素,協助蜥蜴與狒狒退場,讓小貓頭鷹挺身而進。李歐的媽媽坐在他身旁,首先讓他感到**安全**,這使他能**控制**壓力反應,並且**駕馭**它的能量。這也給了他信心,選擇上場比賽。這正是韌性的扎根之處。

兒童精神科醫師暨創傷專家佩里博士的研究,揭開當孩子遇到困難時,我們所做的**任何具有模式、規律性、重複性的動作**(例如輕柔地抱著孩子搖啊搖、發出噓噓或安撫的聲音),**都能使孩子的大腦與神經系統恢復平靜**。他解釋:「在子宮中所創造出最強大的聯結之一,就是母親心跳所產生的模式化且具重複性的活動,與不餓、不渴及感到『安全』等所有神經活動模式之間的聯結。」[6]換句話說,正如佩里醫師所說的,規律具有調節作用。

艾美讓她的智叟貓頭鷹坐上駕駛座後,便本能地知道如何安撫與調節兒子的情緒,即使他是在公眾面前崩潰。你也做得到。我知道這不簡單,而且當孩子抵抗、大哭或說「我不要」時,我們常常需要壓抑自己的狒狒反應。但這麼做很重要,因為你與孩子之間的關係,將深深影響他們未來處理壓力以及恢復的能力。

無論是上學第一天或學習新技巧,當孩子第一次試著做任何挑戰時,若我們在最初就與他們「肩並肩」一起面對,對他們幫助最大。

一直以來,人們可能仍以為孩子得自己「繫好安全帶」,或當他們害怕時,大人應該「掉頭走開」,如此陷入困境的孩子才會產生韌性。遺憾的是,研究證據顯示事實恰恰相反。我們現在知道,即便是經歷過重大困難的孩子,唯有從幫助他們度過難關

的人那裡獲得支持，才能為他們未來的韌性與良好心理健康打下穩固的基礎。

當我們能成為孩子跳傘時（也就是孩子不知所措時）冷靜且穩定的「教練」，他們就能越快學會獨自「跳傘」。

現在起李歐更有可能繼續接受任何運動挑戰了，因為他的狒狒腦這次留下了正面的記憶。這並不代表他覺得這麼做很容易，而是他第一次嘗試時有信任的大人「並肩」支持他，讓他能夠克服最初的不適感，並覺得自己有能力勝任，所以做出上場比賽的決定。

若是艾美持續斥責兒子不要胡鬧，或是不顧他的意願強迫他，可能會造成母子間的嫌隙。接下來，狒狒腦留下的負面記憶與聯結，也可能導致李歐喪失對他人的信任，讓他未來更沒有意願嘗試同類事物。若艾美因為尷尬就放棄走開，只會讓大家都覺得很糟，並錯失培養李歐韌性的機會。

大腦益智盒

「雖然人們普遍認為個人的決心、非凡的自我韌性，或是天生的英雄氣概能幫助我們戰勝苦難，不過現代科學告訴我們，擁有至少一個可信賴的支持關係與多種有助發展有效應對技巧的機會，是人們在面對重大逆境時能夠表現出色的要素。」[7]

——哈佛大學兒童發展中心（Center on the Developing Child）

若你發現自己也曾經歷過類似的情況,也請不要擔心。我也有過這樣的經驗,也知道在公共場所大發脾氣的小孩會引發大人的壓力反應。我有時也會讓自己的狒狒,而非智叟貓頭鷹介入我與孩子之間。我們都犯過錯。但我們總能修復關係,也始終都能改變,用不同的方式解決事情。重點是我們願意改變。

> **大腦益智盒**
>
> 「韌性能促進孩子健康發育,因為它能保護孩子發展中的大腦與其他器官,而這些身體部位都會受到過度活化的壓力反應系統鍛鍊。」[8]
>
> ——哈佛大學兒童發展中心

孩子的壓力反應每天都會被觸發好多次,而且常常是我們不在他們身旁的時候。像是身體不舒服、與朋友吵架、考試考砸,或是在學校的戲劇表演中講錯台詞,都會誘發壓力反應。孩子在我們的協助下能夠學會體驗與處理壓力,並且自己「拉開降落傘」,讓小貓鷹張開翅膀,帶著他們安全落地。

神經系統在多數時候都能完成出色的工作。然而,太多壓力或無法解決的壓力,會讓我們跟孩子不知所措。我們無法承受過量的皮質醇與腎上腺素在我們身體的系統中持續運行,這會讓我們沒有足夠的時間拉開降落傘並放鬆下來。若我們或孩子被迫面

對持續且無法解決的恐懼，恐怕會對我們帶來深遠的負面影響，因為屆時我們的壓力可能會變成慢性或「有毒」的壓力。

發展心理學家蘇珊・澤迪克博士（Dr Suzanne Zeedyk）與小兒科醫師娜汀・柏克・哈里斯博士（Dr Nadine Burke Harris）的研究都顯示，承受過度的壓力反應，會導致年幼的孩子未來發生功能性障礙。[9]

大腦益智盒

「當壓力系統時常被啟動而導致無法正常運作時，我們可能會說壓力系統『過度反應』。壓力系統若要處理太多無法預期、不確定或令人恐懼的事物，會沒有時間回復，導致壓力系統功能失調。它沒有能力冷靜下來，或花時間放輕鬆。壓力系統『學到』它必須隨時保持警戒，以因應環境中的威脅。如此會造成健康問題，例如呼吸急促或心跳過快，或細胞無法適當複製。時間久了，可能會變成心臟疾病或癌症。儘管這樣的影響令人不安，不過一旦我們了解壓力系統如何運作，就能明白會這樣是合理的。壓力系統功能失調也會造成情緒或心理問題，例如注意力不集中，因為你的壓力系統學到要一直關注威脅或焦慮；因為你必須處理太多不確定或不信任的事物；因為沒有大人會來幫忙。」

―― 發展心理學家　澤迪克博士

我們將在第十六章中看到（困境與創傷），童年創傷研究已經證實童年痛苦與成人健康問題之間的關聯。這樣的關聯震驚了許多人，而澤迪克博士表示，我們得有勇氣去思考這些數據所揭露出的訊息。這麼做能協助我們領會人際關係在孩子人生中的重要性。重點在於，孩子得獨立處理自己的恐懼，還是會有人幫助他們。

如果你或你的孩子感受到無法處理的壓力，或是沒有人能協助你，或是你因為各種原因無法協助你的孩子，也請不要擔心。我將會分享許多經過證實的方法與資源，來協助你與孩子安全地釋放壓力，無論是在壓力反應產生的當下，或是長期處於壓力之下。

如同哈里斯博士所言，壓力也「存在身體中」。若我們不學習駕馭壓力的正面效益，並協助孩子健康地釋放壓力，孩子可能會以不太好的方式來「驅除」這些壓力：例如在床上跳、在房間裡四處拍球、躁動不安或打架。若我們感受到內在「壓力」，卻不設法以安全的方式釋放，我們的身體就會尋找其他出路，因為神經系統總是想方設法要讓我們恢復平衡。

倒下／僵住

動不了、關機，甚至關上心門，讓令人痛苦的事件感覺起來不那麼真實，就是所謂的倒下或僵住反應。如同我之前所說，昏厥是倒下的反應之一，以跳傘的比喻進一步延伸，能想像成降落傘在我們落地時落在我們身上，將我們困在其中。就像我們發現

自己難以從蓋在身上的降落傘中爬出來，我們的身體也難以擺脫僵住或昏厥的狀態。波吉斯博士的研究就證實了這一點：「身體處於那種狀態時，正是處於一種深度自主防禦的狀態之中。」[10]

我將會示範我們該如何幫助孩子擺脫這種防禦狀態，重新取得生理平衡。一旦我們能讀懂孩子的暗示，我們的工作就變得簡單許多，也更能理解孩子的行為。

我們有時候會意識到自己忽略了孩子的暗示，而做出「錯誤舉動」，導致孩子生我們的氣，因為他們就跟李歐一樣沒有安全感，而我們當下又沒能讀懂他們的暗示。要回顧及思考我們之前忽略孩子的暗示的情況，可能不容易。再說一次，沒關係的。因為這就是我們之所在這裡的原因。

我們已經看到神經系統驅動所有重大的戰或逃行為，從跺腳到打架都包括在內。若想協助孩子**控制**壓力反應的強烈情緒與能量，我們就得處理自己的壓力反應。從下一章開始，我們將會以簡單實用的方式啟動你的迷走神經，維持你的健康與找到平衡，讓你能較為冷靜，也較能克制自己。而這麼做也將能協助你的孩子表現出冷靜且克制的行為。要協助孩子保持**冷靜**，避免讓他們更加慌亂，我們就得讓自己完全冷靜下來。任何忙碌的父母都知道這並不容易實踐。

智叟貓頭鷹的智慧

- 壓力反應是一種演化適應，用於協助我們應對壓力情況。
- 壓力反應意在幫助我們生存，這意味著它一旦被觸發，它就

會接手掌控一切。
- 壓力反應是一種全身性反應,會讓人感覺怪怪的,甚至不知所措,特別是年幼的孩子。
- 當壓力反應被觸發時,孩子幾乎無法控制自己的大腦會如何反應。
- 我們的孩子需要幫助才能冷靜下來,他們無法獨自完成這件事。
- 當孩子感受到「壓力」時,我們越能有所反應並安撫他們,就越能幫助出他們鍛鍊出韌性。
- 韌性對孩子未來的心理健康至關重要。
- 若是沒有我們的協助,孩子可能會以不安全的方式卸除與釋放戰鬥或逃跑的能量。
- 了解神經系統,我們就能協助孩子,並讓他們冷靜下來。

Chapter 3

冷靜——
解決父母的壓力

我們通常無法改變自己的處境，但我們能改變應對的方式

我倚在門邊，準備好要去學校，這時威爾伯從樓梯上衝下來，得意地說道：「我今天穿了紅色迷彩襪喔！」

我們已經快遲到，所以我已經處在高度警戒的狀態中。我已經能預見校門即將關閉，再加上將因為孩子穿錯襪子上學而感到丟臉，所以我的獅獅發火了。

「噢，不行！快給我上樓換灰色校襪！」

若是其他天，我可能就是會心一笑，揮手示意他走去鞋櫃。我其實挺喜歡他特立獨行的模樣。但今天我累了。麥克出國了，我的智叟貓頭鷹也罷工了。威爾伯上次穿紅襪子時，學校就曾打電話到家裡提醒我讓他穿校襪。這意味著我腦中的蜥蜴當下已經在「嘶嘶叫」，我的獅獅也因為預期我將會因為校襪問題又接到學校電話而感到丟臉，因此正在捶打胸口。

這一切從我腦海中閃過時，克萊蒙西從我身旁衝過，找尋她發誓她昨晚就打包好的水壺。然後，我們的小狗蓋比從花園中現身，嘴裡叼著鬆垮的灰色東西。今天是收垃圾的日子，根據那物體所散發的味道，我猜測那是狐狸吃剩的東西。

我想像我的智叟貓頭鷹正在瘋狂翻閱她的《冷靜小書》來調節自己的思緒。

我想**壓力**是我們最大的障礙，讓我們無法成為自己理想中的父母，也讓我們成了自己害怕成為的那種掃興的父母。日常生活中充滿了各式壓力，我們會把壓力視為「正常」也是人之常情。無論是太晚接小孩、掛心小孩的照顧事宜、人際關係觸礁，還是擔心工作或是更廣泛的全球事件，壓力始終如影隨行。

大腦益智盒

「對地球上絕大多數野獸來說，壓力是一種短期危機。之後要麼危機解除，要麼就是你完蛋了。我們坐下來擔心讓我們覺得有壓力的事情時，也會啟動同樣的生理反應，但若是長期接受這樣的刺激，很可能會變成一場災難。」

——《為什麼斑馬不會得胃潰瘍？》（*Why Zebras Don't Get Ulcers*）作者　羅伯・薩波斯基博士（Robert M. Sapolsky）

教養的工作常令人感到頭痛，就我所知，沒有比教養更能測試人們耐性的了。多數時候，我們出色的壓力反應啟動，讓我們能順利對付（相對性的）短期危機。然而就如我們所見，壓力反應會引發強大的身體衝動，而我們無法長期處於這種激動的狀

態。

研究已經定義出3個會導致壓力的全球性因子：不確定性、缺乏資訊與失去控制。[1]

那麼身為父母呢?! 成為父母後，壓力就成了我們日常生活的一部分。從我們起床（或被叫起床）的那一刻，到我們下班為止（算了吧，從來就沒有下班的時候），**我們**的壓力反應在一天當中會啟動許多次。若我們不學習如何健康地釋放壓力，那麼壓力不只會影響我們的健康，也會衝擊孩子的健康。

為什麼呢？因為壓力會造成臨床心理學家休斯博士與貝林博士所稱的「關懷受阻」（blocked care）。

大腦益智盒

「我們處於教養挫折或有壓力的狀態時，腦部深處與身體緊密連結的部分會被強力啟動，短暫地壓制我們的自我調節、自我意識與同理心等高等認知能力。」[2]

——《以腦為基礎的教養方式》作者　休斯博士與貝林博士

即使是最好且最具善意的父母，在壓力之下也難以保持冷靜與關愛。如同休斯與貝林所言：「當我們的身體與心理處於壓力狀態，我們本質上是『無意識的』，而非『有意識的』。」

這代表我們可能會做出或說出之後會後悔的事。像是我們在大吼時會在孩子眼中看到恐懼，以及當我們堅持「照我說的去做！」卻不好好解釋時，會感受到孩子的滿腔怒火。

　　我們有時也會失控。我知道沒有父母不會這樣，也知道沒有人喜歡大吼，以及大吼之後反撲的羞愧感及後悔。很重要的是，在這些時候我們要原諒自己，因為我們小時候大多沒有學到最重要的情緒調節藝術。

　　但學習如何更好地處理我們的壓力，是我們能給自己與孩子最好的禮物。壓力不只「存在」我們身上，也會散播到我們周遭的環境中。當狒狒在野外的矮樹叢中發現豹時，會警示地捶胸大吼，使得團體中的其他狒狒也開始捶胸大吼。這就是所謂的「壓力傳染」（stress contagion）。當我們學到情緒調節的藝術，就能停下狒狒大吼的循環，讓智叟貓頭鷹與小貓頭鷹能夠互動。

家長的反思

喬‧威克斯（Joe Wicks；在BBC喬‧威克斯播客中提到的內容）[3]

　　我兒時是在一個非常混亂的家庭中長大。家中充滿了怒吼、髒話咒罵與甩門聲——在某種程度上，這是我改變不了的家庭背景。因此，閱讀凱特的書，了解孩子腦部如何運作以及我如何做出不同的反應，幾乎就像我在訓練肌肉一樣，讓我能在壓力狀態下做出不同的反應……經由理解與想像還沒有智慧且不了解情況

的小貓頭鷹，真的徹底改變我的教養方式。

我們的孩子會從生活中學習。若我們大吼，會讓他們受到驚嚇並啟動壓力反應。由於孩子年紀還小，他們可能會選擇做出逃跑、僵住、討好或倒下等反應；不過當孩子進入由荷爾蒙驅動的青少年時期，就可能會試著對大人吼回去。

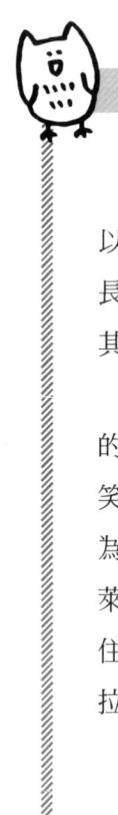

與麥克一起練習

我想凱特在本書分享的那些關於壓力的個人故事，以及壓力如何影響我們的教養方式，都是非常重要的。我長時間在外工作，當我回到家中，會發現自己亂了套，與其他人脫節，這可能會導致我做出不夠冷靜的行為。

有一次我督促孩子上床睡覺，看著他們刷牙時，7歲的威爾伯不小心把牙刷掉進馬桶裡。克萊蒙西與我馬上大笑起來，因為真的很好笑。但威爾伯當然不這麼覺得。因為被嘲笑而感到憤怒的他，完全就像狒狒一樣，對著克萊蒙西大叫。在我還沒有機會阻止之前，他就伸出手臂鎖住姊姊的喉嚨。這馬上引出了我的狒狒，我飛奔過去，拉開他，大吼：「你怎麼不**控制**一下自己的脾氣？」

諷刺的是，這句話也適用在我身上。

從我交談過的朋友來看，很少有父親在孩子打架時

> 還能像禪師一樣平和。對我而言，擔心孩子會受傷就是我失去冷靜的時候。不過我意識到如果我想協助兒子調節情緒並控制脾氣，我得先努力以身作則。
>
> 　　承認並且談談這件事，能協助我成為我想成為的父親，也對孩子示範了我希望他們做出的行為。我太累或是還在調時差時仍會做不好。在那種日子裡，我的狒狒更容易挾持我的大腦，壓下我的智叟貓頭鷹。更了解這件事能幫助我更輕鬆地控制脾氣。我現在回家時會先去跑步，不做任何重要決定，也不會看手機，以免有關工作的電子郵件觸發壓力反應。我能成為自己想成為的那種爸爸，協助孩子學習那些我很遺憾我年幼時沒有學到的基本課程。

　　用另一個關於飛行的比喻來說，就是我們得先戴好氧氣罩，才能幫孩子戴上。有許多方法能幫助我們保持身心健康，我也會在書中提到一些運動與練習，幫助你保持健康，啟動你的迷走神經，讓你能夠快速張開降落傘。

　　別擔心，我們之後一定會談到孩子的行為，但讓我們先打好自己的基礎。

通通抖掉（不用大吼大叫）

　　臨床心理學家萊文博士觀察到，被掠食者追趕的鹿或羚羊成

功逃脫後，身體會抖動或顫抖。他注意到這些動物會無法控制地抖動幾分鐘，好像真的能抖掉身體的壓力似的。一旦顫抖結束，鹿或羚羊就會回去吃草。他推斷這是動物在壓力反應後，釋放過多能量的本能方法。我個人以及在臨床工作時，都會運用他所提出的「體感經驗」研究與概念。[4] 這種自然且溫和的方式，能幫助我們釋放每天或長期累積的壓力。

萊文博士觀察到，除了人類與被圈養的動物之外的所有動物，都會運用這種方式釋放過多的壓力。由於他在野外動物身上並沒有觀察到創傷後壓力的狀況，所以為了心理與身體健康，我們能考慮嘗試一下。我想我們也該重新學習如何擺動身體。

你能自己試試看。站起來輕輕擺動，抖動你的雙手及雙腳，想像你正在發抖。你可以跺跺腳，或用手上下碰觸手臂或腿部，移動四肢與伸展。跟隨你身體的引導。若你喜歡，也能放點音樂跳跳舞，無論什麼方式，只要有助於溫和釋出日常累積在心中的壓力都行。

我也鼓勵來我治療室的孩子進行類似的練習，特別是我們有深度的治療課程時。我們可能會四處跺腳、放音樂、打鼓、大聲唱歌，或甚至大吼！事實證明，這是極好的釋放方式，常常能讓人笑出來──大笑是另一種釋放壓力的好方法，它能釋放出具有奇妙療效的腦內啡！

許多古老運動，例如各種流派的瑜伽、氣功與太極，對運動身體與治療有極大幫助，當壓力不斷來襲時，這些運動能有效幫助我們放鬆，所以我鼓勵你試試由合格老師所開設的這類課程。古人清楚知道我們現在顯然已經忘記的一件事：如果我們想取得

內心的平靜，就「需要釋放壓力」。

蝴蝶擁抱法

蝴蝶擁抱法是另一種讓壓力系統平靜下來的方法。治療師盧西娜‧阿蒂加斯（Lucina Artigas）開發了這個技巧，她曾在墨西哥市發生天災後教導孩子使用這個方法。在日常生活中應用這個方法也非常有用。

雙手在胸前交叉，讓雙手的中指置於鎖骨下方。丰盡可能擺直，讓手指指向脖子而非手臂。像蝴蝶展翅那般抬起手肘。你可以完全閉上眼睛，也能半閉眼睛看向鼻尖。

接著用手輕拍你的胸膛，左右輪流交替，放慢呼吸，並經由鼻子進行深呼吸，直到你開始感到放鬆。

「自我擁抱」可能也會有幫助。展開雙臂將雙手置於腋下，緊緊擁抱自己的身體。我有時會展開雙臂抱住瑜伽長抱枕。我在治療不適合身體接觸或還沒準備好接受擁抱的孩子時，會考慮改用抱瑜伽長抱枕的方法。讓他們展開手臂擁抱穩固又柔軟的物品，能帶來很大的撫慰效果。

為什麼要規律地搖啊搖

如同佩里博士在上一章中所解釋的，具有模式、重複性及規律性的運動，能讓我們的腦子回想起在子宮內完美「平衡」的時候。那時我們的世界是一片和諧，我們不會感到餓或口渴，只會

感受到安全與溫暖。這解釋了為什麼能夠複製這些感受的任何方式，都能立即撫慰我們。如果你喜歡陽光照在臉上，一邊聽著海浪拍打的聲音，一邊在吊床上晃啊晃，這裡就提供了極佳解釋！**任何具有模式、重複性與規律性的東西，都對恢復我們的神經系統平衡很有幫助。**精神科醫師貝塞爾·范德寇（Bessel van der Kolk）博士與心理治療師帕特·奧頓（Pat Ogden）博士的研究，強調了許多活動都很有幫助，例如：散步、跑步、游泳、跳彈跳床、打鼓、吟唱、業餘戲劇表演、動物輔助治療、按摩，甚至是玩滑板。簡而言之，在子宮內時，我們的身體與腦部狀態都處於「一切良好」的狀態，所以能讓我們回到當時狀態的任何活動都會有幫助。

呼吸

另一個強效的資源是免費的，也立即可用，那就是呼吸。

我們的呼吸能調節一切。

控制與改變我們呼吸的方式，更能幫助我們在教養上達到禪的境界。就如同瑜伽修行者數世紀以來所知，我們呼吸的方式有助緩和過度運作的神經系統。坐在椅子上或躺在床上。感受椅子或床墊帶來的背部支撐。若你是坐著，請注意地面與腳底間的連結。若沒有安全問題，請閉上眼睛並深呼吸。

你有什麼感覺？

你吸入一大口氣時，是否會聳肩？你是否會感到呼吸急促且胸口緊繃？還是覺得呼吸緩和且深入腹部呢？

我請你停止閱讀並開始做深呼吸，是否會讓你感到不快？或是你反而覺得獲得了休息的機會？

再試一次，這次緩緩從鼻子吸氣4秒，然後屏住呼吸4秒，再緩緩從鼻子呼氣4秒。暫停4秒，然後再重複進行。這種方式稱為「盒式呼吸法」（box breathing）。美國海軍海豹部隊很推崇這種呼吸法，他們在進行挑戰性的任務前，就會使用盒式呼吸法緩和壓力反應。（麥克揶揄地說，如果他們想讓威爾伯準時出門到校，也得用上這方法。）

壓力通常無可避免，但當我們有意識地呼吸，並給予自己暫停的機會，就是在協助神經系統發揮作用。當孩子顯然刻意要按下我們的每個按鈕時，運用呼吸是按下暫停鍵最快速且直接的方法。

大腦益智盒

「無論何時，你吸氣時[5]，就會輕輕啟動交感神經，讓心跳稍微加快。你呼氣時，啟動的是副交感神經，它會活化迷走神經，讓一切緩和下來（這就是為何許多形式的冥想都建立在拉長呼氣上）。」

——《為什麼斑馬不會得胃潰瘍？》作者　薩波斯基博士

記者詹姆斯・奈斯特（James Nestor）撰寫了一本精采書籍，幫助我們更加認識「失落的呼吸藝術」對健康的重要性[6]，若你

想更深入了解呼吸，我非常推薦本書。他強調有研究顯示，氣喘、焦慮症、注意力不足過動症、牛皮癬與眾多疾病，還有他所說的「現代疾病」，都能「簡單經由改變呼吸的方式來緩和或逆轉」。[7]

還有其他許多的呼吸方式，你只要稍微搜尋一下，或許就能發現對你明顯有用的方式。對我而言，當我感受到壓力時，將我的肺部灌滿空氣，專注於腹部而非胸部的呼吸起伏，緩慢地吸氣及呼氣，讓空氣像波浪般起伏，能協助我冷靜下來。我也會使用名為「鼻孔交替呼吸法」（nostril breathing）這種技巧。瑜伽呼吸已被證實能釋放壓力、改善注意力，並幫助我們呼吸得更好。這種呼吸法基本上是將兩個鼻孔分開使用，經由其中一個鼻孔吸氣，再用另一個鼻孔呼氣。[8]

以下是整合醫學專家梅麗莎・楊醫師（Dr Melissa Young）所示範的鼻孔交替呼吸法：[9]

用嘴巴開始吐氣，要發出響亮的「呼呼」聲。

將右手放在鼻子上，食指放在左鼻孔旁，大姆指放在右鼻孔旁。

用大姆指壓住右鼻孔後，用左鼻孔吸氣。

然後用食指壓住左鼻孔，堵住兩邊鼻孔，屏住呼吸一兩秒。

大姆指放開右鼻孔，並用右鼻孔呼氣。

呼到底時停頓一下。

繼續壓著左鼻子，用右鼻孔吸氣。

用大姆指壓住右鼻孔，堵住兩邊鼻孔，再次屏住呼吸一兩秒。

食指放開左鼻孔，然後呼氣。

簡而言之，若從左鼻孔吸氣，就從右鼻孔呼氣；若從右鼻孔吸氣，就從左鼻孔呼氣。無論什麼時候，你都要用食指或大姆指壓住沒有用到的那邊鼻孔。反覆練習，想做多久就做多久。楊醫師是建議一次5分鐘。

就我們所知，經由右鼻孔吸氣能加速我們的血液循環與心跳。如此能啟動我們的交感神經，讓我們的身體處於更高的警戒狀態。在孩子考試前或任何他們需要集中注意力的時候，請孩子做這個練習會是很好的建議，因為我們已經發現，從右鼻子吸氣能讓更多血液流到前額葉皮質，也就是智叟貓頭鷹所在之處，協助我們做出更有邏輯的判斷並解決問題！從左鼻子吸氣則有不同的效果：

大腦益智盒

「從左鼻孔吸氣則有不同的效果：對比右鼻子的加速作用，它比較像一種煞車系統。左鼻孔與負責休息和放鬆的副交感神經有著更為深層的連結，能降低血壓、緩和身體反應與減少焦慮。左鼻孔吸氣能將血液送往前額葉皮質的對側，此區涉及創造性思考，並在心理抽象的形成與負面情緒的產生上扮演重要角色。」

——《3.3秒的呼吸奧妙》（*Breathe*）作者　奈斯特

改善你的「迷走神經張力」

專門活化迷走神經的運動，能增強我們的幸福感和安全感。迷走神經連結到聲帶與喉嚨後側的肌肉，這解釋了為何唱歌、哼歌、吟誦與漱口都有助於改善迷走神經的張力。[10] 這些聲音所造成的振動會刺激迷走神經，調節免疫系統並減少壓力，也會觸發活化副交感神經系統的其他所有好處。[11]

如果你是瑜伽愛好者，你就會發現這跟梵文唱誦有著相同原理。如果你對加入唱詩班或瑜伽課有興趣，建議你去試試，因為現在你已經知道自己將體驗到的幸福感是有科學依據的，而且成為更廣大社群的一份子也會帶來益處，並且對幸福感有非常正面的影響。

暫停的力量

這是我個人喜愛的選項之一。我會使用這個方法的時間點，是我晚上在家感覺到狒狒出現的時候——經歷可怕的回家車程，看到孩子們在吵架，還要準備晚餐，還得看孩子功課並催促他們去洗澡。

舉例來說，有天傍晚，克萊蒙西挑釁地對我說，她晚上不要洗澡，但放學後的足球課讓她全身沾滿泥巴！我沒有讓自己的狒狒跟她的狒狒交戰，而以是俏皮的語氣跟她說「請稍等一下，不要掛斷」，讓她等我一下，然後我假裝自己需要立刻去上廁所。我一離開房間，就將手掌蓋在眼睛上，緩慢地深吸了一口氣，再

慢慢地呼出長長的一口氣。

黑暗安撫了我的蜥蜴。而短短的暫停時間讓我的智叟貓頭鷹有時間能俯衝下來，並關掉狒狒敲響的火災警報。在那些抗憂鬱的重要荷爾蒙釋放入我的身體後，我回到房間安撫克萊蒙西說：「親愛的，媽媽都知道。我知道時間晚了，妳又有作業要做。也知道你為什麼討厭洗澡。讓我一起幫忙好嗎？」

我平靜且溫暖的語氣以及我的理解，已足以讓克萊蒙西的狒狒冷靜下來，讓她的小貓頭鷹能進駐。她露出笑容並點頭，讓我溫柔地帶著她往浴室走去。

我的「手掌暫停法」，讓我的智叟貓頭鷹有恰到好處的時間思考出問題不在洗澡。而是時間太晚，才會使克萊蒙西的腦袋一片混亂：還得作功課、還有討厭的弟弟，然後又很餓！

壓力反應，誰來幫幫忙?!

當孩子感受到被傾聽、被理解時，他們會更願意靠近我們，而不會把我們推開。我們都得到自己想要的結果，不只克萊蒙西洗了澡，我也因為有了暫停及呼吸的時間而能冷靜下來，並且進一步協助我女兒冷靜下來。

睡眠

我之前的心理治療師莉莎・艾莉（Liza Elle）總喜歡說：「在我們疲憊不堪時，惡魔最容易趁虛而入。」

這是真的。要持續掌控我們的壓力反應，睡覺是最佳選擇。睡太少，我的世界就會天翻地覆。睡飽了，一切又會回到正軌。

身為忙碌的父母，我知道有人覺得根本不可能早睡，因為「每天的時間都不夠用」。我過去一直認為睡覺是很奢侈的一件事，但是自從我意識到在睡眠不足時要控制我的狒狒有多困難，我就改變了想法。

如果我在晚上9點到10點間上床睡覺，我知道自己大清早就會起床、有時間能做午餐、打包物品、裝好水壺。這讓我在威爾伯什麼事都摻一腳卻不做該做的事（例如刷牙、穿鞋子與外套）時，有較多的餘裕保持冷靜。若我有充足的睡眠，我甚至能開啟「有趣媽媽」模式，建議進行一場遊戲，讓我們母子倆能在創紀錄的短時間內一起完成所有事情，過程中還會夾雜許多歡笑。

相反的，如果我沉迷於追劇，隔天肯定會無可避免地多次按下鬧鐘的延長按鈕，最後才迫不得已從臥室中爬出來。我在白天會是有趣媽媽還是掃興的人，直接取決於我前一晚的就寢時間。

因此，我學會不要因為屋子一團亂就怪罪自己，要早早上床睡覺安撫自己，現在看起來無法整理的臥室，早上起床只需幾分鐘就能收拾乾淨。我的智叟貓頭鷹再次翻開她的《冷靜小書》，提醒我曼德拉（Nelson Mandela）的名言：「在完成之前，一切看起來都像是不可能的事。」然後智叟貓頭鷹眨了眨眼，說出她的名言：「在我們早早上床睡覺之前，一切看起來都像是不可能的事。」

你的時間

我曾經認為擁有自己的時間是很自私的事。現在回想起來，

這樣的想法似乎很荒謬，但是和其他家長聊過後，我發現自己並不孤單。我們將自私重新定義為自我照顧時，就會知道這麼做只是給自己一些基本的東西：允許自己休息。

找到只屬於你的時間非常重要。「下班」時間讓我們能與內在自我重新連線，並補充我們耗光的冷靜。再次提醒，若我們無法先幫助自己，就無法幫助我們的孩子，因此我們必須盡可能地做這項練習。

冥想音樂具有療效，你或許能在準備晚餐或收拾時聽聽。在網路搜尋引擎上鍵入「療癒音樂」或「安定神經系統的音樂」，你就會發現大量可嘗試的選項。我現在也對瑜伽與伸展很有興趣。我年輕時喜歡劇烈的運動，不過我現在比較喜歡緩和的運動，因為這比較適合我的神經系統與身體。不過如果你喜歡高耗能的運動課程或跑步，也請別放棄。重點在找到你想做的事，無論是遛狗、在燭光與輕柔音樂中好好泡個澡、上上跳舞、藝術或其他創意性課程，或是與家人朋友聊天。我喜歡的一句名言是：「若你沒時間在大自然待個10分鐘，那就待上1小時吧。」

最後一步，接受諮詢

如你所料，我是極力提倡接受諮詢與個人治療的人。有人能在每星期撥出一個小時給你，無條件地真正「傾聽」與支持你，確實能夠改變你的生活。我們都需要感受到被傾聽與被理解，而且諮詢能協助我們緩和某些承受太久的深層壓力與創傷。

諮詢可能所費不貲，也可能基於許多原因不適合現在的你。

透過孩子學校或在當地尋找教養團體,是另一種與其他家長建立聯繫的方法。再次提醒,許多慈善機構、組織與線上網絡,都能提供豐富的經驗、建議與支持。我在自己的線上社群中,也會與家長們分享更多一般性的建議。我由衷認為,任何父母或孩子都不該感到孤單。

我們在面臨挑戰時,可以依照自己的環境,經由朋友、家人、夥伴、信仰與社會團體獲得巨大緩衝。人類是社會性動物,我們需要彼此,也不需要自己承受壓力。

我們的身體與腦不喜歡失控與失衡的狀態。長期的慢性壓力對我們的健康無益。它會影響我們的身心,也會影響我們的孩子。

盡我們所能確保我們在任何一天都給自己與孩子一些時間,如此當我們持續在繁忙的工作中打轉時,關愛與理解將能協助我們長長久久地走下去。

我所分享的練習基本上是免費的,而且容易實行。你能隨時隨地運用,讓你能在接小孩前或晚上睡覺前沉澱自己。

以上是我促進自我健康的個人清單。你也可以透過和朋友及同事聊聊「什麼樣的方式對他們有用」,獲得豐富的資訊與建議。我們偶爾都會需要協助與支持,我也是這樣的。

你的幸福感至關重要,因為你充滿幸福感時,就會有足夠的愛來澆灌孩子。我們達到自我的內在平靜時,就能協助孩子達到內在的平靜。

智叟貓頭鷹的智慧

- 若我們無法以身作則,就不能期待孩子會有更好的行為。
- 壓力會造成「關懷受阻」,讓我們難以帶著關愛教養孩子。
- 若希望孩子學會情緒調節的藝術,我們自己就必須先學會。
- 有壓力是正常的,想尋求緩解壓力的方式也是。我們能學習「打開降落傘」,讓我們的神經系統恢復平衡。
- 最後一點:睡覺。讓睡覺成為你的優先選項。沒有良好睡眠,你什麼都做不好。

Chapter 4

讓孩子冷靜──
如何釋放孩子的壓力

當我們能夠平息自己的風暴,就能協助孩子平息他們的風暴

好了,現在**我們**冷靜下來了,那孩子呢?

臨床心理學家瑞秋・薩姆森(Rachel Samson)說:「孩子不會因為你要他們冷靜,就冷靜下來。他們需要有人協助他們體驗冷靜下來的過程,才會發展出冷靜的能力。」

在接下來的幾章中,我將會告訴你孩子崩潰時要該如何協助他們。

跟孩子聊聊他們的壓力反應

第一步是打開話匣子跟孩子談談壓力是什麼,以及為何壓力反應被觸發時,我們會做出某些行為。我通常會跟孩子談到他們的神經系統,以及它如何連接到我們身體與腦部的每個部分。我會談到若我們感覺受到威脅時,我們的壓力反應就會被觸發。我會說,在我的想像中,神經系統像是樹根,會傳送訊息給小蜥蜴,告訴牠要做什麼。運用這種方法,我能解釋若蜥蜴因為焦慮或恐懼而開始「嘶嘶叫」與四處亂跳時,我們就會想跳上跳下或

四處亂跑。

　　無論你用何種方式向孩子解釋科學，你都要根據年齡調整用語，並傳達以下要點：
- 我們的身體會有壓力反應是正常的。
- 壓力是為了保障我們的安全。
- 壓力會因為恐懼、激動，或甚至丟臉或尷尬等等情緒而被觸發。

　　我會解釋，即便只是想到就可能會讓我們的蜥蜴嘶嘶叫，讓牠擔心今天發生在我們身上的事，未來就有可能會發生。

　　你可能會想到自己的孩子在碰到某些情況時也會產生上述反應：
- 足球比賽時，球在孩子腳下而大家衝向他時！
- 課堂中，有人罵孩子或是吼他。
- 覺得太餓或太渴、覺得太熱或太冷、想要上廁所！
- 被困在戶外活動的高空繩索上。
- 擔心考試或是與朋友交惡。

　　我們要讓孩子知道，他們會有壓力反應是正常的。這是他們的腦與身體應對恐懼與尷尬事件的方式。

　　你可以向孩子解釋，當他們的內心有壓力時，若他們不告訴大人自己的強烈感受，他們可能就會「做出不當行為」。再次強調，用日常生活的例子會很有幫助。因此，你可以說：「我們如果想『嘶嘶叫』，可能就會在床上跳啊跳。或是如果我們受到驚嚇，可能就會連想都不想就出手打人。」

我與自己的孩子或是臨床中的孩子對談時，我會簡化用語與用句。我會這樣解釋，我們的腦子非常優秀，它有許多不同部位，每個部位都有自己重要的工作。有些部位會告訴我們什麼時候餓了、渴了、病了，還是累了。我可能會用溫和幽默的口吻對我的孩子舉出一些例子，像是克萊蒙西會因為晚餐拖得太久而發怒，威爾伯則是會因為睡眠不足而嘶嘶叫。舉例子不是要讓孩子覺得丟臉或感到尷尬。我們只是想告訴他們我們明白，也就是我們「理解」他們。

　　若我們回想過去，意識到我們曾經錯過孩子發出的「訊號」，我們甚至能趁此機會向他們道歉！

　　當孩子感受到被理解、意識到我們理解他們的行為（尤其是他們不常出現的行為！），或至少我們試著去理解，那麼下次他們遇到困難時，就比較會向我們求助，而不是把我們推開，也更有可能調整自己的行為。

　　為什麼？

　　因為**我們**示範的行為，就是孩子會仿效的行為。無論對我們還是對孩子來說，這都需要時間與練習，但在孩子陷入可怕的自由落體狀態**之前**，我們越能協助孩子反思他們的行為，我們就越能幫助他們的小貓頭鷹成長。

　　跟我們一樣，孩子們也**不喜歡**陷在類似無人陪伴卻得自行跳傘的那種感覺中。當孩子相信我們是他們的「後盾」，相信我們會協助與理解他們時，他們就更容易向我們尋求安慰，而不是展現叛逆的行為。

　　如果這麼做讓你感到不自在，你可以先試著分享你感到恐懼

時的例子。當你「坦承」你也會對考試感到害怕，也會在挨餓時發脾氣，也會在累的時候感到煩躁時，觀察一下孩子臉上的表情。當我向治療室中的個案解釋，就連成人在緊張時也會手腳發麻、忐忑不安時，他們的臉上常會露出如釋重負的表情。

你偶爾也能試試看我的方法。我會拿張白紙，在上面畫出「蜥蜴、狒狒與智叟貓頭鷹」三種動物。或是，畢竟我不是大師畢卡索，我可能只會畫個圈代表我們的腦袋，畫個橢圓形代表我們的身體，並請孩子用不同的顏色來表示不同的動物（腦部位）。

如果你的孩子年紀比較大，你可以拿出腦部的科學圖示。這是教導孩子解剖構造的好機會。你可能在說到蜥蜴時會提到腦幹，或是在說到狒狒時會提到杏仁核。誰知道呢？你可能正在鼓勵一位將在未來嶄露頭角的神經科學家吧！

我會強調，腦的不同部位全都有一項重要任務：保護我們的安全。我會解釋，若蜥蜴腦感到恐懼，我們可能就會想四處亂竄或甚至逃跑。

「孩子有時候會僵住不動，是因為他感到害怕。他也可能會倒在地上，或是想找地方躲起來。」

從孩子的日常行為中找些例子來舉例是有幫助的，但再次強調，不要覺得這些例子很丟臉，也不要責備他們，因為我們只是要協助他們記住與反思未來的行為。我可能會柔聲安撫說：「這就是為什麼我們見到陌生人時會害羞或說不出話來。」或是「記得昨天在火車站時，你因為**太吵**所以用手摀住耳朵嗎？這只是你腦中的『蜥蜴』有點在嘶嘶叫，因為太吵有時會讓牠感到焦慮，所以想跑走！」

任何你覺得能適當安撫孩子，並使他們的神經系統與壓力反應回復正常的對話，對孩子而言都是莫大安慰，尤其是那些比較敏感或不習慣環境變化或新環境的孩子。我們得強調，某些事會讓一些孩子感覺有壓力，但其他的孩子卻不會，反之亦然。唯一的重點應該是要友善對待我們的神經系統以及蜥蜴和狒狒，因為當我們協助牠們冷靜下來，我們也才能冷靜下來。

對高空繩索這類戶外活動有心裡障礙的孩子，會覺得自己很丟臉。他們甚至會認為自己做「錯」事，因為他們的朋友玩得很開心。學習到每個人的蜥蜴腦會因為不同的原因而啟動，是很有用的。我會解釋，有些孩子的蜥蜴可能在黑暗中會嘶嘶叫，有些則不喜歡高處，有些可能在太狹小、太吵或太亮的地方會難受，還有一些討厭某種食物的味道，或是討厭會讓他們「發癢」的衣服。

在我打下這些內容時，我的孩子才剛來過花園辦公室找我。11歲的克萊蒙西馬上就表示，如果她在火車上或商店中看到有人「行為怪異」，她的蜥蜴就會嘶嘶叫。9歲的威爾伯則要我在書的內容中提到，當他的蜥蜴嘶嘶叫時，踢足球很有用！

引導神經系統恢復正常，以及使用像蜥蜴、狒狒與智叟貓頭鷹這樣容易接受的具體形象，對我們和孩子在探索心理健康上會很有幫助。

我在談到腦中的狒狒部位時，會將它描述為喜歡開心玩耍的腦部位，並對參加學校旅行、派對以及與朋友約好去玩等等事情感到非常興奮（或害怕）——你可以按照自己孩子的情況，增減可能會出現的情緒！我會這樣對孩子說，狒狒會有**非常大**的情

緒！牠能讓我們超級**開心**，有時也會讓我們非常**生氣**。「牠可能會讓你想跺腳大叫。這不是因為牠不好，而是因為牠常會感到害怕，也試著要保護你。」（我們在下一章中將會詳細審視像憤怒這類的情緒。）

你甚至能再三跟他保證：「無論如何，爸爸媽媽都很愛你的狒狒，而且我一直都想幫助牠，即使牠很生氣。我會幫牠深呼吸，並在牠冷靜下來後，請牠告訴我們牠需要什麼，而不是讓牠對我大吼大叫！」

以輕鬆活潑的方式提到日常生活中的例子，能讓這些資訊有更清晰的脈絡可循。我們要讓孩子知道，我們理解為何他們有時會做出某些行為，以及他們（或更精準地說，是他們的狒狒）有時會犯錯，這也是為什麼狒狒會需要大人的智叟貓頭鷹來幫忙。

我可能會提醒威爾伯：「你還記得，之前你的牙刷掉進馬桶，你對克萊蒙西很生氣的那件事嗎？我想你的狒狒一定是**氣瘋了**！因為牠不喜歡被嘲笑，但克萊蒙西那時笑了，這不是你的問題。你的狒狒氣瘋了，所以牠試著要阻止她笑。但你看得出來這件事哪裡不對嗎？我們的狒狒不應該傷害你或其他人。我們得幫牠用另外的方式表現牠的憤怒。我能向你示範要怎麼做。」

或是：「還記得奧利在遊戲場不小心推到你的那件事嗎？他不是故意要撞你的，但你的狒狒不知道，再加上牠的職責就是確保你的安全，所以牠**非常**快就做出反應，對著奧利大吼，因為牠認為自己必須保護你。但我們得幫助我們的狒狒好好說話。我知道這真的很難，即使是爸爸媽媽也不一定每次都做得到，但我們越常練習，就越能幫助狒狒控制脾氣，改用慎重的口吻來表

達。」

運用第三人稱（如「狒狒」）來取代「你」這個字，能協助減少孩子犯錯時的難堪感受。若我們大聲咆哮或斥責孩子，或是給孩子難堪，他們的狒狒就會跳上駕駛座。**讓年幼孩子的前額葉皮質動起來，能幫助他們從錯誤中學習，未來也更能調節他們的壓力反應。**我們需要小貓頭鷹上場，因為牠代表著腦中唯一能「心智化」並「分辨對錯」的部位。

因此，**這些對談最好是在孩子放鬆而且沒有壓力的時候進行**。上床睡覺、走路上學，或是坐車去旅行的時候，就是適合做這件事的好時機。

我在治療室時，由於有些來諮商的人得克服嚴重的創傷及困境，所以我會謹慎緩慢地進行。**在孩子「情緒能容忍的範圍內」進行對談是很重要的**。若孩子開始出現防衛或消極、不配合的樣子，你能對他們說：「是不是我說太多了？沒關係，那我們來玩個遊戲好了。」對談時，我們不想觸發孩子的壓力反應，或是超出孩子能承受的範圍。我們可以拉長時間，慢慢深入地對談。

當治療關係建立起來，孩子也冷靜下來，我可能就會柔聲問他們，當他們感到害怕時，身體的哪些部位會感受得到。他們通常會指著那些會受到壓力反應影響的身體部位，例如胃、胸部、手腳或頭。他們會告訴我，他們覺得手臂、腿、手指或腳趾有刺痛感。

當我問他們擔心是什麼感覺時，他們會說「我的腦袋霧霧的」或是「一片模糊」。當孩子知道這一切都是正常的，通常都會大大鬆一口氣。這是他們的壓力反應做了本來就該做的事。

我認為,太少與孩子進行有關情緒、壓力以及他們身體「感受」的對話,才會讓孩子在焦慮與心理健康方面有些困擾。如同精神分析師福納吉教授所說,我們在擔憂或焦慮時所經歷的感受都是正常的。重要的是,我們要如何應對它們。

大腦益智盒

「會遭遇壓力與困境是很平常且正常的。心情低落與焦慮並不是『疾病』,而是心智為了某些行動而創造出來的訊號(例如:『碰上危險時要保持低調』)。我們越來越有意願談論心理健康,這也讓更多人願意透露自己的症狀,這是件好事,但我們必須注意,不要將壓力反應與患有心理健康疾病混為一談。」

—— 當代精神分析與發展科學教授　福納吉

擁有這些知識,也能幫助我們更好地理解自己的心理健康狀態。有位媽媽最近來找我,她說她總覺得自己「很怪」,因為她在緊張時腳趾會捲曲。她是聽到我的線上演講後,才將這個狀況跟蜥蜴聯想在一起的。她說自己對神經系統有了嶄新的認識後,讓她在兒子開學前感到焦慮時,能協助他安撫這些症狀。

對我而言,能更清楚意識到自己有壓力時的內心感受,以及自己可能陷入的戰鬥或逃跑反應,意味著我能用關愛而非批判的

角度看待自己,還能運用我的智叟貓頭鷹思考做什麼事會有幫助,例如:洗個澡、騎腳踏車、做些緩和的瑜伽,或甚至早早上床睡覺。

探索壓力反應與症狀,以及它們如何讓我們變得更好,對於經歷創傷或被認為有神經多樣性(neurodivergent)的孩子來說,是非常有幫助的(神經多樣性並不是醫學術語,只是用來描述在特定場合中思考、學習或行為方式與「一般人」不同的人)。**孩子越能了解自己的內心狀態,就越能幫助自己調節情緒、冷靜下來,也更能克制自己的外在行為**。這就是所謂的良好內感受(interoception),也是建立良好且穩固的心理健康所需的重要技能。

> ### 大腦益智盒
>
> 「神經科學研究證實,我們能夠改變自身感受的唯一方法就是,去意識到我們的內在體驗,並且學著友善對待在我們內在所發生的一切。」[1]
>
> ——《心靈的傷,身體會記住》(*The Body Keeps the Score*)
> 作者 范德寇博士

我相信我們越了解神經系統,就越能包容孩子緊張時的表現,其中也包括緊張性的抽搐及重複行為,例如:撞頭、緊張性

口吃、特定感覺敏感（聽覺、味覺，或觸覺敏感）。若孩子出現令人擔心的行為，我們就會想尋求專業協助，但是我從個人與臨床經驗中發現，**當我們讓孩子有安全感，讓他們知道自己並沒有做「錯」或做了「不好」的事而感到安心時，孩子許多與神經系統相關的行為就會減少，甚至消失。**

家長的反思

塔拉，9歲雅各與6歲傑德的母親

我的大兒子由於在家使用暴力，所以被轉介治療。那是一段艱辛的日子，他變得非常焦慮，不肯離開我身邊。他也有緊張性抽搐，若是感受到壓力就會更嚴重。他在課堂上幾乎不說話，但他在操場上就會惹麻煩，時常打架。進行治療徹底改變了他。我不敢相信治療的助益這麼大。我非常感激。他的抽搐不見了，也不再打架，甚至連校方都說他像變了一個人。這真的改變了我們的生活。

像「Unlocking Potential」（UP）與「Place2Be」（P2Be）這樣的組織與慈善機構，能為學校中的學生及家長提供這方面的強大協助[2]，我很榮幸能與這兩個組織機構共事合作。若你擔心孩子的行為，請務必與校方連絡，並詢問校方是否能提供輔導與教養團體的資訊（通常都會獲得寶貴的協助）。

鼓勵所有孩子思考並擁抱自己的感受，有助他們走上更健康的自我調節之路，未來也會有能力處理壓力所釋放出的能量。我們與他們的小貓頭鷹互動時，就是在協助牠「展開翅膀」。

　　經歷過創傷的孩子會有神經多樣性，或是因為更難以自我調節，而有不同的教育需求。研究顯示，有些孩子的下視丘──腦下垂體──腎上腺系統會比其他孩子的反應更為強烈，所以我們要時時注意孩子的情況。[3]孩子需要練習與經常反思自我調節的藝術，也需要我們用耐心與冷靜對待他們。就像麥克在下面所強調的，即使我們已經是大人，要在「緊急」狀態中掌控自己的狒狒腦仍非易事！

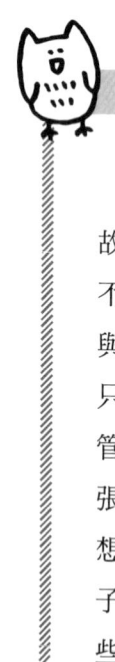

與麥克一起練習

　　我從事保全工作，常常聽到人們在街上碰到搶劫的故事。他們常告訴我，他們本能地出手與歹徒**戰鬥**，而不是選擇逃跑。他們拒絕讓出自己的包包，甚至試著與歹徒角力，完全沒停下來思考歹徒身上可能帶著刀。只有在危險過去後（我猜這時他們的貓頭鷹已經接手控管），他們才會想到自己冒著生命危險，只為了保住一張能掛失的信用卡，或是能再申請的駕照。事後冷靜回想起來，他們會覺得自己的行為根本毫無意義。我在孩子們身上也會看到這種立即的**戰鬥**反應，他們也會為一些看似無關緊要的事情爭吵，但那些事情顯然對他們來

說**真**的很重要！身為父母，我們所面臨的挑戰是要記住，孩子的狒狒是由原始衝動所驅動，所以在某些情況下他們會「先行動，後思考」，不過就我所知，我們大人也經常這樣。

幫孩子設定行為界限

我自己還是會有被狒狒支配的時候。當威爾伯在廚房四處踢球時，你會看到我責罵他，而不是冷靜請他到屋外踢球。在這種情況下，當我的智叟貓頭鷹重新掌舵後，我會好奇這個8歲小孩是否是在用反覆踢球來釋放自己的壓力，或安撫自己的神經。我會對他說：「我在想剛剛的事，不好意思，我生氣了。」威爾伯馬上知道我指的是什麼，生氣地回應說：「對！你因為我踢球就罵我，但是我只是在緊張我的作業！」

啊哈！正如大家會說的，每天都能學到新東西——尤其是在教養上。

再次強調，**我們可以理解孩子的壓力反應，並不代表我們就不能對不當的行為設限。**我不希望孩子在廚房裡踢球，因為有可能會弄壞東西。但我能在告訴孩子時保持冷靜，而不是生氣斥責。

我再次道歉，並且向威爾伯解釋，因為我同時做太多事情，我的蜥蜴已經有點在嘶嘶叫，而且踢球的噪音也讓我分神了。我還解釋，我不希望有東西被弄壞。「我很抱歉是我的狒狒出來跟

你說話,而不是智叟貓頭鷹。」我的道歉與理解很快就安撫了威爾伯。一旦他的狒狒退下,他的小貓頭鷹就再度出場了。知道他現在聽得進去,我就能設下界限了。

「你能幫我一個忙嗎?下次你緊張時,記得試著講出來讓我知道,而不是在家裡踢球好嗎?」我也告訴他,下次他因為作業而焦慮時,我會幫他一起完成。

威爾伯(還有他的小貓頭鷹)開心地點點頭。

這次的交談讓我又恢復成「有趣的父母」,我興致勃勃地提出:「這樣吧!吃完晚餐,我們出去玩一會,好嗎?」

示範我們希望孩子表現的行為,有助於建立信任感,強化親子關係,最終就能擺脫任何可能令人感到「頭大」的壓力行為。

傾聽、同理、同在

廚房事件發生的幾個月後,有天威爾伯問我:「媽媽,我想跟妳聊聊我心裡的感覺可以嗎?那種感覺有點奇怪。」

「當然,」我挑眉說道,好奇他要說什麼。

「嗯,我要跟朋友踢足球之前,心裡有種很強烈的感覺。」威爾伯指著他的頭跟胸口。「開始踢球之前,我覺得很有壓力,因為組隊的時候,每個人都想加入最好的隊伍,結果大家都擠在同一隊裡,然後每個人開始大叫起來。這讓我覺得很有壓力,所以我就變成這樣了⋯⋯」威爾伯撲倒在床上,並用雙手搗住耳朵。

這是說明「壓力傳染」的極佳例子,也是孩子們聚在一起時

可能發生的情況。這個例子也說明當孩子的交感神經被觸發時，有些孩子會對聲音或其他感官輸入變得更加敏感的情況。

威爾伯滔滔不絕地講著這件事時，我也能在自己的胸口感受到他所描述的那種感受。這就是所謂的「移情」（transference）。你可能會注意到，當孩子跟你提到他們的焦慮或緊張時，他們說話的速度可能會變快，變得氣喘吁吁，然後連我們的呼吸也變得有點急促！當然，生氣或開心時也會有類似的體驗。

「噢，親愛的，」我說：「記得我跟你說過的壓力反應嗎？還記得它會讓我們的蜥蜴嘶嘶叫，並且讓我們的狒狒亂竄嗎？你的感受是不是就像那樣？」

我指著自己的胸口說，我能感覺到威爾伯所提到的焦慮。這個方法能有效地讓他知道我真的理解，也能有所同理。

壓力不只存在腦袋中，而是全身都感受得到，所以在教導孩子關於壓力的事時，我們會鼓勵進行精神科醫師丹尼爾・席格（Daniel Siegel）所說的「垂直整合」。[4] 簡單來說，這表示，蜥蜴、狒狒與智叟貓頭鷹在自己需要協助的當下，都已經學會彼此對話。**教導孩子如何專注在他們內在所體驗到的感受，就是在幫他們適當接收神經系統要「告訴」他們的事，而不是去壓抑或忽略重要的感受。**

我表示，若其他男孩也大叫並變得焦慮，很有可能他們都有同樣的感受。我解釋，就像野外的狒狒在興奮或害怕時會互相散播壓力一樣，我們也會。

> ## 大腦益智盒
>
> 「大致來說，焦慮是在抵抗深埋在內心的強烈感受。[5]處理了深層恐懼感受（無論是強烈的悲傷、憤怒或絕望等等），焦慮就會煙消雲散。但這不是單靠自己就做到的事。你必須在某個特別人士在場的情況下去感受那些可怕的感受。這個人不但要非常值得信賴，還得擁有良好的情緒調節能力，並且懂得傾聽。」
>
> ——《畫出你的情緒》（*Draw on Your Emotions*）作者、兒童治療師　馬戈‧桑德蘭博士（Dr Margot Sunderland）

威爾伯靜靜聽我說話，並且把話全都聽進去了。

「我只想要大家公平地組隊，」他說，「每個人都想加入最好的隊伍，所以大家開始吵架，最後誰也沒玩到！」

「那你覺得怎麼做會有幫助？」

「嗯，我可以說，或許我們能輪流？或是，」他補充道，「抽籤？」

「聽起來是個好主意，很不錯哦！威爾伯。」

鼓勵孩子找出解決辦法，非常適合建立「壓力管理肌肉」與養成較為強大的小貓頭鷹。

這個年紀的孩子不一定知道該如何解決問題，也可能陷入

「我不知道該怎麼辦!」的狀態。你試圖幫忙解決孩子碰上的問題時,若他們表現出心煩或生氣的樣子,請記住,現在當家的很有可能是蜥蜴及狒狒。我們的狒狒常會用生氣做為武器來對抗恐懼。恐懼會讓我們變得脆弱。在這種情況下,你能這樣回應:「沒關係,我知道這些事情有時感覺起來真的很難。」

這並不代表孩子將來就不會再碰到困境,或無須面對友誼的問題。這全是人生中的一部分。但當你向孩子表示若他們有需要,你能陪著他們「跳傘」,將有助於形成強力的連結。

你可能會想大聲說:「要不要我告訴你,我在這種情況下會怎麼做……?」(除非你過去有好的結果,不然千萬別這麼做!)

或是:「好吧,我看得出來這有多困難。讓我們一起想想辦法好嗎?我打賭我們一定想得出來。」

你可以跟孩子一起畫圖,用火柴人加上對話框來練習孩子可能想說的話,或是練習他們希望對話或情況如何發展。專心接受孩子的引導;這是他們的小貓頭鷹用力思考與反思的機會。記住,你只是教練,孩子才是需要跳傘的那一個。若你幫孩子打點好每件事,下一次他們就會更難跳出去。他們仍在摸索時,你只需要讓他們知道你一直都在,並引導他們向前邁進。

隔天早上,威爾伯醒來時已經在「沙盤演練」他之後會跟朋友怎麼對話。要一個8歲孩子設法引導一群激動的男孩,可是件大事。但我告訴他:「我對你非常有信心,你會找到合適的說法。」

對孩子來說最重要的是,他們知道我們相信他們,也相信自己有解決問題的能力。如此才能幫助孩子建立韌性與強大自我意

識，也能夠幫助他們小貓頭鷹好好成長。

進行「有意義的對話」與「先進行沙盤演練」，能讓你與孩子開始認知到壓力的早期徵兆。當孩子開始「發洩」時，你就不會生氣地問他：「你是**吃錯什麼藥**，為什麼要這樣?!」而是會說：「小可愛，我覺得今天你的蜥蜴有點在嘶嘶叫。我能幫幫你嗎？」

認真留意孩子的感受，真心誠意地提出這些問題，有助於預防孩子因為有些強烈的情緒沒被察覺，而發生的「情緒爆發」。是的，這需要時間，我們也都希望我們的十大心法能就定位，幫助孩子順利「跳傘」。不過，當我們不再以「不乖」來評價孩子，並理解孩子的需求，我們就能進行有意義的對話，如此不但能產生更多合作，也能讓孩子更加冷靜，當然你也會更冷靜。

智叟貓頭鷹的智慧

- 以適合孩子年紀的方式來教導孩子了解神經系統與應對壓力，有助於他們理解自己的行為，也有助於我們理解他們的行為。
- 讓孩子們知道出現壓力反應是正常的，並要他們一旦感受到壓力被觸發或壓力過大時，就要來找你幫忙。
- 了解壓力反應的症狀，將賦予孩子良好的內感受，也就是能善待自己的感受，而不是去抵抗、壓抑它們，或感到恐懼。
- 這麼做需要時間與練習，但是當孩子能向我們說出他們的感受，他們就更容易向我們求助，也比較不會用「不當的行為」表達需求。

Chapter 5
接住情緒──
憤怒處理與強烈情緒爆發

孩子能學會接住自己的強烈情緒，但他們無法獨自學會

憤怒是我們最正當也最重要的情緒之一，但就如同兒童暨青少年心理治療師維奧萊特・奧克蘭德（Violet Oaklander）所言，它也是最容易被誤解的情緒之一。[1] 憤怒就是一種防禦行為。它讓我知道自己感受不佳，協助我們挑戰不公之事。遺憾的是，我們很少有人學過如何適當地表達憤怒。這是個問題，因為在極端的情況下，憤怒可能會引發暴力，而它也是父母最常尋求協助處理的情緒之一。2020年，美國一項針對2,000名家長進行的研究調查顯示，超過四分之一的父母承認自己6到8歲的孩子出現過「極為粗暴的崩潰模樣」，當下會對父母又打又踢，甚至咬人。[2]

為了讓孩子有更安全且克制的行為，我們必須教導孩子如何調節情緒，並健康地表達出來。其實，心理治療師暨臨床科學家艾倫・蕭爾博士（Dr Allan Schore）就主張：「在兒童發展的整個過程中，應該強化他們自我調節的能力。」

為什麼？他說這是因為「幾乎每種精神疾病都會表現出情緒失調的問題」。[3]

大多數科學家都同意人類至少有5種核心情緒，心理學家保

羅‧艾克曼博士（Paul Ekman）則定義出7種：憤怒、鄙視、厭惡、驚訝、悲傷、恐懼和愉快。我們的情緒可以很複雜，一種情緒常會被另一種情緒掩蓋，舉例來說：恐懼會被憤怒所掩蓋。

家長的反思

迪伊，幫親戚照顧9歲的唐尼

我帶唐尼去買東西，請他在我夾麵包的時候跟狗一起在店門外等我。他拒絕，並生氣地說：「不要！我要跟你一起進去！」我生氣了，因為我覺得他在唱反調。我告訴他：「聽話待在這裡！」但他還是不要。當我不再問他為什麼要這樣時，他才說：「因為我怕有人把我抓走。」

情緒是我們生活中的關鍵引導，給予我們「即時資訊」，協助我們對重要事件做出反應。就像迪伊的侄子所感受到的恐懼會讓人有所防衛，感受到關愛能讓我們無所畏懼。情緒是生而為人相當重要的一部分，學會處理情緒所能給予我們的重要禮物之一則是，我們能在不被情緒淹沒的情況下體驗人生所有的高低起伏。但我們若想幫助自己與孩子，我們就必須學習如何安全地表達出強烈情緒。

孩子打人或被打都不是好事，同樣的標準也適用在大人身上。我理解孩子被激怒時的那種沮喪及恐懼，而父母則感到別無

選擇，只能做出像是摑耳光、咆哮，或禁止孩子出房門的反應。但我們實在沒必要讓教養與孩子的童年變成這種模樣。

如同美國公理會牧師萊曼・阿伯特（Lyman Abbott）所言：**「別教小孩不能生氣，要教他們生氣的方法。」**

這也是我們接下來要做的事。我們必須從承認所有情緒都有原因，並且欣然接受這些情緒開始。我知道這聽起來可能違反直覺！我的個案在開始諮商時也會這樣覺得，我一開始就會向他們說明進行諮商時的幾條「規則」。我會提出「在這裡沒有人會打人或被打」，接著進一步說明「我不會傷害你，你也不能傷害我」，並解釋我們「欣然接受所有情緒」。此時，孩子幾乎都會瞪大眼睛驚訝地問我：「什麼，連生氣也是嗎？」這時我會笑著回答：「是的，**尤其是**生氣喲！」

大腦益智盒

「我們傾向認為憤怒是討人厭或可憎的情緒，是我們寧可不體驗到的東西。[4] 其實我認為，憤怒是種自我表現。它在保護我們的界限。當年幼的孩子大聲說**不**時，他是用盡全力對於以某種方式冒犯到他的東西表現出厭惡之意。他所表現出的並不是我們認知中的那種憤怒，他只是在表達自我。」

——《憤怒的多種面貌》（*The Many Faces of Anger*）作者、
心理治療師　奧克蘭德

社會常將憤怒視為洪水猛獸，應該予以壓制、斥責或消除。但我們該害怕的不是憤怒，而是孩子在成長的過程中沒有學到如何安全表達憤怒。

　　若是我們不「接受」憤怒這樣的情緒，不協助孩子體驗與表達感受，以兒童心理治療師桑德蘭博士的話來說，你將會看到孩子「不是迴避這個世界，就是與世界對立」。

　　後續延伸的研究顯示，因表現出強烈情緒而遭到羞辱或處罰的孩子在長大成人後，常會利用食物、工作、性愛、香菸、酒精、藥物，或任何能用來壓抑「不好」情緒的東西，來壓抑強烈情緒。他們不會使用謹慎的語氣設下健康的界限，不會以明確堅定的口吻說出「不，那樣不行」或「你這樣做讓我很難受」，來適切表達自己的憤怒。被壓抑的憤怒常會以批評、貶低、嘲諷、惡意，或霸凌等偽裝形式流露出來。

　　在精神科醫師喬治・恩格爾（George Engel）所稱「生物心理社會」（biopsychosocial）模式領域中工作的臨床醫師，對此的最終結論是，壓抑情緒會損害我們的健康與幸福。成癮專家嘉柏・麥特博士（Dr Gabor Maté）觀察自己的病人後提到：「包括7年的安寧醫療照顧經驗，在我超過20年的家庭醫學生涯中，令我吃驚的是，情緒封閉一直是慢性病患者的生活特徵：他們已經對『負面』情緒麻痺，尤其是憤怒的感受與表達。」[5]麥特經由臨床經驗及後續研究，得到了以下結論：壓抑憤怒對「大範圍的疾病與較不快樂的人生影響重大」，這是因為「人們似乎沒有能力考慮自己的情緒需求，並且覺得自己必須對他人的需求負責。人們都難以拒絕他人」。

我們得教導孩子說「不」,告訴別人他們的行為是「不被接受的」,無論那個人是他們的手足,或是學校中的某個人。我們希望孩子有能力接受悲傷,無論是失去他們在意的人或物品,並且以健康的方式全心全意地悲傷。若孩子感到失望,我們希望他們能說出來,而不是將這些強烈的感受投射到其他地方。**擁有所謂的情緒素養(emotional literacy),能幫助孩子承受挫折、建立健康的人際關係,也比較不會出現爭執及自我毀滅的行為。**

昨天威爾伯就曾來我的辦公室,用力踢地板上的地毯。我從他的側臉可以看到他垮著臉說:「對不起,因為紐卡索足球隊輸了。」他喜歡的球隊因為對手在第八十九分鐘時進球而輸了比賽。我能理解他的失望。由於他已經意識到自己的錯誤行為,這時把他拉過來抱一下,遠比告誡他來得好。他才9歲,還在學習中。下一次,他就不會用踢,而是用話語來告訴我他的感受。

我們應該擁抱自己的情緒的觀念並不新穎。13世紀蘇菲派詩人魯米(Jalāl al-Dīn Rūmī)在一首美麗的詩中,就運用賓館的比喻提醒人們應接受自身所有的感受:

人就是一棟賓館。

每天早上都有新客到來。

喜悅、沮喪、卑鄙

一些短暫的意識

就像一位不速之客。

歡迎並款待所有人!

即便他們是一群悲傷之人,

將你賓館裡的家具

猛力掃出門外,
還是請你以客為尊。
他可能會為了找些新樂子
將你趕出門外。
陰鬱的念頭、羞恥、惡意
請笑著在門口接待他們,
並邀請他們進入。
無論誰來都要心存感激,
因為每一位都是
來自遠方的嚮導。
——魯米

在對成人講述心理健康議題時,我常會問他們之中有多少人在年幼時曾學過如何調節情緒。舉手的人總是不多。我們都需要談談自己的情緒,並且擁有情緒素養!你可以試著與孩子一起進行以下練習,以便開啟有關情緒的對談。

學習情緒素養的工具

情緒輪盤

情緒輪盤是教導孩子情緒素養非常有用的工具。我所使用的情緒輪盤是心理學家艾克曼博士與羅伯特・普拉奇克博士(Dr Robert Plutchik)的版本。[6]你可以和孩子自己在家做,或是從網路上列印下來,再貼到牆上。普拉奇克博士相信,人類能體驗到

超過三萬四千種以上的個別情緒。孩子聽到有這麼多種情緒時，通常都會嚇一跳！當然，你可以只用典型的7種情緒，也可以請孩子盡可能地指出更多種情緒。在諮商時，我會向孩子解釋，所有情緒的產生都有原因，都值得我們去傾聽。我會向他們說明，如果他們覺得難以對他人描述自己的感受，可以指出輪盤中最能表達他們感受的詞語。

在孩子上學前輕快地問他們「嗯，哪種情緒最能代表我們今天早上的感受呢？」，是開始一天的極佳方式，能幫助你和孩子打開話匣子，緩和孩子可能會有的不安或擔憂。孩子可能比較喜歡回家後再用輪盤告訴你，哪種情緒能概括他們今天的感受。你自己也能使用輪盤。如果覺得合適的話，也能運用點幽默感。你可以做個鬼臉，與孩子分享當你早上必須撿起小狗溫熱便便時的「噁心」感受。

若孩子提到像「難過」、「失望」或「孤單」這樣的情緒，你可以簡單地回應：「嗯，難過嗎⋯⋯你好啊，難過。你能跟我多說一點嗎？」或是：「你好，難過。謝謝你這麼勇敢地讓我知道你在這裡。」

若是比較正面的情緒，像是「有自信」、「興奮」或「開心」，你同樣能運用類似的方式，精神飽滿地回應孩子：「哦！興奮嗎？可以跟我多說一點嗎？」

我們的孩子需要知道，難過跟開心「同等重要」。

就像你之前在應對壓力反應那樣，你也能告訴孩子，不是只有腦袋才會感受到情緒，我們的身體也會感受到。你能解釋，興奮、愉快、痛苦與失望跟恐懼，一樣都會觸發壓力反應。

如同神經科學家潘克賽普所言:「人類是具有深層感受與深層生物性的生物⋯⋯我們必須逐步接受人類心靈具有生物性的源頭。」[7]

讓情緒有具體的存在

對孩子來說,去體會情緒可能是件有趣的事,所以**任何能讓情緒「具體存在」的物品都會有幫助。**

邀請孩子一起想想讓情緒生動呈現出來的方法。你可以用襪子做成布偶來代表每種感受,或是讓孩子用不同的玩具代表不同的情緒,或是在不同的紙片上簡單用文字寫出情緒的名稱,或是用顏色代表不同的情緒。這麼做是為了將孩子的感受與情緒呈現出來。這麼做也有助於強化**所有**情緒都受到歡迎與重視。**沒有**情緒是錯的。

電影《腦筋急轉彎》(*Inside Out*) 就提供了一個生動呈現情緒的絕佳機會。我也發現一些能在治療室中與孩子一同探索情緒的精采書籍。我喜歡的書籍當中,包括心理治療師桑德蘭所撰寫的治療故事系列,其中包括了《什麼都沒關係的尼夫勒努》(*A Nifflenoo Called Nevermind*) 與《大海出走不再回來的那一天》(*The Day the Sea Went Out and Never Came Back*)。這些書籍是探索情緒的極佳資源,書中精采的簡扼標題與故事情節不但吸引孩子,還探討了失去、難過、悲痛與霸凌等重要主題。

在家時,你可以拿張白紙,在上面畫個圈代表頭,再畫個橢圓代表身體。然後,問孩子能想到多少種情緒,並且將情緒畫在紙上,無論是用文字還是顏色,或是兩者並用都行。鼓勵孩子自

行寫下文字或畫上顏色，有助於幫助他們掌控練習，也會得到比較好的效果。

你可以向孩子解釋，若我們試著壓抑情緒，把它們關起來，它們最後可能會爆發，尤其是像悲傷或憤怒這類強烈的情緒！我在治療室時，若有孩子選用黃色代表悲傷、紅色代表憤怒，我可能會拿起黃色與紅色蠟筆，在代表頭的圈圈上方畫上綻放的「煙火」。

用你覺得舒服的方式跟孩子說話。不用趕時間，只要輕鬆地與孩子對談就行了。

孩子永遠不會大到無法進行這樣的對話。**我們越將情緒正常化，壓抑情緒的理由就越少，情緒「爆發」的可能性也越小。**

紅色代碼

另一個鼓勵孩子更能表達自己感受的工具，就是我所謂的「紅色代碼」。請孩子為不同的情緒選出不同的代表顏色。他們可能會選黑色來代表無聊、黃色代表快樂、金色代表興奮，還可能用紅色代表憤怒！我的孩子也有自己的顏色代碼，讓他們能很快告訴我他們在學校度過了怎樣的一天。

即使是現在，克萊蒙西與威爾伯若是想讓我知道他們今天過得很辛苦，有時還是會使用紅色代碼，他們在校門口馬上就會對我說：「今天是紅色代碼。」然後我就會回應：「哦！這樣啊。那你想現在聊聊，還是等等再說？」你會發現，孩子很樂意馬上聊聊，或也經常會在上床睡覺前打開話匣子。

有些孩子喜歡在紅色卡片上塗顏色並隨身攜帶，這樣在他們

感到憤怒時，就能慎重地向老師或你亮出這張卡片，無須使用言語來表達。這就是「我需要幫忙」的暗號。

當個情緒偵探

　　我年幼時，有部非常受歡迎的偵探影集，主角是由演員彼得‧福克（Peter Falk）扮演的可倫坡（Columbo）。可倫坡身穿破舊雨衣，外表有些狼狽。他會神色自若地進行調查，解除周圍所有人士的武裝，但他邋遢的外表下卻藏著機敏的觀察力。他會提出簡單的問題，然後在走過主嫌身旁時冷不防丟出一句「還有一件事……」，讓嫌犯落入他布好的圈套中。

　　若你的孩子確實心防較高，有時我們要學學可倫坡。如果孩子在校門口發脾氣或挑剔自己的姊妹，你可以試著猜猜看他們當下的感受，或大膽適切地說：「你還好嗎？我覺得你今天好像過得有點辛苦？」

　　若你「猜錯了」，就準備好被孩子怨懟吧，這沒有關係的。事實上，若孩子大聲回嘴「我沒有！」或是「我很好！」，你大可聳聳肩，學學可倫坡說：「哦，好吧。所以你沒事。我很抱歉，一定是我搞錯了。」

　　你能繼續說：「你**有什麼事**想跟我聊聊嗎？你能讓我知道我搞錯什麼了嗎？這樣我下次就不會弄錯了。」或是：「沒關係，如果你想聊聊，我都會在這裡，還是你想等一下再跟我聊聊你的感受，我或許幫得上忙。」

　　誠懇地說自己下次會設法不再弄錯可能會很有用，孩子或許就會說「我只是餓了」，或「我很生氣，因為我忘了帶運動鞋，

史密斯老師就罵我！」。如此一來，你就會知道孩子只是感到困窘或丟臉，才會有先前的反應。

給孩子空間，他們常常就會打開心扉，主動地跟你聊，尤其是上床睡覺的時候，他們可能會告訴你「我今天很難受」，或脫口說「我沒有進球得分，汀就嘲笑我」。如此，你就能馬上將孩子的回應與他放學後的行為連結起來。

我知道這麼做需要大量的耐心與信念，但除了打人或傷人的行為之外，我希望你在開始實踐十大心法時，可以忽略孩子表現出的任何難纏行為。若是我們因為惱怒，或因為要求孩子「不能這樣跟我說話！」而捲入親子戰爭，恐怕會破壞自己小心翼翼奠定的基礎，也將毀了我們願意欣然接受孩子所有情緒的保證！我向你保證，當孩子相信能開誠布公與你談談，這些咆哮與抱怨都會消失。

我在治療室中，有時會看到孩子在憤怒或難受時展現出較強烈的行為反應，我會教你在這些行為出現時如何確保自己與孩子的安全。

讓情緒發聲

若你的孩子仍然不願意開口，你或許能試著**與「情緒」而非與孩子對話**。你可以將你的問題引導到特定的娃娃或玩具上。

我的朋友法蘭西斯卡曾在她女兒拉菲身上試過這個方法，某天放學後，拉菲在一家書店突然大發脾氣。回到家後，5歲的拉菲拒絕說出她到底發生了什麼事，於是法蘭西斯卡試著問拉菲的泰迪熊可不可幫拉菲回答。「泰迪熊」很快「回覆」說：「勞蕾

兒說她不喜歡我了！」接著拉菲大哭起來，然後媽媽安撫地抱著她。

在進行這類對談時若能多點創意，對談就更容易成功。上網快速搜尋一番，就能找到談論情緒的豐富資源，從情緒工具包到「情緒處理」卡都有。你也能花些時間享受與孩子一同製作其中一些工具。

!

我知道很多時候我們只想知道什麼時候該說什麼，**當下要做**什麼，以及**要怎麼做**！所以，我快速統整了幾種問法，能協助我們開始與孩子聊聊他們任何一天的感受。

你今天過得如何？有出現紅色代碼嗎？

哪種情緒最能代表你今天一整天在學校的感受？

你今天看起來有點生氣，你能指給我看看你身上的哪個地方在生氣嗎？

能再多告訴我一點你現在的感受嗎？

還有克萊蒙西剛剛提醒我的，別忘記最簡單的方法，有時孩子在校門口簡單地豎起或倒豎大姆指，就足夠讓我們知道他的情緒了！

實情之箭與情緒共鳴

孩子有時在發火、惱怒或是失望之下，會說出難聽的話。

「我討厭你！」這樣的話聽起來很傷人。不過重要的是，你要記住孩子並不是真的討厭你，他們只是在表達內心的感受。你越能幫助他們處理這些（通常是出自創傷或恐懼的）強烈情緒，傷人的話就會越快消失。我在接下來的章節中會再分享一些模擬情境，來協助你處理這方面的問題。

以我家為例，克萊蒙西9歲時，有次我到學校接她時，她對我非常無禮。我那時盼著看到她，所以我只能嚥下自己受傷的感受與生氣的反應（是的，我也不例外！）。我之所以能夠拋開個人感受，是因為我猜想她這麼做，是想讓我知道我缺席她當天的學校表演讓她很難受。

回到家後，我坐在她身旁，默默地拿來一張白紙，畫了一個代表我的高個子火柴人，還有一個代表克萊蒙西的矮個子火柴人，並畫了一個從她嘴中冒出的對話框。我在對話框裡寫上「受傷」一詞。然後我在旁邊再畫上另一個對話框，在裡頭寫上「生氣」。接著我在對話框下方畫出鋸齒形線條，強調出**生氣**的感受。我把紙拿到她面前，讓她知道我真的理解她受傷、心痛的感受，也理解她內心的失望。

我用平靜溫暖的聲音大聲說：「我想知道，克萊蒙西是不是因為我沒到學校看她表演，所以對我很生氣，而且覺得很受傷。」（這裡也是一樣**使用第三人稱來進行對談，因為這麼做有助於降低「直接說破實情」的不適感。**）

說出「受傷」的實情可能會讓孩子感到不舒服，但若是你帶著真誠與關懷把實情說出來（而不是聽起像在責備孩子），那就是好徵兆，因為你會知道你的「實情之箭」已經正中要害。**我很**

難過缺席了克萊蒙西的表演，也對我無法在那裡感到非常抱歉。我已經向克萊蒙西解釋過為何我無法到場，但我不會試著再次提醒她，因為這麼做反而會轉移焦點，並且聽起來像是我不想理會她的感受。雖然我覺得她之前的行為很無禮（還很不公平，因為爸爸有去看她的表演），但這不重要。我女兒只知道她很希望媽媽去看她表演，但媽媽卻沒有。她可能感到失望、難受、沮喪，而隱藏在這些感受之下的通常是恐懼：害怕媽媽不關心她，只關心別的事。

我們聽到回答可能會覺得難以置信，尤其是事情根本不是如此。但孩子仍然是透過小貓鷹的眼睛在看這個世界，而且蜥蜴與狒狒仍掌控著一切。他們還沒有能看到大局的視角。他們無法完全理解我有個不能不去的約診。就像孩子還無法完全理解我們得工作才能支付帳單，或是奶奶可能需要緊急協助，或是小狗吞下不該吞的東西得看獸醫一樣。孩子的蜥蜴與狒狒只知道他們需要我們，但我們卻不在那裡。最重要的是，這樣的情況會驅動恐懼，讓孩子害怕「我不夠好」、「媽媽不愛我」，或「媽媽根本不在乎我」。重點在於，我們要知道這是孩子會在內心「腦補的故事」。

藉由道出她的傷痛，我讓克萊蒙西知道我理解她為什麼會生氣，而且我能接住她的難受。她的感受有被聽見。她不用生悶氣或咆哮。

回到房間時，克萊蒙西對我點點頭，並告訴我，對，那就是她的感受。當實情之箭正中紅心，你就會感受到你們之間的能量變化。當你說出孩子最脆弱的想法與感受，而孩子也感受到被理

解、被傾聽時，你就達到了我所說的「情緒共鳴」。

我畫了一個從高個子火柴人嘴巴冒出的對話框。我寫下「對不起」這幾個字。我轉向克萊蒙西，告訴她我對缺席她的表演感到非常抱歉，也非常難受。孩子們需要聽到我們想花時間跟他們在一起。孩子需要知道我們在乎他們。我向她保證，我會將下一次約定寫在日誌中，也一定會出現。我也再說了一次，我理解她為什麼感到生氣及難受。

請記住：**生氣是出於恐懼**。

所有孩子在潛意識裡都會感到恐懼，害怕自己「會被丟下」，或是我們可能「不會像愛他們的手足那般愛他們」。這只是在上演我們的演化過程。蜥蜴總會吹毛求疵地表示：「我需要他們的時候，他們會在嗎？我能倚靠他們嗎？我真的能相信他們會保護我嗎？」

若孩子打從心底害怕你可能不愛他們，或你不喜歡他們，或他們有需要時無法倚靠你（所有的孩子在某些時候都會有這種感受），通常都會以憤怒的形式表現出來。因為憤怒提供了具保護性的盔甲。

這就是為什麼孩子會脫口說出「我討厭你」的原因，因為他們覺得受傷、難受，或感到恐懼。請記住，孩子甚至還沒意識到這些深層的古老感受，或也不理解為何他們會以傷人或生氣的言語投射出這些感受。

想想孩子最近讓你痛心的那幾次行為，並思考看看當下的實際情況。

你或許能畫個火柴人，並加上對話框，試著想像在「**討厭**」

之下的真正情緒：

「**我討厭爸爸！**」可能是在說：「我討厭爸爸不住在這裡了。」

「**我討厭你**」或許能解讀為：「你對我大吼讓我很害怕／我好怕你們會離婚／我有時候會覺得你比較愛妹妹不愛我／我討厭你不理解我，還在我很難過的時候處罰我。」

「**我討厭她！**」當孩子談到好朋友時這麼說，或許能解讀為：「她不跟我玩的時候，我好討厭那種受傷及孤單的感覺。」這裡一樣是藏身在憤怒之下的狒狒所產生的恐懼：「我很害怕自己沒有朋友會很孤單。」

「**我希望他去死！**」或許能解讀為：「學校裡有個男生嘲笑我，還在大家面前捉弄我，我好難受，我只是希望這種難受的感覺能消失。」換句話說，就是若是那個男生消失，孩子的難受也會消失。

「**我不要去上學！**」的意思可能是：「今天的拼字考試讓我好緊張。」

在孩子生氣的言語之下，藏有**如此多**的情緒。代替孩子找到大聲說出這些情緒的方法，能幫助他們在你面前坦承這些情緒。他們會接收到這樣的訊息：「你能做你自己。你覺得難過、緊張或害怕時，也都能告訴我。」這些真誠的溝通能協助孩子思考與說出心裡的話，而不是用其他方式將強烈的情緒投射、大叫出來，或是用「粗暴的肢體動作」表現出來。

如何回應讓人心痛的強烈陳述

若孩子說：「我**討厭**你！」你能問他們：「你討厭媽媽／爸爸哪裡？」

若孩子說：「我**希望**他們**去死**！」你能回應：「噢，小可愛，你的感受好強烈啊！你是不是希望什麼事不要發生？」使用「小可愛」、「親愛的」或你給孩子取的暱稱等等帶有愛意的用語，確實能快速安撫孩子。

若孩子說他們討厭自己的哥哥或弟弟，你能問他：「為什麼會有這種感覺呢？」或「你有這種感覺很久了嗎？」

就算不常發生，但如果孩子用了強烈的字眼，例如「我好想死」，這表示他們真的很不開心，並且可能承受著極大的痛苦。

在孩子心靈受創時保留空間給他們非常重要。讓他們知道你會接住他們的痛苦非常重要，尤其是在他們覺得自己承受不住的時候，因為他們將會覺得更能依靠你，並告訴你他們的感受。這能引導出有助於療癒的重要對談。孩子心靈受創時，可能會說出讓人心痛的事。我們必須正視孩子的傷痛，也應該要知道自己能幫上忙。兒童精神科醫師佩里表示，父母在這方面比他們自己所認為的更為強大。若你覺得自己需要幫助，或是你的孩子表示他們有傷害自己或他人的意圖，請務必向你的家庭醫師或合格的心理健康專業人員尋求建議。如之前所提，本書是教養指南，旨在協助父母與孩子一起成長，並無法取代孩子所需的治療或其他協助。

若孩子告訴你他們很難受，或是很生氣，或感覺「很差」，請務必要謝謝他們告訴你，也要告訴他們能說出來很有勇氣。承

認自己很脆弱是需要勇氣的。

若你難以單獨承受這類對話，你或許能溫柔地建議孩子，你會和他一同尋求幫助。不要覺得你必須獨自面對這些煎熬的時刻，因為我們都會有需要幫助的時候，而且早點尋求幫助與建議，對我們的孩子也是最好的選擇。你甚至也能藉助學校主導的教養團體，這麼做能讓你和其他家長一同討論出各種方法，幫助孩子培養重要的情緒素養。

重點是要去做。因為賦予孩子處理情緒的能力，就是我們送給他們的人生禮物。2013年，倫敦政經學院（London School of Economics）發表的研究報告〈什麼因素能夠預測出成功人生〉（What Predicts A Successful Life）指出：「兒童的情緒健康是預測成年後生活滿意度最重要的指標，其次是兒童的行為表現。」[8] 這項研究也發現「最不具影響力的預測因子是兒童時期的智力發展」，若我們真心關注孩子未來的心理健康，這樣的發現值得政策制定者與學校深思。

事實上，擁有調節情緒的能力除了能讓孩子在學校好好坐著專心上課，也能讓孩子在玩遊戲懂得輪流玩，並控制自己的衝動，所以整體而言能夠促進學習。懂得調節情緒還能讓孩子更容易交到朋友，在社交場合中更能與人適當交流。如此一來，就算未來我們不在孩子身旁，孩子也能獨立做出有智慧的判斷。想一想即將進入青春期的孩子，你就明白為何成癮專家麥特博士會說情緒調節能力是「最好的預防藥物」。它能幫助孩子理解與掌控自己的行為，並且反思外在事物引發的內在感受。

當孩子能夠良好且健康地調節情緒，就用不著罰站、處罰，

或讓他們在房間反省。這些都會變成多餘的手段。

如同兒童心理治療師奧克蘭德犀利的解釋，孩子生活在不允許表現出憤怒的家庭中，或許最終會成為「行為良好」的孩子，但「這些良好行為往往是出自恐懼，而且因為缺乏表達，孩子的自我會逐漸被削弱。他的深層感受將被埋藏在他的內心之中」[9]。

我們希望孩子健康且擁有「完整的」自我，而非只展露出某「幾種樣貌」。唯有我們接受孩子的全部與他們所有的情緒，他們才能擁有完整的自我。

孩子會在與我們的互動中成長茁壯。找到平和、親密且真誠的方式來與孩子探討情緒、他們內心的感受與他們想說的話，非常有助於我們在當下與孩子緊密連結，也能促進我們與孩子進行所有重要的對話，甚至終身都能受用。

智叟貓頭鷹的智慧

- 情緒是我們生活中的重要指引。
- 所有情緒都有原因，我們必須教導孩子如何安全地表達出來。
- 良好的情緒調節，對良好的心理健康至關重要。
- 我們的身體也感受得到我們的情緒。
- 憤怒、恐懼、興奮與沮喪等強烈情緒，常會觸發壓力反應。
- 讓孩子能為自己發聲，但無須咆哮。
- 幫助孩子理解與說出他們的感受，就能培養出孩子的情緒素養，成為他們人生的禮物。

Part 2

建立安全穩固的支持關係

　　我將在第二部向你示範,如何與孩子建立一份互信且更加深刻的關係。我們也將會檢視教養的十大心法,協助孩子建立更多的安全感。

Chapter 6
連結──
為何我們必須先建立連結，才能引導孩子

連結是孩子最重要的需求，也是父母最強大的工具

一個7歲的男孩衝進臥室，抓起他的睡衣快速穿上，開心地對著站在門口微笑的媽媽笑著。他跳上床，問媽媽可否在關燈睡覺前唸他喜歡的故事給他聽。媽媽坐在床上，靠在他身邊，他們一起唸故事，然後媽媽撫摸他的頭髮，緊緊擁抱他，接著親吻他並跟他說晚安。

在另一個場景中，一個7歲男孩在臥室裡跑來跑去，精疲力竭的媽媽跟在男孩身後。男孩對媽媽叫他上床睡覺充耳不聞，他爬過床，把一條髒褲子往後丟。男孩大笑跑過樓梯平台到姊姊房間，搶走了姊姊最愛的玩具，他姊姊追著他叫：「還我！！！」男孩的媽媽非常生氣，失了耐心，發起脾氣。她對男孩大叫：「現在馬上上床睡覺！」男孩照做了，但是他雖然躺著，卻把腳抬起做出踩腳踏車的動作，就像在爬牆一樣。

這兩個男孩有什麼不同？

他們與家長的連結不同。

他們的家長是誰？

是我。

孩子與我們的連結緊密程度，會對他們的行為有巨大影響。這無關價值判斷，而是身而為人的基本道理。

我們天生就有「依附」他人的生物需求。為什麼呢？因為我們無法獨自生存。當孩子在與我們的連結中感受到安全感，形成所謂的「心理依附」時，他們（或他們的神經系統）就會放鬆，相信無論發生什麼可怕的事，我們都會在他們身旁。

若孩子感受不到連結，就會沒有安全感。這意味著，我們可能會看到較多的失控行為，就好似從桅杆上鬆脫的船帆在風中狂亂擺動。孩子脫序的行為可能會帶來嚴重影響，讓全家陷入翻船的危險。若我們希望教養能夠一帆風順，就必須確保船帆安全。這必須從強化親子的連結開始。

我治療室裡有本很棒的書是派翠絲・卡斯特（Patrice Karst.）所寫的《看不見的線》(*The Invisible String*)。[1] 書中描述一個暴風雨的夜晚，一對小男孩與小女孩害怕地衝進媽媽的房間。媽媽講了一個故事，告訴他們即使她不在房裡，他們與她之間還是有條看不見的紅線連結著彼此。這個故事能告訴他們即使媽媽不在身旁，也不代表他們就與媽媽斷了連結。

開始上學的孩子現在與我們分開的時間拉長了。他們受到壓力反應測試時，我們不在身旁的情況也日益增多。父母因長工時、出國或因家人或其他緊急事件而不在孩子身旁，都會造成連結的斷裂，破壞孩子依賴的安全感。孩子的古老蜥蜴與狒狒知道孩子還無法獨立生存，所以，若我們不巧要住院，或發生了離婚、分居或喪親這類重大生活變化，或甚至我們只是因為累了而不知所措，都會威脅到孩子的安全感。如此會造成孩子更多的焦

慮行為，孩子也會更容易陷入戰鬥或逃跑的情況。

我知道處理孩子的暴走行為得下很大的決心，尤其是我們也感受不到與孩子的連結時。威爾伯到處亂跑的那天晚上，我也因為得獨自面對他而精疲力竭時，我的理智腦確實停止運轉了！

我走出威爾伯的房間，做了「手掌暫停」的動作。我深呼吸一下，提醒自己孩子的行為並非是在針對我，雖然感覺起來是如此！我不由得感到好奇。我問自己：「這種行為告訴了我什麼？」

當我回到威爾伯的房間，他仍躺在床上踩著空中腳踏車，臉上帶著挑釁的表情，我走到床邊坐下，輕輕將手掌放在他的胸口，重新建立身體上的連結。

威爾伯轉過來看著我，他似乎預期會挨另一頓罵，但我帶著好奇並平靜地對他說：「威爾伯，我猜你現在是不是需要一點幫助？」我的聲音低沉溫和，我的理智腦也重新掌控局面，穩定地指揮一切。

在運用這種基礎技巧時，你需要憑直覺決定什麼是對雙方都合適且正確的方式。這麼做不是要阻止或壓制孩子。**輕輕將手掌放在孩子的腳踝、背部中央或胸口上，透過我們的觸摸，能讓孩子有被「接住」的感覺並恢復理智。**

若你嘗試這樣做時孩子轉身避開，雖然你可能會覺得自己被拒絕了，但也有可能只是因為你靠近他們時，對他們造成過度的刺激。若是如此，還是要請你保持冷靜，並在孩子准許的範圍內盡可能地靠近。

我溫和地問威爾伯：「我猜你是要讓我知道你需要媽媽多陪陪你？」

我是真心感到好奇。因為威爾伯的情緒明顯失控，我也知道吼他沒有用。我也懷疑可能有發生其他事情。威爾伯不再踩腳踏車，一臉難過地哭訴說道：「你對我生氣的時候，我以為你不喜歡我了。」

我感到胸口一陣難受。

然後他哭著說：「我想爸爸！為什麼他要出門工作？為什麼他不像其他人的爸爸一樣會在家？還有我今天在踢足球時被推倒了！」

威爾伯這時大哭起來，然後起身坐在床上。所有受到壓抑的壓力能量（他一整天一直壓抑的所有想法、擔憂及恐懼），終於能夠比較健康地釋放出來。我的7歲兒子不再焦慮沮喪，並且用語言來跟我溝通。

「噢，威爾伯。我很抱歉讓你有這種感覺。如果你覺得媽媽不喜歡你，那種感覺一定很糟。」

重複孩子的話非常重要，即使他們說的是令我們心痛的事。身為父母，我們總是希望能讓孩子過得更好。所以當他們說出令人心痛的事時，我們或許會發現自己掉進了以下4種陷阱。

有用小訣竅：遠離有毒陷阱

當孩子對我們說的一些事讓我們感到不舒服或難堪時，我們會受到兒時從父母那裡所得到的反應影響，做出下列幾種反應：

辯解

我們可能會對我們的教養方式，或對某件事情的反應做出辯解：

「別把焦點轉移到我頭上，就只是你『不乖』而已！」
「少吼我。這不是『我的』問題！」
「如果你『要』這樣到處亂跑，我當然不喜歡你。」
「是你『讓』我這樣吼的！」

忽視

忽視孩子的想法，不去理解與探究孩子的感受：

「別傻了！我當然喜歡你。」
「那只是你的想像而已。」
「我相信他們不是故意的。」

貶低

我們甚至會貶低孩子，否定他們的感受：

「噢，拜託！你已經大到不能用哭的了。」
「你就是太笨了！」
「別再那樣了——事情沒有那麼糟！」
「為什麼你不學學你哥哥？他就不會這樣！」

否定

> 否定可能是我們承襲自父母的心理防衛機制。我們會對孩子說：
> 「你沒有不高興吧，拜託！」
> 「你不是想家，你只是太無聊了。」
> 「你沒事的，你不可能覺得那麼糟吧！」

要確實與孩子連結，我們必須遠離上述陷阱，並且重視孩子在難受時候告訴我們的感受。想想如果你因為某件事很難過，跟朋友或夥伴訴苦時，他們否定或忽視你的感受，只會說「噢，你會好起來的」，或「噢，我也碰過，那不是什麼大不了的事」，或是只想著要幫你解決問題，卻不重視你內心的情緒，你會有什麼感受？

如果他們這麼回應你：「喔，聽你這麼說，我很難過。那聽起來真令人難受／很不容易。你願意多跟我說一點嗎？」──你會不會覺得和他們更有連結？

如果我們的孩子正在對自己說「媽媽／爸爸不喜歡我」，那麼他們出現一些難以應對、甚至無意識的「反叛」行為，也就不足為奇了。孩子可能會得出這樣的結論：「既然他們不喜歡我，那我乾脆就這樣做吧！」許多偏差行為就是從這裡開始的。

我在治療室裡的孩子們身上也常常看見這樣的情況。**如果他們覺得自己「不被喜歡」，潛意識裡就會認定：不如就表現得真的讓人討厭。挑戰或挑釁的行為，有時其實是在尋求回應──對**

孩子來說,「被注意到」總比「被忽略」好。在他們渴望連結的內心世界裡,他們的邏輯是:「至少當我『被看見』,我就是安全的,因為至少有人知道我在這裡。」

運用好奇心而非做出上述反應,讓我得以看透孩子的惱人行為,同理他的感受。

「噢,威爾伯,你願意告訴我這件事,一定是鼓起了很大的勇氣。這感覺起來真的很可怕!我很抱歉讓你有這種感覺。我很愛很愛你。我一直都很喜歡你,一直都很愛你。我不喜歡的是你的行為,不是你本身。」

強調這一點非常重要:**我們不喜歡的是孩子的行為,而非孩子本身。**

若我們沒有清楚表明這一點,孩子就會自行腦補,就像威爾伯認為我對他發脾氣就是不喜歡他。想像一下,若你的父母不喜歡你,你會有什麼感覺?這類腦補會形塑孩子未來的自我認知。所以你一定能理解,這絕對不是我們想要的。

處理並為孩子的行為設定界限固然重要,但在此之前我們得先協助孩子消除驅使他們做出問題行為的恐懼與悲傷。

在威爾伯的例子中,他說出「媽媽不喜歡我,而且爸爸又不在家」的恐懼,讓我得以進行最重要的修復。我能導正威爾伯的「腦補」,並且為我發了脾氣向他道歉,承認我說話的口氣應該要更和善。等他冷靜下來後,我也能提醒他為什麼他不聽別人說話這件事不好,還有要想辦法讓我們下次能夠「好好對話」。

我在房間裡告訴威爾伯,我很抱歉我吼了他,這肯定誘發了他的狒狒腦。我還以溫暖的語氣重複孩子的話:「我也了解你很

想很想爸爸了。」

我在這裡射出實情之箭。

「你非常想他，你希望他在這裡。」

還有：「小可愛，我都了解；爸爸不在會讓人很難受。媽媽也想他。」

「我也想他！」克萊蒙西突然大聲說。她一直很有耐心地在門口等我。

我們三個人靠在一起，威爾伯也慢慢止住了眼淚，並且讓我們看看他膝蓋上的擦傷。接著他坐到我腿上抱著我，我們討論著要怎麼讓上床睡覺時間變得更有趣。

在每個人都冷靜下來後，我也得以回想自己失控、生氣，可能也跟我想念麥克有關。**與孩子一起反思我的行為，不只能向孩子展示我們都是人，我們都會犯錯；此外，當我們能夠坦承自己的錯誤並從中學習，我們就是在向孩子示範他們也能學習。**

在威爾伯床邊做的那個重要的深呼吸，並將我的手放在他胸口上，保留些空間給他，而不是再次斥責他，開啟了一場很重要的對話，讓我們現在能互相擁抱，重新建立連結。

破裂與修復

在心理治療中，我們常會談到所謂「破裂與修復」的價值。這是指，我們做為父母（或甚至是治療室裡的治療師）所犯下的錯誤，其實可以成為一個療癒的機會，也可以是向孩子示範我們如何在困難或衝突中修復關係的珍貴時刻。

要確保修復，孩子得先相信當他們敞開心扉並展現出脆弱時，我們會傾聽。孩子要知道我們喜歡他們，也接受他們的樣子。這並不表示我們就不應該對上床睡覺這件事設下限制或界限。只是如果我們能像個團隊般合作，事情會變得容易許多。我還是能提醒威爾伯，當他到處亂跑，而我得在爸爸不在家的情況下試著盡力而為時，有多不容易。

這些「破裂與修復」的時刻，能協助我們與孩子建立強力的連結。這點很重要，因為孩子與我們連結的強度，會成為他們情緒發展的關鍵。英國精神科醫師約翰・鮑比（John Bowlby）將這種連結定義為「依附」。他將其描述為「人與人之間的長久心理連結」。[2] 鮑比以及發展心理學家瑪麗・愛因斯沃斯（Mary Ainsworth）發現，我們在幼年時期所形成的「依附」關係，會大大影響我們未來的幸福與健康。愛因斯沃斯甚至證實了，我們在幼時所形成的情緒連結，能決定我們未來的人際關係，甚至是浪漫的情愛關係！

一般而言，我們大多都會落在依附範圍內的某個地方。我們在與父母的依附關係中，大致上可能是感到「安全」的，但某些情境仍可能觸發一些適應不良的反應模式，比如「焦慮型」、「逃避型」或「混亂型」的依附反應。

就像威爾伯在本章開頭的第一個情況中，他與我有「安全」的依附關係，然而他在第二個情況中所出現的行為，則表示他缺乏安全的依附感。

矛盾或混亂型依附所展現出的「親近又推開」行為，常會以過動的形式表現出來。[3] 若我先生不在家，我的工時又過長，我

就會在威爾伯身上看到這種行為。當我將時間與精力放在我們的連結上,投入更多一對一的時間,給予大量的依偎、擁抱與對話,失控的行為就會消失。

> ### 大腦益智盒
>
> 「情緒最為穩定並會利用機會的孩子,是因為擁有會鼓勵他們獨立的重要大人,這些大人在孩子需要時,不但會提供協助,還會擔起責任。一個無法建立滿足依附關係的孩子,可能會因為害怕再次被拒絕,而不敢讓自己依附任何人,因為那代表著可能得再次經歷那種痛苦、焦慮與風險。這樣的孩子可能會抗拒表現出或感受到對親密與信任關係的渴望。」
>
> ——《情緒成長與學習》(*Emotional Growth and Learning*)作者保羅・格林哈爾(Paul Greenhalgh)

無論是在家還是學校,我們都知道失控行為的破壞力有多大。當我們審視孩子「不乖」背後的原因,並好奇「為什麼」會如此,就能協助孩子解決行為問題。關鍵在於我們要去做。《連結教養》(*Connection Parenting*)的作者潘・李歐(Pam Leo)說:「要不我們就花時間用愛填滿孩子的情緒需求,要不我們就花時間處理孩子未被滿足的需求所造成的行為問題。無論哪個方

式,都得花上時間。」

你或許會問,如何確定孩子感受到與你有安全的連結?我的孩子還小時,我也曾問過同事麥特博士這個問題。他回答:「你的孩子在受傷、難過或害怕的時候,會不會來找妳?」

當我反思自己和當時5歲的女兒關係時,我有了深刻的洞察:她雖然大多會來找我,但並不是每次都如此。我在孩子年幼時是工時相當長的職業婦女,我也意識到自己與孩子的關係可能有些「破裂」,需要修復,而我也投入了大量時間與精力去彌補。家長無須因為做這樣的反思而陷入羞愧或罪惡感中。我們都盡力了,每個父母都受到不同的環境限制。將科學應用到親子關係上,並運用所知確保親子享有最強大的連結,而不是原地踏步,對我們很有幫助,也很關鍵。科學告訴我們,**當我們身邊有一位情感上可接近、讓我們感受到連結與信任的成人時,大腦是有能力「修復」的**。就像成人可以透過治療獲得「後天建立的安全型依附」,我們也可以幫助孩子達到同樣的狀態。

與孩子建立連結,是我們每天都能練習的事。在我的第一本著作中,我介紹了**10分鐘儲值法**,也就是向你的每個孩子承諾,每天會花10分鐘、每個星期會花1個小時跟他在一起。在這10分鐘裡,我們要把手機擺在一旁,專注在孩子身上,與他們聊聊今天過得如何,或就是單純地玩耍。我已經記不得有多少家長寫信告訴我,這種簡單的日常互動讓孩子的行為有了極大改變。他們告訴我,似乎不只孩子感覺與父母更有連結,他們本身也覺得與孩子更有連結了。

家長的反思

娜迪亞，10歲妮可、8歲凱與5歲李歐的母親

在每日瘋狂的煮飯、打掃、生活瑣事與接送奔波中，愛有時會被悄悄消磨掉。我知道自己愛孩子，但我最近一直在想，他們知道嗎？

我開始讓每個孩子單獨跟我在一起半個小時的時間。我在這段時間裡不接電話，不受外界打擾。我就只陪著他們做他們想做的事。我必須完全專注在他們身上。我一星期只能陪這麼一次，但這至少是個開始。我已經看到效果在發酵，還有至少在接下來的那個小時，他們會希望與我更親近。

我其中一個兒子就只是跟我一起看些東西。我直覺感受到他渴望與我親近，我們靠在一起坐在沙發上，以連結的心靈能量一同調節我們的情緒。

有用小訣竅：建立連結的方法

下載我的一天

當我問威爾伯與克萊蒙西，我們怎麼讓上床睡覺時間變得「更美好」，他們建議了一個名為「下載我的一

天」的絕佳10分鐘遊戲。

孩子決定我們要在上床睡覺半個小時前就先到臥室「會合」，輪流討論自己當天發生的大事。對談的範圍能從，「媽媽，你在學校時是怎麼應付霸凌這種事？」，到「我有喜歡的人了，你覺得我該跟對方告白嗎？」這是與孩子重新建立連結的好方法，也有助建立手足情誼，培養解決問題的能力。

閱讀馬拉松

這也是我孩子想到的方法。在我疲憊不堪並渴望上床睡覺的夜晚，讓我快速上床的動力就是這個活動，孩子能與我一起跳上我的床，然後不是我大聲唸書給他們聽，而是大家都各自拿一本書來看。我們靠在一起躺在床上，安靜地依偎在一塊，偶爾會插幾句話分享書中的情節或複雜的詞語。在我累得無法思考的晚上，這種睡前時間成了最美好的時光。

一起看書，尤其在睡前，是在分開一天後重新建立連結的一種溫馨且自然的方式。我現在仍然很享受為孩子朗讀的時光，但在那種從一早就忙到不行的日子裡，「閱讀馬拉松」是一個很棒的「遊戲」和好用的小工具，能立刻把混亂的睡前時光轉變為平靜時刻。

在這些建立連結的時光中，我常常發現自己與孩子依偎在一起時，會俯身去聞聞孩子們頭上的氣味，就像我在他們小時候也會去嗅嗅那美好的氣味一樣。湧出的催產素及多巴胺讓我的蜥蜴快樂地躺著，也讓我的狒狒徜徉在平靜的幸福中。由於我的神經系統得到良好的調節，我通常會更早睡著──我常常會關燈跟孩子一起入睡！

鼓勵孩子參與合作，讓他們自己決定「最棒的睡前時光」該是什麼樣子，不僅有助於營造平靜的氛圍，也能幫助他們守住行為界限。合作是一條通往成功教養的可靠途徑，因為當孩子自己訂下規則，他們通常會更樂意遵守！

肢體接觸

研究顯示，在安全的依附關係中，肢體接觸具有如同藥物般強大的安撫效果，對狒狒而言也是如此。[4]

1950年代，靈長類動物學家兼動物心理學家哈里・哈洛（Harry Harlow）在一個著名的實驗中強調了肢體接觸的重要性。[5]他讓恆河猴寶寶在一出生時就與母猴分開，並且讓牠們選擇是要一個用軟布包著金屬網所做成的代理「母猴」，還是單純只有金屬網但附有溫奶瓶的代理母猴。結果發現，猴寶寶大部分時間都待在那個包著布料、但沒有奶的母猴身邊，並且只會在餓的時候去找金屬網母猴。若將一個可怕的東西放進籠裡，猴寶寶會躲到軟布媽媽那裡，緊緊抱住她。

不論對我們的孩子，還是哈洛的恆河猴寶寶而言，觸摸與親密感一樣重要。

威爾伯很小的時候，在睡覺前常會要求我用手指頭「輕輕敲打」他的背。花10分鐘在睡前跟孩子依偎在一起，可能對孩子而言意義非凡，不僅有助於穩定孩子的行為，更重要的是，對他們的健康也有很大的幫助。

了解自己對感官撫慰的需求也很重要。在漫長冬夜裡，當我忙碌了一週，我最喜歡在從學校接小孩回家後，馬上換成柔軟的白色連身睡衣。（我知道我很容易取悅！）穿上這件衣服的感覺，就好像被一隻（友善的）北極熊擁抱。我馬上就想鑽進被窩，渴望著再度與孩子連結。我的孩子喜歡這件連身睡衣。「媽咪，這件衣服好軟、好舒服。」我們會依偎在一起聊聊他們當天發生的事。現在年紀又大一點的克萊蒙西，最常談的話題是人際關係間的角力，以及學校裡的男孩女孩開始喜歡誰誰誰。我的心中裝了滿滿的愛。我會提醒自己要珍惜這些時光，全心享受與年幼的孩子共度的時光。

給孩子的情書

孩子們應當懷抱著「世間一切安好」的感覺入睡。幫助他們做到這一點的方法之一，就是把你這一天或這一週裡注意到他們的那些小事，一一告訴他們。

這個想法來自我做過的一個練習，那是我完成兒童心理健康慈善機構Place2Be第一個諮商課程時所做的練習。我們的講師喬治亞與貝克請每個學生互相寫一張「感謝」字條給對方。我們列出了幾條我們最欣賞彼此的地方，像是：我們的價值，以及我們為課程或個人所做的貢獻。事實證明，這是一次非常令人感動的

練習，我們都很珍惜自己收到的字條。

我想用我的愛填滿孩子的心時，就會在上床睡覺前花點時間大聲唸出我給孩子的感謝字條或情書。當孩子想睡覺並安靜下來時，我會輕柔地把手放在他們胸口，告訴他們我從他們身上注意到的事情。

「我真的以你為榮，你真的是個很好的人。」

「我很喜歡你這個星期玩高空飛索時毫不害怕的樣子。」

「你的笑聲讓全世界都亮起來，我很喜歡。」

「我喜歡爸爸講到他覺得威爾伯未來女朋友是什麼樣子時，你先是咯咯笑，然後大笑起來。」

這些真心話不只孩子愛聽，也提醒著我們有多珍惜孩子，以及我們有多愛他們。我不會每次都這樣做，以免讓孩子覺得我不真誠，或讓這件事失去價值，但我發現這個做法的效果非常好，特別是我們度過辛苦的一天時。感謝字條能幫助孩子回想並記住所有美好的時刻，也能填補任何裂痕，撫平他們的憂慮。

我們珍視孩子是因為他們就是他們，而不是因為他們做了什麼，這對建立他們最重要的自我認知有極大幫助。

正如兒童精神科醫師高登・紐菲爾博士（Dr Gordon Neufeld）如此有力的總結：「孩子在我們面前時，必須要能感受到我們歡迎他們做最真實的自己。」

智叟貓頭鷹的智慧

♪ 孩子的行為反映出他們的感受。

- 有安全感的孩子就會做出安全的行為。
- 孩子需要與身旁的大人建立連結。
- 我們每個人都落在依附的光譜內，也都能學習如何更有「安全感」。
- 將我們的精力、關愛與時間投入到我們與孩子的關係中，對建立連結至關重要。

Chapter 7
創意——
依附遊戲的重要性

當我們樂於與孩子玩耍，孩子也會樂於與我們相處

　　玩遊戲是修復與孩子之間脆弱或已失去的連結的另一種強大工具。若我們想與孩子加深連結，就要經常撥出時間陪他們玩。正如劇作家蕭伯納（George Bernard Shaw）所言：「我們不會因為變老就停止玩耍，而是因為停止玩耍而變老。」

　　我的個案丹是一位企業律師，他擔心自己與兒子的關係似乎出了問題。他告訴我，有一次他下班回家，8歲的兒子對他說：「走開！我不想跟你玩。我討厭你！」丹被他深愛的兒子斷然拒絕，感到沮喪又洩氣。「我覺得很受傷。我知道自己這星期大部分的時間都不在家，才問兒子要不要一起玩。我很想他，也想讓他知道，但被拒絕讓我覺得我好像給了他掌控我的權力。我討厭這種感覺。所以，我立即轉身回說『好，隨便你！』，接著就離開了。我覺得自己太孩子氣了，但我不知要怎麼處理被孩子拒絕的事。」

　　當我問丹他覺得自己當下像幾歲，他馬上回答：「8歲！」

　　「為什麼你覺得你像8歲時的自己？」我溫和地問道。

　　丹停下來，搖了搖頭，並驚訝地說：「真不敢相信，這讓我

回到了我朋友不跟我玩的那個時候！」

當孩子的年齡與我們在童年時陷入困境的年齡相仿，我們往往更容易與孩子發生衝突，這樣的情況非常常見。我們或許會發現自己變得更加敏感，更容易被孩子的言行舉止觸怒。丹一意識到觸發他情緒的是他長久以來的傷痛，而不是他兒子時，立刻鬆了一口氣，這意味著他能退一步看待自己的反應，並且多關懷身為父母的自己。他也因此更能好奇地去思考兒子為何會有這種反應，看看是什麼原因驅使孩子拒絕。

「我好奇他是不是因為我都不在家而生氣。我常常不在家，然後我又突然問他要不要一起玩，這可能讓他覺得我對一切太隨心所欲。或許我得先做準備，甚至為我都不在家這件事道歉。」

過幾天，丹傳訊息告訴我，他寫了一張卡片給兒子，內容是：「我很抱歉有那麼多工作要做。我真的很想你。如果你願意的話，我想跟你一起玩。」他將卡片塞進兒子臥室的門縫中。5分鐘後，卡片被推了出來，上面潦草地回覆「OK」。

丹提到那天晚上他跟兒子一起玩遊戲，這讓他如釋重負。他感覺被接受了，而兒子顯然對爸爸為自己都不在家這件事道歉感到開心。或許這讓丹的兒子能改變自己原先所腦補的故事：「爸爸比較喜歡工作，不喜歡我。」

在教養中保持玩心，不但能釋放孩子的喜悅，也能解放我們的。

與麥克一起練習

不守時是我最大的地雷之一。在軍中若是我們沒有準時出現,之後就得被罰泡冰水了。我意識到這大大影響了我的教養方式。若孩子早上不能準時起床準備好,我就會生氣。我會進到他們房間,拍手大喊:「起來,起床時間到了!」克萊蒙西會特別反抗,她會對我大叫。我現在已經知道孩子的狒狒有多討厭驚嚇了。我如同士官長般的作為,只會讓我們雙方早上都不好過。

受到凱特經常讓孩子大笑的啟發,我問孩子他們希望我怎樣叫他們起床。威爾伯說:「唱歌!」所以現在他們選了歌,而我必須唱歌叫他們起床(我唱得很爛)。我很開心他們沒有選一般兒歌。他們選了〈Highway to Hell〉與〈Teenage Dirtbag〉這些歌的副歌。

於是現在我們家有個慣例:孩子在晚上睡前會先「提出明早想聽的歌」,然後我隔天就會開心地叫他們起床,因為我知道我會聽到笑聲,而不是看到鬧脾氣的孩子。這是雙贏的局面。

將遊戲融入日常作息

你的孩子可能不喜歡你設下的日常作息,但當我們愉快地堅

持下來，這些日常作息就會變成習慣，甚至也能成為玩樂的機會。我的孩子還小時，我發現自己有兩個選擇：要麼在上床睡覺時間前費勁力氣跟他們搏鬥把他們塞進浴缸裡，要麼就是用「很大」的聲音，在房間裡跺腳大喊：「嘩菲佛噗！我聞到威爾伯的臭屁屁了！不管他在哪裡，我都要把他放進浴缸裡，還要他穿著內褲進去！」（我不知道這招對你的孩子管不管用，但對我兒子來說，任何跟便便或屁股相關的東西都很管用。）**在教養中保持玩心，不是要你一直搞笑，或是在孩子難過時只會說笑話，而是希望藉此幫助他們更容易敞開心扉，並體驗正向的連結，讓你的教養工作變得輕鬆許多。**這點我敢保證。

　　玩遊戲讓我們更能洞察孩子的內心世界。在治療室裡，當我蹲到地板上與孩子一起玩時，我學到最多。教養也是一樣，因為孩子與青少年都是本能地透過玩耍來釐清或了解他們的世界。遊戲就是他們的語言，是兒童發展中至關重要的一部分。玩耍有許多形式，但我通常會將它視為一段高品質時光，孩子在這段時間裡感到安全，能夠與一位樂於跟隨他們引導的成人表達自己。就是一起快樂玩耍，氣氛輕鬆，把手機放一邊，全心專注在孩子身上。即使孩子已經12歲，你還是能邀請他一起玩，你會看到孩子做出一些令人訝異的要求與選擇。尤其當孩子漸漸邁向青春期時，他們有時會在你過去的遊戲習慣中找到慰藉。

　　即使是像威爾伯這樣偏好體能活動的孩子，仍然非常喜歡與我坐在一起用樂高拼房子跟船，然後一起拿進浴室玩。我們也可以就只是待在孩子的臥室裡，一起聊聊天、實驗新髮型，或是做勞作。即便是正在接受我治療、最抗拒的青少年個案，一旦我們

彼此之間建立了信任關係,且「同在」的魔法也發揮效果時,他們很快就會願意跟我一起坐到地板上,開始用手指畫畫或玩沙。

會有身體接觸的激烈體能遊戲,也很有幫助。這類遊戲能促進孩子小貓頭鷹的發展,讓牠幫忙調節狒狒的衝動,好讓孩子在興奮後冷靜下來,或讓孩子在任務中保持專注。確實,神經科學家潘克賽普甚至質疑,**許多被診斷為注意力不足過動症(ADHD)的孩子,或許只是「缺乏玩耍」而已。**

玩遊戲的基本規則

在玩遊戲時,一定都要讓孩子帶頭;也就是說,我們應該總是讓孩子自己選擇要做什麼。朋友曾跟我分享,她在最近的一個企業活動中,主辦方邀請她與其他代表參加一種以遊戲為基礎的破冰活動。結果每個人的面前都被放了一盒樂高,並且被要求要在1分鐘之內拼出一隻鴨子。朋友說,大家都埋頭苦幹時,她卻感覺到壓力山大。她感到很緊張也很不開心,因為這本來應該是有趣的活動,卻被如此量化,而且還得照規矩玩。等到每個人都秀出自己的鴨子之後,她詢問主辦方做這個活動的目的是什麼。結果對方回答:「這就是在教你怎麼玩。」

但這根本不是在玩。玩遊戲不該有時間壓力,不該有競爭感,不該被規定玩法,也不應該只是為了作秀。它應該是無條件的:**我們絕不該拿剝奪玩耍的機會做為處罰。**

此外,玩遊戲要先從邀請開始。若你跟丹一樣被拒絕了,可能是孩子覺得與你失去連結的信號,你需要花時間重新建立連

結。也許他們因為你工作了一整天而生你的氣,所以想「處罰」你;或者這是你第一次問這樣問,他們太驚訝了,不知道你是什麼意思!笑著接受他們的反應,然後說:「噢,好吧,也許現在不行。但我想多花點時間跟你在一起。我知道我很忙,所以才想知道你會喜歡做什麼。你能決定什麼時候要跟我玩。」

不過大多數的孩子都很快就能接受你提出一起玩的邀請。因為跟父母在一起的時間,是孩子在世上最渴求的東西。

> **大腦益智盒**
>
> 「讓孩子在玩耍中有機會以語言和非語言的方式表達自己,具有極大的價值。我們都需要給孩子一個能做自己的地方。孩子經由遊戲來表達情緒與感受,能讓他們理解並處理自身經驗。為了鼓勵這點,身為大人的我們也需要保持玩心。」
>
> ——Place2Be機構執行長 凱瑟琳・羅什(Catherine Roche)

我在治療室告訴孩子的首要事項之一就是,當我們一起訂下相處的規則時,他們就是「負責人」。也就是說,他們可以決定我們要在這個空間裡做什麼。看到他們臉上露出開心(通常還會難以置信)的神情,也讓我感到快樂。這也凸顯出,孩子在學校、課表、作業與課外活動的限制下,擁有的自主權是多麼少。

他們在每天的生活中，真正能「做自己」的時間實在太少了。

如果你確定要邀請孩子一起「玩」，你們可以一起決定什麼能做，什麼不能做。理想的情況下，規則越少越好。所以你或許可以說：「我們在遊戲裡唯一不能做的事，就是可能會為我們彼此帶來危險的事。像是，我們可以在床上跳，但是如果我覺得我們太過興奮，床可能會壞掉，我們就得停下來。還有我們不能在客廳這樣玩，因為那裡有太多銳利的東西。」

受邀一起玩可能會讓焦慮型的孩子感到不知所措。他們或許會覺得選擇太多了（例如房間裡有太多玩具），在這種情況下，你可以溫柔地提出建議，同時讓他們感受到自己擁有主導權。你能試著說：「我們可以拼拼圖、讀本書，或拿本食譜去做點心。我們也可以去外面的草地上打滾，或是玩手指畫、裝扮遊戲。你可以幫我弄頭髮，或是我幫你弄……」一次多給幾個建議，有助於幫孩子們暖身，一旦他們意識到自己真的可以做主，他們的創意就會無限展開！

你的孩子可能喜歡搞怪胡鬧，也可能偏好安靜。他們可能會希望待在你身邊，甚至像我的孩子一樣，爬到你腿上。威爾伯常常會坐在我張開的雙腿之間，一邊靠著我一邊玩拼圖，而我也從這段靜謐的時光中獲得安慰，感受到自己的身體也平靜下來。不過，一旦孩子安定下來，他們通常就會從你身上爬下來，開始活動起來。

盡可能模仿孩子的身體語言。如果你的孩子是盤腿坐，你也可以試著這樣坐。我們不需要擔心該說什麼，單單給孩子時間與陪伴，就已經具有療癒的力量了。當我們用這樣的方式玩耍時，

孩子的內在世界就有了開展的空間。我們可以想像，那隻「蜥蜴」和「狒狒」終於能從樹上下來，在草地上開心地嬉戲奔跑。

依你對混亂的接受程度，你可能會想先設下一個界限：「我們可以把這裡弄得亂七八糟，只要最後能一起收拾就好！」不過值得注意的是，有些孩子真的會迫切想把一切弄亂。這通常是潛意識在表達自己的一種方式。若你的孩子喜歡玩得髒兮兮，那就找一種讓他們能這樣做的方法——例如，在戶外鋪上一塊防水大桌布，讓他們盡情玩手指畫或其他「會弄得一團亂的遊戲」。

重點是，讓孩子有某種程度的自由感。如果我們總是把所有東西收得一塵不染，孩子不僅比較不會去碰玩具，你手上可能還會多出一隻無聊又躁動的「狒狒」喔。

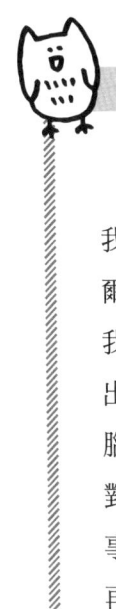

與麥克一起練習

做為父母，我們必須學會在混亂中生活。軍隊訓練我要把物品收得乾淨整齊，而我也不得不學習不要在威爾伯把褲子丟進洗衣籃，而是「塞進」欄杆的縫隙等著我跟凱特收拾的時候就發火。後來，我學著接受凱特提出的觀點：那時6歲的他，用的還是比較「原始」的大腦，根本還不明白他的行為為何會令人崩潰。「塞褲子」對他來說，只是比較好玩罷了。後來我選擇放下這件事，甚至加入他的行列，一起把他的褲子做成降落傘，再丟給凱特接。玩了幾輪之後，我又開發出另一個「遊

> 戲」：看誰能把褲子與襪子最準確地丟進洗衣籃中。當我看到比起我抱怨他，這個遊戲更容易讓他把髒衣服丟進洗衣籃時，我真的忍不住笑了！

我們越能在日常生活中融入玩心，孩子就越有可能展現出願意合作、充滿連結感的行為。

遊戲時間的靈感

畫出我的一天

我先前曾在第六章的「有用小訣竅」中提到「下載我的一天」，「畫出我的一天」則是它的變化版。這個方法簡單，可以鼓勵親子在分開一天後，「下載」並重建連線。不用說的或寫的，而是改用畫的，能有效地讓我們的下意識「說話」。這招對小孩特別有用，他們可能會喜歡用畫的或是給你看圖案，來讓你知道他們今天過得如何。

我記得自己曾和孩子們這樣玩過。有一次，大約是克萊門西6歲生日那陣子，我記得她在遊戲中畫了一個杯子蛋糕，然後在上面畫了一個大大的叉，接著又在蛋糕旁邊用黃色色筆塗鴉了一些線條。那天她帶了自己做的杯子蛋糕去學校慶祝，但很明顯有什麼事情讓她不太開心。

「噢！」我說，「我看到妳畫了一個杯子蛋糕，但是在上面打了叉叉？」我問了一個開放性的問題想引誘她回答，而不是問她

為什麼，因為那可能會讓她一句話都不說。

克萊蒙西說：「我不喜歡我的杯子蛋糕。它們不好看。」

我將克萊蒙西說的話，重複說一遍給她聽：「噢，所以妳不喜歡那些杯子蛋糕，因為它們不好看？」

同樣的，當你說出困難的實情，射出的實情之箭可能會引發「情緒共鳴」。這也是要引誘她再多說一點。

「對，它們一點也不好看！」她斬釘截鐵地說，並且難過地看著我。

然後克萊蒙西啜泣了起來。威爾伯看著我安撫哭泣的她，並抱著她搖啊搖。他的小貓頭鷹正在發揮同理心。不久，我的6歲孩子又笑著告訴我，所有人為她唱生日快樂歌時她好開心。有個療癒的小秘訣是，我的孩子或治療室中的孩子創作任何勞作時，我都會問他們「你會給它取什麼名字？」，或是「如果你畫的這個東西會說話，那它會說什麼呢？」。這是進行深入了解的好機會。克萊蒙西說她畫的是「搖搖晃晃的蛋糕日」，這將她複雜的情緒總結得非常好！像「畫出我的一天」這樣的遊戲有奇妙的療癒效果，它能幫助孩子用非常簡單的方式，在紙上將他們的恐懼具象化，這通常也會讓那些情緒的強度慢慢減弱。

我想玩

有些夜晚你可能會察覺到孩子有點「亢奮」，在進入那至關重要的平靜狀態之前，他們需要先釋放一些因壓力反應而積累的能量。威爾伯在7歲時發明了一種叫「我想玩」的遊戲。這個遊戲名稱是他取的，我們無須變成佛洛依德就知道他下意識在想什

麼！他會在站在臥室門口，同時我也會站在他身後。我會喊開始並給他2秒鐘的時間，他得衝進臥室上床躺好，並將羽絨被拉起蓋住全身。然後我會追上去，看看他的身體是否有哪裡露出來，他說過我能搔癢露出來的部分。

我會認真地搔他癢。對孩子來說，身體自主權非常重要，所以務必按照孩子的指示進行，若他們要求我們停下來，我們就得停止。這個遊戲威爾伯玩得非常好，所以我能搔到他癢的機會不多，不過追逐與單純預期會被搔癢就已經能讓他尖叫起來，也會讓我跟著大笑。

由於我不希望孩子在睡前太過興奮，所以我們會在玩遊戲前設下界限，並且對要玩多久達成協議。我的目的在幫助威爾伯釋放當天多餘的能量就好，而不是將他的壓力反應導到錯誤的方向。就像我在治療室中會與孩子們做的，當我們先在玩遊戲前設下界限，就能溫和地提醒孩子還剩下5分鐘。這麼做有助於調控孩子的能量與期待，也能協助威爾伯的小貓頭鷹練習最重要的情緒調節。我會說「噢，這真的很好玩！我們現在能上床睡覺了」，幫助孩子靜下來。

有我在身旁，威爾伯能以安全的方式釋放能量，並經由玩遊戲所帶來的愉快感受與我有所連結。無論在晚上這個時間我有多累，我都能享受這個遊戲。他的大笑聲是我的精神糧食。麥克通常不是孩子玩「想像」遊戲時的玩伴，他比較偏好經由運動或拼圖及學習與孩子建立連結，不過威爾伯還是向他解釋了遊戲規則，並且問他要不要一起玩。聽到我先生與兒子的大笑聲，以及他們在樓梯平台上重重的腳步聲，對我而言就是天堂。

體育遊戲

體育遊戲同樣有益於建立孩子的自信以及與你的連結。以下是你能嘗試看看的體育遊戲：

- 打枕頭仗
- 在床上拋接充氣氣球
- 將軟的玩具丟到目標處
- 躲貓貓
- 在地上滾
- 用毯子將孩子捲起來再打開

我的同事兼心理學家勞倫斯·科恩博士（Dr Lawrence Cohen）寫了一本很棒的遊戲書。他提倡定期玩「打鬧」遊戲，他說這麼做有益於孩子的發展與家庭和諧。他的主要建議包括：[1]

- 注意安全，但也無須過度擔心。「孩子需要冒險，因為在冒險的遊戲中，他們會學到如何運用肢體與處理風險。」
- 找個沒有銳利邊緣與遠離玻璃門窗的適合區域。
- 不要害怕「打鬧」。「好的打鬧與摔跤遊戲，比較像在跳舞，而不是打架。」
- 只要大人或年紀較大的孩子不主導或打壓年紀較小的孩子，打鬧就能建立孩子的自信心。
- 常常讓孩子贏！「別擔心孩子會變得『過度自信』或不尊敬你。相反的，他們會學到重要的倫理課，體型較大的人在遊戲時要保留一點實力，好讓每個人都能玩得盡興。」
- 若有人受傷就停下來，就算只是猜想有人受傷了也要如

此!「打鬧的目的不在讓孩子變得強悍,而是要讓他們知道,他們在用盡全力時,也能保有身體與情緒上的安全。然而,也無須因為小傷或有人哭就突然中斷遊戲。以同理心安撫及傾聽哭泣的人,然後再繼續玩。」

- 別壓住孩子並搔他們癢。「很遺憾的,這種搔癢方式對神經系統太過刺激了。輕輕快速地戳一下或是假裝要搔癢,就能帶來更樂在其中的笑聲,也比較不會造成過度刺激。」
- 咯咯笑就是好兆頭!「當你看到孩子以愉悅的方式努力攻擊你或用枕頭打你時,你就會知道你的方向是正確的。」
- 讓孩子成為「比較強大」的那個人,就像科恩博士所說的「更有能力」。「我想要壯大我的能力──你永遠撞不倒我,你永遠跑不掉!」
- 「若有疑問,就倒下。年紀小的孩子特別喜歡推你一下,然後看你戲劇性地倒下。若這麼做會讓他們大笑起來,那就再做一次。然後再做一次⋯⋯」

玩體育遊戲最後要注意的是,科恩博士也觀察到打鬧可能會觸發強烈感受。若孩子感到興奮,就再好不過了。但也可能會引發其他強烈感受,例如:難過(當孩子想起過去曾經沒有這樣的玩樂時光),或是憤怒(當遊戲失控、超出他們能承受的範圍)。如果孩子變得莫名憤怒,或不願與你有眼神交會,就要設法釋放這些能量,告訴孩子他們似乎有些「強烈的感受」,你想要幫幫他們。你可以說:「噢,我看到你很難過╱生氣。我很抱歉──爸爸╱媽媽能怎麼幫你呢?」提醒孩子他們很安全,而保

護他們的安全是你的責任。溫和地建議你們可以一起坐下來面對這些強烈感受。這可能是另一種釋放情緒能量的好方法,還有就像我先前說過的,任何破裂都能進行修補。讓孩子相信你會在一直在這裡,有助強化你與孩子的連結。

> **大腦益智盒**
>
> 「我喜歡在玩打鬧遊戲之前,先跟孩子建立穩固的連結[2],例如擁抱、握手、擊掌,或互相鞠躬——正如一位小男孩曾對我說的:『讓我們在決死勝負之前先互相致敬!』最後再用另一種象徵性的連結結束打鬧遊戲也很棒。在打鬧的過程中,你可以透過仔細觀察孩子的力道、眼神交會與心情,來與他們建立連結。」
>
> ——《遊戲力》(*Playful Parenting*)作者 科恩博士

如何結束遊戲時間

所有美好的事物都有結束的時候。若玩遊戲的時間很短,最好先協調一下什麼時候要結束,讓孩子心裡先有個底。即便如此,當我告訴孩子要打住收拾時,我也能同理當下得這麼做真的很難。「噢,我知道;我們玩得這麼開心,實在很難停下來吧!我也很愛。那我們明天晚上再玩一次好不好?」

你能在協調下再給出額外的5分鐘,這麼做有助於累積善意。但是當時間到了,你就得提醒孩子在晚餐前要把玩具收拾好,或現在是「聽話」上床睡覺的時間了。

我對自己在意的事會有堅定的界限。例如:「我給你額外5分鐘,但現在我們要靜下來一段時間了。」我不會強迫孩子一定要撿起每一塊樂高積木。如果我們把自己的整潔標準強加到孩子身上,會破壞我們建立的所有善意。玩遊戲同樣提供我們協助孩子在界限內行動的機會。

如果孩子拒絕跟你一起收拾,或是拒絕做你要他們做的事,幽默就成了一個好工具。在這種情況下,我可能會把一個軟的玩具放在他們頭上說:「噢,老虎,我知道你非常非常愛克萊蒙西,但她現在得讓你上床睡覺!克萊蒙西會親親你說晚安,這是你想要的嗎?」這時克萊蒙西就會在笑聲中親親玩偶,把它收進盒子裡。

我會開玩笑說,克萊蒙西長大後將會成為出色的律師,因為在我累的時候,她與我討價還價時總會把我逼到絕境。這沒關係。有時我會「敗」給孩子的要求,不過同樣的,在我想休息的夜晚,我也會堅定地提醒他們我們已經達成的協議。「寶貝,我知道現在很難停下來。我知道你還想玩,而且我們玩得很開心!你想不想把絨毛娃娃丟進箱子裡消消氣,還是你想拿它們丟我,看看我能抓到幾個?」

當我們配合孩子時,他們會更願意跟我們合作。我們仍然掌控一切,仍然指揮著大局,正如我們所見,若我們與孩子都感到安全,我們還是可以設下界限。但孩子必須感受到我們會傾聽,

而表現出我們理解要結束遊戲很困難也是做到這一點的好方法。

最後，想辦法在說「好」的同時說「不」。在孩子的諮商訓練中，我們會玩「好的⋯⋯」的遊戲。你可以在孩子要收拾東西及上床睡覺時試試看。你們每個人都說出一個有「好的」的句子。

「好的，上床睡覺的時間到了，我會幫你！」

「好的，我能把我拼的樂高房子留著嗎？」

「好的，你能留下你的樂高房子，我們明天還能玩！」

「好的，我們還有時間講睡前故事嗎？」

「好的，接下來我要告訴你我有多愛你！」

當我們告訴孩子我們想花時間跟他們在一起時，我們就是在對他們說：你對我很重要，我很享受跟你在一起的時間。令人遺憾的是，今日的教養往往受限於時間，所以有時很難有玩遊戲的興致。不過我向你保證，你永遠不會後悔答應陪孩子玩。即使每天只花10分鐘玩孩子主導的遊戲，都能成為精神糧食與連結救星。與孩子玩600秒的遊戲，對於恢復平靜與連結，以及確保你們未來的關係與孩子的健康，都非常關鍵。

智叟貓頭鷹的智慧

- 對5到12歲的孩子來說，玩遊戲有巨大效益。
- 孩子與朋友玩很重要，但與父母一起玩也同樣重要。
- 玩遊戲能協助孩子了解他們的世界。
- 玩遊戲能培養孩子的自我意識。

- 在忙碌的一天後玩遊戲有助恢復親子的連結。
- 玩遊戲能改善孩子的行為,因為當我們答應跟孩子一起玩時,孩子也會想讓我們開心!

Chapter 8

好奇心——
為何好奇心是王道！

與其納悶「你有什麼毛病？」，不如好奇「你發生了什麼事嗎？」

　　上床睡覺前，克萊蒙西告訴我，她在學校舞蹈課上看到威爾伯「不乖」。威爾伯看起來很難堪。我不鼓勵孩子打小報告，不過我兒子的表情告訴我應該有什麼事情要爆發了。我自己也有了丟臉的感覺（孩子在校表現不佳時，家長都會這樣），但我克服了狒狒帶來的不適感，留下了智叟貓頭鷹，溫和問道：「小可愛，你能多跟我說一點嗎？」

　　威爾伯挑釁地看著我，生氣地脫口說出：「我**不喜歡**舞蹈老師！他罵我！」

　　在這種情況下，由於孩子防衛起來，我們也會因此有所防衛。這通常源自於我們的童年經驗。如果我們過去學到的是要服從權威，而且永遠只能說他們的「好話」，我們可能就會落入第六章提到的有毒陷阱，馬上為權威人士（特別是老師）辯解：「噢，威爾伯，老師人很好。如果他罵你，一定是你做了什麼『不乖』的事！」

　　或是，我們可能會感到難堪，因為我們覺得孩子的行為反映出我們這些父母不會教。我們可能會將這份難堪及愧疚轉移或投

射到孩子身上。「噢,威爾伯,你做了什麼?你怎麼能這樣?」

我得承認我腦海中也浮現了這些想法(舊習難改)。但我暫停了一下做深呼吸,讓我的智叟貓頭鷹有時間能登場。我看著威爾伯的眼睛,真誠地以好奇的語調問道:「噢,小可愛!發生了什麼事?」

以「發生了什麼事?」提問,可以非常中性地向孩子展現你想從他們的觀點了解事情。這能馬上安撫躁動的狒狒,牠感受到自己會受到「公平的聆聽」,也會協助孩子讓小貓頭鷹加入,讓牠協助狒狒說出自己的理由。當孩子的小貓頭鷹能與狒狒一同合作,就能學到一些嚴肅的課題。運用一個帶有好奇心卻不帶任何批判的問句,更能協助孩子告訴我們事情的真相,並相信我們不會驟下孩子必定是錯的這種結論。

比起用「**為什麼**你要這樣做?」這樣的問句讓孩子將情緒封閉起來,問「發生了什麼事?」更能讓孩子把情緒表現出來。

「我不想跳舞!」威爾伯大叫,以憤怒進行反應性防衛。知道威爾伯在憤怒之下還藏著傷痛及恐懼,讓我得以保持冷靜與好奇心。我歪著頭以好奇的表情回應:「噢,所以你不想跳舞嗎?」

這時威爾伯切換成「抱怨」語氣,那是孩子要講令他們感到難受的事情時會出現的語氣。

「他把我排在窗邊,所以我在跳舞的時候,每個經過的人都會笑我!」

在同儕面前被羞辱,還有在犯錯時被嘲笑的感覺,都是我們能感同身受的。被嘲笑深深刺傷了威爾伯,眼中充滿淚水。腦部神經影像研究揭示了其中的原因:當人們因社交排擠而感到痛苦

時，大腦所啟動的區域，與身體疼痛時所啟動的大腦區域相同。

我想這值得再複述一次。**當孩子感受到被同儕團體排擠，或是被我們拒絕時，會產生心理上的傷痛。**[1]

這也是為什麼當孩子向我們吐露內心的痛苦時，代表他們正處於最脆弱的時刻。假如孩子剛歷經了同儕排擠，那麼他們潛意識裡也可能會有深層的恐懼，害怕你也會拒絕他們。知道孩子的感受可能會讓你感到難以承受。但這些時刻正是幫助親子建立信任與連結的珍貴機會。

複述的力量

我伸出手臂，以真誠溫暖又帶著心疼的語氣說：「噢，威爾伯。所以你得站在窗邊跳舞，然後每個走過去的人都會看見你，是吧？」

雖然說出這些話會讓人心疼，但複述與反思孩子告訴我們的話具有強大的力量。我讓威爾伯知道，我「理解」這有多難堪。我讓他知道，我想傳達的是我了解他的感受，而不是想斥責他。

在這種時候，我們得真切地感受孩子的傷痛。孩子馬上就能感受到他們是否受到真心的對待。當我們感到不自在時，通常不會喜歡被別人「盯著看」。我還記得我與舞者阿爾賈茲・什科亞內茨（Aljaž Škorjanec）排練《舞動奇蹟》(*Strictly Come Dancing*)那時的事。他身材非常好，而且才28歲，而我則是兩個孩子的媽，不但不會跳舞，還已經48歲。阿爾賈茲常會邀請一群人來看我們的例行排練。我會假裝微笑繼續練習，我內心的

貓頭鷹向我保證，如果我出了什麼錯，也只會傷到一點點自尊心而已。但如果我累了，又覺得自己搖搖欲墜，我就會告訴阿爾賈茲：「不行！我還沒準備好！」我有時也會跟威爾伯一樣做些蠢事，把事情弄得一團亂，藉由分散觀眾的注意力，讓他們發笑，以示抗議。其實做什麼都好，就是不要在眾人前面表演！

回到臥室這裡，威爾伯對我說：「他們在笑！克萊蒙西在笑。」他想讓我知道，我忽略了這個事件的關鍵片段：人們在笑他。他會感到難受，不只是因為被盯著看，也因為他被嘲笑了。

我以符合他情況的生氣語氣重複他說的話：「他們笑你嗎？」我們說話時的語氣必須符合孩子的情緒強度，他們才會知道我們不只聽到，也能感受到他們所經歷的事。

「對！」他大叫，然後流下傷心的眼淚。當實情之箭正中紅心，常常就會打開眼淚的水龍頭。這麼做不代表我們「很壞心」。請記住，**見證孩子的傷痛與難過，抹去他們的眼淚與恐懼，長久而言能幫助孩子建立情緒韌性。但首先，我們得「驅除」孩子的傷痛感，讓他們不會陷入負面記憶或聯想。對孩子重複他們說過的話，表示我們確實「理解」他們所經歷的傷痛。**

威爾伯縮起身子趴在我腿上，我抱著他搖啊搖，不斷說：「沒事了，沒事了，媽媽都知道了。」無論年紀，溫柔的言語都有助安撫哀傷的腦。克萊蒙西擔心地看著我們。我無須告訴她當下威爾伯有多難過，她都看見了。我能從她的表情中看到，她也明白自己取笑他人的行為有多傷人。

「我很抱歉，威爾伯。」她真心誠意懊悔地說。

威爾伯現在真的大哭起來，在嚎啕聲中落下斗大的眼淚。

> **大腦益智盒**
>
> 「當孩子有安全感，有你的情緒支持，他們就會從強烈的憤怒轉為哭泣，釋放出常是多年累積的悲傷、恐懼與絕望的孤單。」[2]
>
> ——《破碎的人生》(*Shattered Lives*)作者暨心理治療師
> 卡蜜拉・巴特曼格利吉（Camila Batmanghelidjh）

不要因為孩子哭泣就感到害怕或抗拒。如果我們從未用這種方式來教養孩子，確實會覺得做起來有難度，但就如猶太諺語所說：「眼淚之於靈魂，就如同肥皂之於身體。」我喜歡這樣想：眼淚能沖走所有壓力與焦慮荷爾蒙，不讓它們頑固地留在體內。

我們可能會擔心這麼做是鼓勵孩子哭，這樣他們以後可能會哭不停，但其實正好相反，隨著時間過去與經常練習，「好好傷心」所花的時間會越來越短。威爾伯非常難過的時間只持續了1分鐘。他停止哭泣後便抬頭看我，心情愉快地說：「媽媽，不過我做了一次帥氣的鏟球動作！」

我微笑說道：「噢，這樣子啊！那我覺得老師之所以會生氣，是因為他認為你沒在聽他說話，你不專心，還做了鏟球的動作，是嗎？」

威爾伯看起來很不好意思。

將我們所知的全貌複述出來，有助於確認我們了解的事實是否完整正確。

「所以你在舞蹈課時被排到窗邊，每個人走過去時都會笑你，所以你不想跳舞，反而在地板上做出鏟球的動作，是嗎？」

兩個孩子都在笑，我們有了看見全貌的「大局觀」。一旦威爾伯的蜥蜴與猩猩冷靜下來，我就能讓他的小貓頭鷹幫忙看看是否有任何解決辦法，因為他的行為還是得落在界限內，這也是小貓頭鷹必須學習的重要課程。

「好的，小可愛，那麼你有什麼好的解決辦法嗎？因為你得上舞蹈課，你也要專心聽老師的話。」

威爾伯在努力思考後說：「或許我能到另一邊的角落？這樣就沒人會看到我。」

很棒的解決辦法！我問威爾伯他可以自己跟老師說要換位置嗎？還是他希望我寄電子郵件問舞蹈老師，並且說明狀況。我很樂意幫他處理一些對他來說還有點大，他還無法獨自處理的事情。不過，讓孩子自己解決一些問題能強化他們的自信。這讓他們與他們的小貓頭鷹能在未來掌控局勢。威爾伯決定要自己問老師，但他說也想要我寄電子郵件，所以最後我們兩樣都做！

以這種方式解決問題，能讓孩子主掌自己的行為，表達自己的需求。一個10分鐘的簡單對話，就讓威爾伯在最近向我表示，舞蹈課是他最喜歡的課程之一。他當然與老師建立了更良好的關係，而老師在了解威爾伯的行為不是「不乖」而是緊張後，開始在他表現良好並用心參與課程時給他獎勵點數。他的行為仍落在界限內：他還是得上舞蹈課，也還是得聽老師的話。不過現在每

個人都開心,而解決辦法也很簡單。

知道我們的大腦在面臨社交排斥或被嘲笑的威脅時,會真實地感受到「疼痛」,是每個人都能產生共鳴的事。如果成年人都覺得這樣的情境難以承受,那麼我們自然能對那些選擇「行為失控」來迴避「公開羞辱」的孩子,多一分同理。這樣的理解,無論在家裡或學校裡都能帶來幫助。我希望我們都能透過科學,用更多的好奇心,去思考那些更有玩心、更溫柔、也更有效的方法,來引導孩子的行為走向正軌。

有用小訣竅:不以「為什麼?」開頭的好奇提問法

問孩子「為什麼?」會得到的回應,通常不是聳聳肩,就是「我不知道!」。

請記住,如果主宰孩子的是不會思考的蜥蜴與狒狒,那麼孩子通常**真的不知道**自己為什麼會做出那種行為!

以「我在想」開頭的問句,較有助於開啟對話。這樣的問法也能協助孩子的小貓頭鷹進行反思,更好地了解自己的行為。

有好奇心的問題是充滿溫情的開放性問題,表達出我們想去理解的意願。所以不要問孩子「為什麼你要這樣做?」,而是簡單地問「發生了什麼事?」,或是

「你有什麼樣的感受？」。

有用小訣竅：更多的OWL

當孩子告訴我們他們討厭老師、討厭朋友，或甚至討厭我們時，我們可能馬上就會落入有毒陷阱，開始辯解、忽視或貶低孩子。但這些情況是我們自己該處理的。我們是孩子最強大的擁護者，而且在這些時候，他們需要你的智叟貓頭鷹，而不是防衛的狒狒來幫忙。這時候我們要記得OWL處理法：

O——「噢（Oh），小可愛。能多告訴我一些嗎？」或是「噢，發生了什麼事？」

W——「我在想（Wonder）你有什麼樣的感受？」
（當他或她那樣說時⋯⋯／當他們那樣做時⋯⋯／當事情發生時⋯⋯）

L——靠近（Lean in）、傾聽（Listen），並展現關愛（Love）。

在孩子脆弱時展現出無條件的愛，將會強化你們之間的連結，為你們建立終生的關係。

我在第十二章〈關鍵對話〉中，會列出更多的模擬情境以及建議的問答，希望能幫上大家的忙。你能從中找一、兩個讓你比

較自在的方式試試看。**簡短的句子效果最好：關鍵在溫柔的語氣，以及真切的好奇心。**

把個人情緒放一邊

麥特是兩個女孩的爸爸，一個是7歲的薩拉，一個是4歲的費絲。他告訴我，他的大女兒開始會說讓他覺得非常不尊重人、甚至傷人的話。例如：「我討厭你！你是大屁眼混蛋。」

他告訴我，這真的惹毛他了。我們在受到傷害與不被尊重的當下，很難以關愛和同理心來回應孩子。不過，麥特說他不想一直用獅獅腦回應，不想吼女兒，要她回房間反省。

我請麥特告訴我，當他女兒這樣對他說話時，他身上哪裡會有異樣感受。麥特馬上指著自己的胸口。我追問他那是什麼樣的感受時，他告訴我，是「心痛與被拒絕的感受」。不用我進一步刺探，他就說：「就像我童年時沒人聽我說話，我覺得自己不被尊重的那種感受。」

無論我們在何時被孩子的行為觸怒，那通常代表我們童年時的舊傷被觸動了，而且就像麥特所說的，這通常與我們兒時沒人傾聽我們說話或未受到尊重有關。

兒童心理學家勞拉・馬克漢博士（Dr Laura Markham）表示：「諸如『根本沒人聽我說話』這類的創傷，其實是我們對自己訴說的故事，所以我們總會不自覺地尋找能證明這個世界就是如此的證據。」[3]

這就是為何接受輔導、加入教養群組與尋求支持，對父母會

有極大的幫助。**我們每個人多少都帶著童年時期的創傷。了解我們並不孤單，我們不是可怕的父母，能協助我們從關懷的角度反思自己的行為，了解自己常常只是帶著傷痛來教養孩子。**

懷抱好奇心需要勇氣，但當我們解決並治癒了這些創傷，就能加深我們與孩子的連結。因為當我們「將個人情緒放一邊」，我們就能看透孩子的行為，並關懷他們。我們能馬上看出，孩子在受傷時就會說出傷人的話。是的，這情況最常發生在「他們」覺得沒人聽他們說話，或是自己不被尊重的時候！好奇心能幫助我們「傾聽」孩子要對我們說的話，而他們通常也會以自己所知的唯一方式來表達。我們能藉由這種方式修復關係，打破跨世代的創傷循環，也將為此感到非常驕傲與安慰。

麥特說當他的女兒再次對他說「我討厭你！你好臭！你是大屁眼混蛋！」時，他已經能夠打從心底帶著好奇心去思考這些話的含義：「噢，親愛的薩拉，所以妳討厭我，我好臭，還有我是大屁眼混蛋嗎？!」（麥特說，因為他發現這些話聽起來顯然很幼稚，所以他那時甚至得忍住不笑出來。）麥特不再將女兒視為敵人，也不再認為她的話是針對他，他說他很憐憫這個氣呼呼的小女孩，也突然好奇想了解為什麼她會這樣。麥特想了解女兒，這多少是他心裡也曾盼著自己的父母能夠理解他。

麥特說薩拉突然住口，很驚訝爸爸沒有用平常的獅獅腦來回應她。麥特帶著誠摯的關心續繼說：「妳一定是**很生氣**，才會那樣說話。我想了解原因。妳能多告訴我一些嗎？」

薩拉馬上大叫：「你都**不**跟我玩了。你昨天吼我，我不喜歡你那樣。」

原來如此。薩拉**愛**她爸爸。她很希望爸爸花時間陪她,因為爸爸很有趣,他會陪她一起坐在花園,當她講的有趣故事讓爸爸大笑時,她會覺得自己被珍視、被傾聽。但爸爸坐在電腦前時會要她安靜,或揮手要她走開,這讓她感到困惑。於是她自動腦補:「爸爸不愛我了。」難怪她會穿上生氣的防禦盔甲,因為這比害怕容易許多。

這些時刻正好讓我們有機會使用前面提過簡單的SAS方法來修復親子關係。

S──「說出」你看到或聽到的。

A──「認同」那份難過,讓我們能快速來到癥結點。

S──「安撫」。治癒孩子隱藏在傷人話語中的那份傷痛。

麥特對女兒說:「我很抱歉,我現在聽到妳很想我,我也很想妳。」

他解釋自己有個企畫案得完成。但他特別強調,這不是因為他不愛她,或是他比較喜歡做這件事。他認同地說:「我知道當妳感覺到我似乎沒時間陪妳時,你一定很難受。我的工作真的有夠無聊(!),我比較喜歡跟你在一起!我喜歡我們一起玩的時光,我很抱歉昨天吼了你。」

讓孩子了解情況,特別是工作上的事與我們覺得工作沒有孩子有趣這件事,**有助於減輕我們與孩子經常感受到的沉重負擔**。這能讓孩子真的相信,我們與他們在一起,比做任何事情都還快樂。

年幼的孩子還不了解「工作」的意義。他們不知道我們去

哪,或我們在做什麼,或是為什麼那些事很重要。當我們離家上班,或坐在自家辦公室裡全神貫注在工作上,揮手叫吵鬧的孩子離開時,孩子會感到困惑與被拒絕。「為什麼媽媽／爸爸不陪我,卻願意花時間做這些事?」他們可能會將這樣的情境內化成這樣的故事:我們不想和他們在一起,這會在孩子的潛意識中引發一種「我不夠好」的恐懼。跟孩子聊聊工作,或甚至帶著孩子一起工作一天,能真正協助他們了解,「為了買食物與玩具」,大人必須工作賺錢。但請務必記得也要向孩子強調「這不表示我不愛你」。

麥特說,他把手機放一邊,並且刻意在薩拉面前關掉電腦。他向薩拉展現他真的有把她說的話聽進去了。他想讓她知道,他比較喜歡與她共度的時光。薩拉握住了他的手,兩個人一起快樂地玩了半個小時。麥特說他過去從未感受過與女兒有如此緊密的連結。父女倆的感受都獲得安撫後,麥特對薩拉說:「薩拉,我玩得非常開心!謝謝妳提醒我,我們需要多在一起玩。如果我又忘了,你覺得你能提醒我嗎?或是給我一個暗號,讓我知道妳生氣了,這樣你就不用說出那些難聽的話了,好嗎?」

與麥克一起練習

我是家中5個小孩的老么,最大跟最小的年齡相差了17歲。我11歲時,爸爸就去世了,所以我小時候大多都孤伶伶的。現在我知道,我小時候從來沒有感覺受到

被珍視與傾聽,所以我的大地雷之一就是孩子不聽我說話。這是我的直覺感受。與凱特聊過這件事後,我意識到自己在處理孩子的行為問題時放入了太多個人情緒。一旦我能「把個人情緒放一邊」,我就能以智叟貓頭鷹而非狒狒來回應。舉例來說,當晚餐時間到了,威爾伯還在外頭踢球,我叫他進來吃飯時,我很快就會生氣,因為我會覺得他故意假裝沒聽到。當我能接受他的狒狒當家,小貓頭鷹真的很難打斷他時,我就能保持冷靜。我不會在肯定會被他忽視的情況下吼他,而是會走出去,蹲下來看著他的眼睛,笑著說:「嗨,威爾伯,晚餐煮好了。」令人吃驚的是,我犯不著有壓力及感到憤怒,就能輕鬆快速地達到目的。

我常常收到一些家長的訊息,事實上是許多爸爸,他們的回饋和麥克、馬特的分享很相似。卡勒姆是一位心理治療師,有一次在復活節期間聯絡我,那時他5歲的孩子正處於情緒爆炸的狀態。他讀過我的第一本書,因此熟悉以下方法,而這個方法再次提醒我們要暫時放下自己的情緒反應:

首先停下來,深呼吸一下。

記住,這無關你個人!

觀察孩子的行為。問問自己:孩子的話/行為究竟是什麼意思?

扭轉局勢。當我們能從孩子的觀點來思考,我們就會成為智

叟貓頭鷹，扭轉局勢。

家長的反思

卡勒姆，5歲奧菲的父親

　　復活節快樂，感謝你的書！我現在正坐在樓上的廁所裡做深呼吸，提醒自己應用上述技巧。我兒子剛剛情緒大爆炸，我也忍不住發火了，因為我覺得我努力營造的那個「難忘的復活節早晨」全都泡湯了。我的父母從未為我這麼做過，所以我才想為奧菲創造特別的回憶。但一個早上的趣味活動和糖分顯然讓他情緒失控了。我感到受傷，因為他的情緒崩潰讓我覺得整個早晨都被毀了。我上樓來提醒自己，這不是針對我個人，他只是一時不知所措！我要好好抱抱他，讓他冷靜下來。明天再去找彩蛋就好！

　　要能反思我們的行為，以及我們為何會這樣回應孩子，可能不容易，而我也發現接受個人諮詢對此很有幫助。不過與我們信任的人或朋友開誠布公地談談，效果也很好。

　　你可以列出自己的地雷清單（千萬別讓孩子看到），運用好奇心去思考這些地雷點。

　　我個人的地雷通常是：

- 孩子不聽話，造成我們遲到。
- 孩子打架。

- 孩子在放學後抱怨我「買錯點心」。

運用好奇心,讓我能夠做出以下思考:
- 我小時候常因為「心不在焉」和遲到被罵。任何像我一樣被正式診斷出有注意力不足過動症的孩子,都明白因為心不在焉而遭到責罵有多難堪。我遲到時,會覺得丟臉,覺得會被批評,彷彿孩子遲到的行為直接代表了我這個母親的失敗。
- 我跟姊姊現在很要好,但我們小時候常打架。我們共用臥室,有時一言不合也會打起來。看到自己的孩子發生肢體衝突就會引爆我的地雷,不只因為這件事本身,我猜想打架也喚起我內心驚恐的感受與負面連結。
- 我童年時期的依附類型是「迴避型」,這表示如果我好意試著為我愛的人做點事卻被「拒絕」,我就會有被排擠的感受。

　　寫下這樣的清單時,你可能會覺得自己被攤在陽光下、很脆弱,甚至覺得有點傻。但我們每個人都背負著過去的傷痛,而如果我們能對這些傷痛保持好奇,對自己的心理健康會有很大幫助。如果那些「傷」看起來像是孩子才會有的,那是因為我們是在童年時經歷它們,所以現在回想起來也會以當時的感受呈現。**願意傾聽內在那個小小的自己,並對當時的感受保持好奇,能讓我們的「內在小孩」感受到被理解,並且有助於減少那些我們最不喜歡、卻常在為人父母時出現的情緒反應。**至少對我來說,真

的有幫助。

當我能安撫我的內在小孩，我就能安撫自己，今天早上慢一點也沒關係。當我只有一個人，得同時照顧兩個孩子和一隻狗，並準時出門上學本來就很難！當我放下那些會被評價的舊有恐懼時，我們上學的路程就會愉快得多，遠比讓我的狒狒和過去的創傷掌控一切來得好。

在拖拉這件事上，請你務必讓自己與孩子在早上放輕鬆些。我知道這常是一天當中令人備感壓力的時刻，因為我們不想上學遲到。但請記得，孩子只看得到眼前，因為他們的狒狒沒戴手錶，他們對上學交通與關校門幾乎毫無概念。考慮到壓力反應以及狒狒幾乎沒有時間感，我原諒了我的孩子，而我，要麼提早半小時起床，給自己更多全力以赴的機會，要麼就聳聳肩轉念，偶爾遲到個5分鐘也沒關係！

我的孩子在小一點的時候爭執打架時，我會提醒自己要深呼吸，並且讓我的智叟貓頭鷹介入，將孩子分開，努力調節他們的情緒，而不是對他們吼。

在我帶點心給孩子的那一天，我會先提醒自己，孩子可能又累又餓，所以任何抱怨都不是真的針對我或點心，他們需要的是能夠理解並懂得安撫他們的智叟貓頭鷹。

心理學家奧利佛・詹姆斯（Oliver James）注意到，我們要麼「機械性地複製兒時所受到的照顧，要麼就是對此做出反抗」。[4] 對我們兒時的體驗感到好奇，找出什麼對我們有益或有害，能協助我們獲得詹姆斯所謂的「自我悅納感」（selfhood）。我們若能先對自己與自我心理健康有所好奇，並解決其中的問題，就能協

助孩子解決他們的問題。

> ### 有用小訣竅：我在想……
>
> 我們越能多加反思自己的行為，就越能協助孩子反思他們的行為。有所反思後，再用「我在想」提出問題會很有幫助。
>
> 若孩子告訴我們「我討厭伊利安！他說利物浦隊都是沒用的東西，因為他們昨晚輸球！」，我們能思考一下「討厭」在此的可能含意。接著我們能再藉由問題協助孩子反思：「噢，我聽到的是，當伊利安說你愛的足球隊是垃圾時，你很生氣，對吧？我在想他對你喜歡的足球隊的批評，是不是也讓你感覺自己有點沒用？」
>
> 如果孩子說：「我討厭珍妮，她說她不要跟我做朋友了！」我們或許能回應：「我聽到的是，珍妮說她不要跟你做朋友的時候，你有多傷心。因為我們的狒狒在想到我們是孤單一個人的時候就會很擔心，所以我在想，這是不是讓你有點害怕？」

我們能列出數不清的「我在想」問題。運用我們的好奇心來思考孩子真實的感受，能協助我們說出想知道的問題，並在過程中射出幾支實情之箭：

「我在想，有一部分的你是不是很想外婆？我們想念某個人，並且希望他們可以回來的時候，真的會很難受。」

「我在想，有一部分的你是不是氣爸爸不在家，所以你對他說『走開』時，其實是想讓他知道這件事？」

「我在想，有一部分的你是否只是想保護自己？」

「我在想，是不是因為姊姊生日，大家都把注意力放在她身上，所以你生氣了？」還有「我想知道，你是不是也希望別人多關心你一點？」

「我在想，要開學這件事是不是讓你覺得有點不安？」

「我在想，你是不是想朋友想到很難受？」

「我在想，這是不是像你氣到說不出話來的那種感覺？」

「我在想，有一部分的你是不是無法確定我會不會生氣，所以你才沒告訴我在學校碰到的困難？」

記得也要關注孩子感受到的正面情緒：「我在想，你拿到學校表演的主要角色時，是不是很自豪？我今天去接你放學的時候，有注意到你的眼睛閃閃發亮！」

教師與治療師路易絲·龐貝爾（Louise Bombèr）在其出色的作品《我的內心受傷了》（*Inside I'm Hurting*）引用了一位助教的話，描述了此一過程實際發生時所展現的強大力量：「我真的很驚訝，原來說一句『我在想你是不是因為今天班上換了老師而感到有點不安，所以才不願意坐在椅子上呢？』竟然可以這麼有效。[5]透過直覺把孩子可能的焦慮說出來，我能幫助他們釋放部分壓力。孩子會感覺到有人懂他，接著我們就能一起找出可以幫

到他的方法。」

如果你的家庭正歷經分居、離婚,或是遭逢親人離世、重大困境,我們能發揮好奇心反思孩子可能會有什麼樣的感受。儘管有些情緒很難說出口,但這或許是唯一能確保你正在協助孩子處理悲傷的方式,無論他們正面對多大的失落。

我真的很抱歉讓你看到我們吵架。

我在想,當下你有什麼樣的感受?

我在想,如果爸爸不在這裡了,你會有什麼樣的感受?

我在想,如果媽媽要離開一段很長的時間,你會有什麼樣的感受?

我在想,你看到我哭的時候有什麼樣的感受?

我在想,我這樣吼時,你會有什麼樣的感受?

我在想,你是不是有時會覺得孤單?

最後,好奇心是雙向的。如果你願意打開心扉,分享自己的童年故事——也許是你父母曾經做得不太好的地方,或是他們在你遇到困難時沒能給予好的回應——這其實能幫助你的孩子理解:你的吼叫不完全是因為他們,更多是來自你自身在情緒調節上的困難,因為你自己也沒被好好教導該怎麼面對情緒,而你現在正努力用新的方式教他們。

這樣的分享,其實是對孩子的一種「心理教育」。他們就能確實了解,父母有時會出現那些行為不是因為不愛他們,而是不知道還有更好的方式,因為我們的父母就是這樣對待我們的。對孩子來說,這可能會是一場非常感動且深具力量的對話,特別是

對年紀較大的孩子而言。正如10歲的米卡對她的治療師所說的：「不是因為媽媽不好，也不是她不愛我；她是真的在努力學著不再對我吼，只是她的媽媽以前就是那樣吼她的。」

保有好奇心，能幫助我們打破不健康的跨世代循環，也能幫助我們卸下自己童年時的一些傷痛。

智叟貓頭鷹的智慧

- 對孩子的體驗保有好奇心，能開啟重要的對話。
- 保持好奇心能幫助我們避開忽視、辯解、貶低或否認這些有毒陷阱！
- 「我在想」的提問方式能幫助孩子認識自己的情緒，進一步反思並更了解自己的行為。
- 記住「OWL」三步驟，能協助我們停下來觀察，充滿好奇心地去提問並傾聽，還有最重要的是，向孩子展示無條件的愛。
- 保持好奇，能讓我們打破舊有無效的教養循環。
- 談到教養，好奇心就是王道。

Chapter 9

溝通——
這是條雙向道

無法好好跟父母說話的孩子,也無法好好對自己說話

溝通是人類重要的特質之一。我們的祖先正是藉此在群體中生活與狩獵並生存下來。他們的生存仰賴良好的溝通與資訊處理能力,這讓每個人都能在群體中感到放鬆、安全與被保護。這一點同樣適用於現今的孩子。

我們如何與孩子溝通,對他們的福祉有著極大的影響,因為孩子的大腦不只會留意我們說了什麼,還會敏銳地察覺我們怎麼說,甚至我們的肢體語言傳達了什麼訊息。

核磁共振掃描影像顯示,孩子在面對負面、令人恐懼或具攻擊性的影像時,大腦會產生強烈反應。若我們對孩子大吼,或是在他們面前咆哮,他們的壓力反應就會被啟動,而他們的蜥蜴腦與狒狒腦也自然會做出反應。

當然,我們不可能每次都做對。世上沒有任何一個父母從未對孩子大聲說話,或露出不認同的表情!我們都是人,而且對今天許多父母來說,大多數時間都得應付多方壓力,也難怪我們的理智偶爾會斷線。我們已經談過一些減壓的方法,或更準確地說,是如何管理壓力,但**我們仍應時時提醒自己:不要把壓力轉**

移到孩子身上。因為我們怎麼跟孩子說話,最終也會影響他們怎麼與我們對話,以及更重要的,他們會怎麼與自己對話。

研究顯示,我們每批評孩子一次,就得用6次的讚美才能抵銷。我們不妨問問自己,孩子被斥責的次數是否多過被讚美,孩子接收到的負面訊息是否多過正面訊息?接著,我們或許能反思自己小時候受過多少讚美,再決定是否該改變我們的教養方式。

當我們願意為自己的行為負責,正視壓力並在犯錯時道歉,就有機會打破不健康的教養循環。我們可以透過學習調節自己的強烈情緒,並且教孩子如何做到同樣的事,來改變這個循環。

我們失控時,可以向孩子道歉,對他們說:「對不起,我剛

大腦益智盒

「負面的表情與互動會被記住,並儲存在記憶中。[1]一個負面的表情也會像正面的表情一樣,觸發身體的生化反應。母親不贊同的表情,可能會引發皮酯醇這類壓力荷爾蒙的分泌,中斷腦內啡與多巴胺神經元的運作,並抑制這些物質所帶來的愉悅感受。這些表情對成長中的孩子具有強大影響。」

——《為何愛很重要》(*Why Love Matters*)作者、心理學家
蘇・格哈德博士(Dr Sue Gerhardt)

剛大聲說話了。我知道這讓你很害怕。」或是:「對不起,我用了那些字眼。我知道我讓你傷心了。」或是:「對不起,我應該用更溫和的語氣跟你說話的。」

這樣的做法支持了精神分析學家唐納‧溫尼考特(Donald Winnicott)和梅蘭妮‧克萊恩(Melanie Klein)所提出的「破裂與修復」歷程,這是親子關係中極為重要的部分。當孩子知道包括他們的父母在內,每個人都會犯錯,他們就學會了:錯誤是可以被修復的,我們也能學會原諒自己。

溫尼考特曾提出「夠好的父母」(good enough parent)這個概念,這是值得我們謹記的提醒——**我們無須完美,但可以努力成為「夠好」的父母**。我會對自己的孩子與一些個案說:大人也會在行為上犯錯,很多時候是因為我們過去也沒被教導要如何做得更好。這並不是為自己的行為或說錯的話開脫,而是想讓孩子明白:我們希望變得更好,就像我們也希望他們變得更好一樣。

正如精神分析心理治療師蘇‧葛赫特(Dr. Sue Gerhardt)所說,我們與孩子的互動,會成為他們「內在圖像資料庫」的一部分,隨著孩子成長,這些資料會愈形複雜,承載更多的聯想與情緒經驗。[2]孩子對自我的認識,包括「我是否被喜歡」、「我是否有價值」,都來自他們與我們、老師以及身邊其他人的互動。正因為如此,大人更不該將像是「愚蠢」、「粗心」、「散漫」、「愛做白日夢」、「難搞」等負面詞語冠在孩子身上。

> **大腦益智盒**
>
> 「孩子出現不當行為的主要原因之一,是父母與孩子相處的方式啟動了孩子腦中的錯誤區域。[3]如果你啟動了孩子下層腦的『憤怒』、『恐懼』或『痛苦』系統,你們相處起來就會很辛苦。如果你啟動了孩子下層腦的『玩樂』、『探索』與『關愛』系統,你們就能共度美好時光。」
>
> ——《教養的科學》(The Science of Parenting)作者、
> 兒童心理治療師　桑德蘭博士

避免負面批評與羞辱

諸如「你在耍笨吧」、「別當個愛哭鬼」、「你真的很難搞」,甚至是「你怎麼不學學你姊姊?」之類的話,都會深深烙印在孩子心裡,刺傷他們的心。我們可能甚至沒意識到自己正在這樣做,尤其是我們的父母也曾經這樣對待過我們的時候。我們已經知道,大腦中的杏仁核(也就是我們的「狒狒腦」)會替負面事件「加上標籤」,使它們更容易被記住(這是一種幫助我們趨吉避凶的生存機制)。**由於人類天生有「負面偏誤」,孩子往往更容易專注在我們給予的負面回饋上,而忽略那些我們帶著關愛的言語,因此,我們更應該想想我們每天對孩子說了多少正向**

的話。

研究指出，**羞辱不僅會影響孩子的心理狀態，也會對他們的生理健康造成影響**。一系列的研究發現，當孩子的「社會自我」面臨巨大威脅，也就是他們不確定自己是否能「融入群體」時，他們體內的「促發炎細胞激素」（proinflammatory cytokine）與皮質醇都會上升，而這些變化都是伴隨羞恥感發生的。[4] 兒童心理治療師桑德蘭博士就指出：「羞辱對我們身體造成的影響，與我們受了外傷幾乎沒兩樣。」

大腦益智盒

「人們往往不明白言語上的貶低其實會構成情緒虐待，這在孩子的大腦尚在發展、正在建立自我認同的階段尤為致命。[5] 孩子很容易『內攝』（introject）早期接收到的負面訊息，讓它們往心裡去，並且相信它們是真的。這些話語會變成我們內心的批判聲音，即使多年以後，那些說這些話的人（比如老師）早已不存在我們的生活中，或我們早已不與他們同住（例如父母），我們仍會不自覺地一再重播這些令人氣餒的聲音。」

——《畫出你的情緒》作者、兒童心理學家　桑德蘭博士

儘管科學已明確指出，羞辱可能會對孩子的身心健康造成長

期的影響與傷害,但這樣的資訊仍未完全傳遞到所有小學。這些學校依舊採行以羞辱為手段的行為管理守則,以達到「端正行為」的效果。[6]我常聽一些家長說,孩子就讀的小學仍然會讓「不乖」的孩子當著全班同學的面坐到牆壁前反省;或是孩子在課堂上講話,或上學遲到時,就將孩子的照片貼在「好學生」區旁的「壞學生」區上。

如果我們真的希望支持孩子的心理健康,就應當主動了解學校的行為管理守則是否符合最新的科學觀點,並且是否真正有助於孩子的身心發展。

閉上自己的嘴,讓孩子發聲

在工作壓力特別大的那段時間裡,我失聲了。當時我整整兩週無法說話,只能用寫字或比手畫腳的方式跟孩子們溝通。雖然孩子覺得這樣很有趣,但這件事卻對我產生很大的影響。我開始意識到,自己過去常因為壓力的關係而提高音量,以免家中的吵鬧聲蓋過自己的聲音。我反思了這股壓力不只影響了我的身體健康,也影響了我的教養方式。

我的聲音恢復後,我特地把孩子們叫過來,對他們說:「媽媽發現自己沒聲音的時候,家裡好安靜。我想我之前是個愛吼人的『掃興』媽媽,而不是『好玩』的媽媽。你們覺得呢?」

我們在做了這段對話後,一起做了一張「家長評分表」,請孩子為我和爸爸的表現評分!這是讓孩子在家中擁有更多發聲權的好方法。用幽默的方式對話、願意為自己的錯誤道歉,以及

誠實對待孩子，是我們做父母的所能給孩子最珍貴的禮物之一。當我把「發聲權」還給孩子、讓他們來打分數時，竟意外地成了一份禮物。孩子們喜歡給我們回饋，告訴我他們需要更多有趣的「媽媽時間」，還有「爸爸必須玩更多有趣的遊戲」。你也可以和孩子試試看，把它當做一場親子間的「考核」（不過是有趣又溫暖的那種），畢竟教養會是你人生中最重要的一份工作。

你也可以試試「假裝失聲」一個星期，或者更具體地說，練習覺察自己是「如何」對孩子說話，將音量從咆哮模式轉成溫和模式。試著覺察自己內在的壓力感受，並思考如何用更健康的方式釋放它們。把那些原本用來大吼的壓力能量，轉移到第三章中提到的健康活動上吧。你也可以建議全家人無論他們是在樓上還是房間裡，都不再遠遠喊話，而是走到對方面前，看著彼此的眼睛，再說出自己的需求。在我們家，這樣的改變讓孩子們在還沒開始吵架之前，就會先走來找我，平靜地「報告」發生了什麼事，因為他們知道，我也會用平靜的方式回應──不再是他們大吼大叫，然後我再對他們大叫「別再吼了」。

消去批評的意見

最近我花了一個小時在足球場邊看我兒子和女兒踢足球。當時有位父親坐在我旁邊的折疊椅上，邊看邊對著手機錄下即時解說──每一秒都在評論他兒子的表現。他說：「你看看你，就只是站在那裡──為什麼不動？你要跟上球啊！你看其他人，他們都在追球，而你在發呆。那球你怎麼沒踢進?!你怎麼回事啊?!」

我聽了心裡非常難過，想像著這個孩子也許在賽後原本是開開心心的，卻要在回家後再聽一次整場比賽連同父親批評的重播。我也對那位父親懷有同理心，很可能他的父母也曾經這樣對待過他，甚至讓他誤以為這樣的做法很有「建設性」。但我們真的必須非常留意自己如何拿捏批評的分寸。如果我們真的想提出有建設性的意見，最好的方式是：**先說一句正向的肯定，再溫和地指出可以改進的地方，最後再以正面的鼓勵結尾。**

斟酌你的語氣

精神科醫師兼神經科學家席格博士使用一個簡單卻有效的練習，來說明父母的與孩子之間權力關係的差異，以及我們的語氣與言語會對孩子的感受造成何種影響。

在我參加的一場研討會中，他簡短地說明了即將進行的練習，接著突然對著觀眾大喊：「不行！不行！不行！」

他要我們閉上眼睛，感受這幾個字對我們的身體所造成的影響。

我感到眼眶泛淚，太陽神經叢（胸骨中央我們容易積壓焦慮情緒的區域）產生焦慮感。這讓我回想起童年時聽到大人怒吼的情景。

「現在，將你的一隻手放在胸口，另一隻手放在腹部。」他接著說。然後他用溫柔而親切的語氣連續說了三次「好」。

那種感覺的差異令人震撼。我馬上感覺到被安撫，也平靜下來。

請試著思考：在那些你選擇怒吼的時刻，你是否也能選擇用安撫的方式表達？再想一想，你希望孩子如何記得他與你的每一次對話與互動。

家長的反思

山姆，5歲露西的家長

「知道要用6次讚美才抵得過1次批評，我真的很震驚。我現在意識到自己在家採用負面的教養方式已經太久了。簡單做出一點改變，每次都指出女兒做對的事，而不是做錯的事，完全改變了我們的關係。」

想想你是怎麼跟孩子溝通，能徹底改善你們之間的關係。與其等到孩子進入荷爾蒙作怪、變得更加叛逆的青少年時期才改變，不如現在就開始行動。這對心理健康也很重要，因為我們已經知道，當孩子感覺無法跟我們溝通他們的想法時，他們就會把想法藏在心裡。你可能會訝異於，原來在你眼中看起來「很小」的煩惱，對孩子來說卻沉重又難以承受。但當他們能安心地與我們分享時，這些困擾往往也就變得容易釐清與解決了。

家長的反思

菲薩，9歲艾利的母親

我兒子最近在上學前會顯得很焦慮，我跟老師談到這件事時，老師說他最近似乎很難專心上課。我直接問孩子：「艾利，你好像對上學感到很焦慮。你能告訴我有什麼事讓你心煩嗎？」我以為他會沉默不語，但他卻馬上坦承，他很害怕考試不及格會被留級，這樣就得跟所有朋友分開了。情況當然不是這樣子的，但我很驚訝他竟然獨自承受著如此沉重的想法。他很確定情況就是如此，所以我告訴他我會再跟老師確認一次。我跟老師談的時候，她告訴我絕對不會發生這種事！我兒子顯然誤解了考試的說明，難怪他會這麼有壓力！難怪隨著考試逼近，憂心忡忡的他根本無法專心上課。

孩子的「腦補」往往會製造出不必要的焦慮與煩惱。而當我們能掌握書中強大的十大教養心法，就能更簡單地幫助孩子撫平這些焦慮。當我們與孩子之間的連結是穩固的，我們就能與孩子展開更加開放、真誠的對話，也能更快速地幫助他們釋放沉重的情緒負擔。

所有行為都是一種溝通

人們常說，所有行為都是一種溝通。無論是孩子剛經歷了學

校的大考、校外教學，或只是玩伴來訪——凡是打破日常規律、讓他們感到疲憊，或情緒過於高漲（無論是快樂還是興奮），你都更有可能看到源自壓力反應的「失常行為」。

威爾伯最近跟學校的新朋友約了一起玩，我預期他一跟朋友揮手告別就會情緒爆發。果不其然，門一關上，他原本陽光般的面容馬上變得烏雲密布，當我告訴他該洗澡時，他看起來也很生氣。他邊衝上樓邊大叫：「我要看電視！」

這時我們得「沉得住氣」，忽略孩子在生氣時做出的找碴行為，並且對隱藏其後的真相感到好奇。我做了深呼吸，讓自己的貓頭鷹腦壓制狒狒腦，然後說：「威爾伯，你看起來不開心。」（清楚陳述顯而易見的事實）「媽媽想幫你忙。」

「才不要！」

再遭一擊，就再深呼吸一次。

「威爾伯？」

有個悶悶的聲音喊道：「那妳上來啊。」

我上樓時，看到威爾伯在克萊蒙西的臥室裡，他的眼眶溼溼的。我走進房間時，他轉頭看我。我感覺到他在爆發邊緣。於是我坐在床邊，保持一點距離，不讓我的存在感壓迫到他。我抬起雙腳抱住，滿臉關心地問道：「你看起來真的很不開心。你能告訴我發生了什麼事嗎？」

「我不要洗澡。你都不讓我看電視。才6點半而已！」他暴躁地對我大吼。

這時我設下了一個界限，避免場面上升到不可收拾的地步。

「威爾伯，能請你對媽媽講話溫柔點嗎？」

「好啦,我不想洗澡。」

我知道這不關洗澡的事,他平常不會這個樣子。孩子出現這類行為時,背後一定有原因。我猜他在跟朋友玩的時候一定發生了什麼事,我想再多了解一點!

帶著關愛同理、「穩住現場」、設下溫柔的界限,能讓威爾伯相信我是真心想幫忙。我凝視著他倔強的眼神說:「真的是因為洗澡,還是有別的事?」威爾伯迅速回答:「艾許都沒有稱讚我的房間!」

威爾伯的房間不大,我為了讓他在床下有多一點活動空間,所以買了新的高架床給他。高架床下有他最喜歡的足球海報和一整個書架的書,床上則有盞閱讀燈,這些都是他很自豪的物品。

但他的朋友沒注意到。(比起到別人家玩的興奮感,對方房間的擺設顯然不是他朋友會優先注意到的事情。)

突然間,一切都說得通了,這也是為什麼威爾伯會躲到他姊姊的房間。他對自己房間的新擺設及高架床非常自豪,但他的朋友卻沒有注意到,這對威爾伯來說,就像被「拒絕」了一樣。再次提醒,社交上的拒絕會讓人感到非常痛苦,所以威爾伯當時真的很難受。

「噢,小可愛,這一定讓你很難過。你有張新的床,一個你引以為傲的房間。你覺得很興奮,想要朋友注意到。」

我不會落入有毒陷阱,去否定或貶低威爾伯說的話。我不會說:「拜託,這又沒什麼。你喜歡你的房間就好啦。」或是:「就這樣?拜託,別像個小娃娃,快去洗澡。」我會反過來認同他對我所說的一切都是有原因的。我的反應讓他知道我理解他。

只花幾秒鐘表達我想了解他為什麼難過,就產生了神奇的效果——讓他感受到我看到也聽到他的情況。我的實情之箭正中紅心,他眼淚的水龍頭被打開來。威爾哭得更厲害了些,然後看著我。我伸出手,感覺到在我們重新連結後,他會願意握住我的手。他握住我的手,自己站了起來。

「媽媽?」他若無其事地說。

「親愛的,有什麼事嗎?」

「我們今天晚上能一起看書嗎?」

「只要你洗完澡,當然沒問題。」

就這樣。無須再討論,他也沒有再「拒絕」,只有微笑,還有痛苦已釋懷的輕鬆感。

威爾伯洗完澡後,我們就一起窩到他房間裡。沒有再提到朋友來家裡玩或高架床,也沒有擔憂或難受。

孩子需要釋放內心強烈的情緒,且往往只有在我們的協助下,他們才能在安全的狀態中做到。當他們願意分享自己的脆弱與擔憂時,我們在當下得穩住,不要執著於他們的行為。我能理解,當孩子對我們說不或拒絕配合時,我們(大多數人)確實會被觸怒。不想被孩子的情緒牽著走需要一些練習與信念!但**如果我們能將「個人情緒」放一邊,深入「不」的背後,我們就會發現孩子不是「不乖」,他們只是需要你協助解決他們潛在的需求、恐懼、擔憂。**

願意溝通就能找到解方

溝通對我們自己的身心健康也同樣重要。如果我們小時候沒有人教我們如何表達自己的需求，長大後可能就很難把自己的需求說出來，常常覺得情緒壓力過大、沒有人理解，甚至覺得自己被困住了。學會尋求幫助，找到社群、朋友或支持系統的協助，能夠大大幫助我們打破負面的教養循環，並與孩子建立更有效的溝通方式。

家長的反思

伊恩，16 喬伊、14 賈許與 8 詹姆斯的父親

我太太罹患乳癌離世時，我們整個家都崩潰了。我們有 3 個兒子：兩個是青少年，一個才 8 歲。那段時間，我完全迷失了方向。而對孩子們來說最困難的事，是家裡失去了秩序。我太太很會持家，家裡總是井然有序。但她過世之後，家裡變得凌亂不堪，我們常常被東西絆倒，孩子們也因為家裡亂糟糟而不好意思邀朋友來家裡。我想這股羞愧又加深了我們每個人心中的孤單感受。

我和小兒子學校的輔導老師談到這些情況時，坦承這是最讓我頭大、也最羞愧的一件事。但輔導老師真的很棒，她還跟我分享她丈夫不在家時他們家的狀況，讓我忍不住笑了出來。我們一起討論可以怎麼讓生活重新上軌道。這當然花了我一些時間，但

我後來明白最大的問題是那份羞愧感——而我也終於意識到自己不用再感到羞愧了。

....

單親教養本就已經非常不容易——如果你是離婚、喪偶或是自主選擇單親生活的父母,一定深有體會。伊恩因為覺得自己「不足」,覺得自己沒辦法像妻子那樣打理家務、照顧好兒子,而感到更加悲傷。直到他願意向他人傾訴,把這份擔憂說出口,他才終於能放下心中的「愧疚」,開始往前走。這麼做之後,他突然發現自己能夠把房子收拾乾淨。他發現這讓他與兒子們能夠全心哀悼他們失去的妻子與母親,一家人也能找到「空間」一起全心全意地經歷失落。

雙親教養也有它的挑戰。近來一位媽媽就跟我分享,她老公回家時只要感受到家裡「不夠整齊」,就會變得暴躁易怒。她丈夫在一個極端混亂的家庭中長大,我們討論過後認為他的蜥蜴腦可能處於過度警覺(hyper-vigilance)的狀態,總想透過讓「一切就定位」來獲得安全感。

孩子在成長過程中長期處在沒有安全感的環境裡,可能就會發展出過度警覺的生物性適應。能把這想像成是狒狒腦與蜥蜴腦(事實上是整個神經系統)都變得特別敏感,對環境中任何可能暗示危險的變化高度警戒。這種對安全的渴求,有時也會以強迫性的行為表現出來,例如必須透過照某種方式把事情完成,或把東西放在某個固定位置,來找到安全感。

這位媽媽雖然能理解先生是因為童年的關係而會有這種反

應，但她也苦於自己在育兒日常中，根本無法每天都把家裡維持在「井然有序」的狀態。她愛她先生，但他的易怒讓她覺得自己做為母親及妻子的角色一直受到批判，也逐漸削弱了兩人之間的關係。

解決辦法就是互相溝通。

這對夫婦一起討論如何找到方法度過難關。他們寫下所有可能的解決辦法，像隊友般進行腦力激盪，而不是各自覺得受到批判。

當她的丈夫能夠反思自己下班回家時那些狒狒腦式的反應，其實是源自童年經常面對家中混亂所產生的恐懼時，他就能超越這股恐懼，用此時此刻的「資訊」來看事情。如果他在玄關看到男孩們沾滿泥巴的靴子時，他願意去理解太太很可能度過了「辛苦」又忙碌的一天。這其實讓他覺得自己能以丈夫的身分幫上忙，而非再度因為童年創傷做出不良的反應。這位媽媽對我說，她覺得自己得到了一個「全新的丈夫」，而她自己也變得更寬容、更溫柔了，因為她意識到，丈夫對秩序的強烈需求，不是出於批評，而是源自內心的恐懼。

透過溝通，這對夫妻逐漸建立起真正的合作關係。而常常會發生的情況也再次上演了──他們原本想討論的孩子行為問題，竟然就在過程中「自然而然地消失了」！

如果我們在家裡是「狒狒對狒狒」式的互動，我們就能預期孩子的行為也會變得像狒狒一樣。因為壓力是會傳染的。

為我們的關係努力，若我們獨自教養，請尋求協助、去找支持，敞開心扉找出自身問題的解決辦法，並在過程中保有好奇

心，通常能讓我們向前邁進一大步，也更能夠看到孩子的行為以更快樂也更輕鬆的方式獲得解決。

智叟貓頭鷹的智慧

- 我們與孩子說話的方式，就是他們最終「對自己說話」的方式。
- 說話時，不只用字遣詞很重要，語氣、音量與身體語言也很重要。
- 所有行為都是溝通，保持好奇心並心平氣和，讓孩子能夠展現脆弱的一面，並放下擔憂。
- 溝通**我們的**需求也很重要。請求協助以及說明我們的感受，也能幫助孩子冷靜溝通**他們的**需求與請求協助。

Chapter 10

同理與關懷——
即使孩子好像關上了心門，我們仍能保持敞開的心

只有在乎時才會去理解，也只有理解時才會去在乎

為了讓我們的孩子在未來擁有健康的心理韌性，我們必須確保他們感受到自己是被重視的、安全的、被愛的，以及被理解的。而要讓這一切成真，就必須讓孩子真正體會到我們的「同理與關懷」（compassion）。所謂「同理與關懷」，是指對他人的苦難或不幸感到同情與關懷。[1] 從字源來看，它的意思是「與……一起受苦」（to suffer with）。

神經科學研究顯示，孩子在經歷情緒風暴時，「確實」正在受苦。因此，儘管他們的行為可能讓我們感到抓狂，我們也應該在孩子掙扎時陪在他們身邊，而不是將他們隔離、讓他們獨自承受痛苦。孩子必須**獨自**承擔時，可能會對他們造成令人擔憂的長遠影響。

我們必須同理與關懷自己的孩子，即使他們的行為非常糟糕。我們必須放下那些老派的「不乖」觀念，放棄用處罰或管教來讓孩子「不當的行為」消失的信念。「紀律」（discipline）一詞在牛津字典中的定義是「訓練人們遵守規範或行為準則，並以處

罰來糾正違反規範的做法」。

這也意味著,即使在孩子行為最失控的時候,我們仍需以同理與關懷之心對待他們。我們必須放下舊有「壞孩子」的標籤,也放下「只有處罰才能改變行為」的教養觀念。《牛津字典》對「discipline」(紀律)的定義是:「以處罰來糾正不服從,藉此訓練人們遵守規則或行為準則。」

嗯⋯⋯這聽起來實在太古板了。我們確實應該教導孩子良好的行為,但這並不代表我們需要用「處罰」來達到目標。孩子需要界限,因為界限能為親子雙方帶來秩序與安全。但我們完全能夠在沒有處罰的情況下,建立清楚的界限。如同麥特博士所說,要讓教養真正發揮效用,我們要做的不是處罰,而是讓孩子成為我們的「門徒」(disciple)——跟著我們學習如何與人互動、如何對待自己。這就需要我們以身作則,展現出我們希望孩子學會的同理與關懷行為。如果我們選擇以處罰做為教養手段,其實只是在破壞教養本身的效果。

雖然學校已不再視體罰為合理或可接受的教養方式,但其實許多學校仍持續使用**心理處罰**取得所謂的「好行為」——例如前面提過的,把孩子的名字或照片貼在教室裡的「好孩子」與「壞孩子」榜上,就是其中一個例子。此外,罰抄、剝奪下課時間,或發紅牌處罰「不當行為」等做法,也都會讓孩子感到羞愧或心生恐懼,以確保他們「遵守規範」。

以設定界限代替處罰

2019年,位於蘇格蘭法爾柯克市(Falkirk)的班斯福德小學(Bainsford Primary School)校長蘇珊娜・麥卡弗蒂(Susanne McCafferty)親手撕毀了她自己幾年前寫的行為守則。她坦言,當她意識到這些規範有多羞辱孩子、又如何加深了標籤與汙名時,她感到非常驚恐。

她在一次「了解童年逆境經驗國家」「ACE-Aware Nation」倡議活動中受訪時,分享了學校過去的做法:「那些難以遵循行為守則的孩子會先拿到一張黃色的警告卡,上面寫著『警告!』。如果他們再犯,就會拿到紅卡,上頭寫著『後果』,然後他們就會失去我們所謂的『黃金時間』。[2]到了星期五,當其他孩子可以享受一小時的黃金時間時,這些孩子還得繼續做功課,因為他們被扣了時間。現在回想起來,我們覺得那樣做對任何人都沒有好處。」

麥卡弗蒂說她的觀點之所以會改變,是因為看了小兒科先驅哈里斯醫師所發表的一場TED Talk演講[3],哈里斯醫師解釋了童年逆境經驗(Adverse childhood experiences; ACES)常常如何對孩子的行為產生重大影響。

童年逆境經驗是指18歲之前所發生的創傷事件,包括了忽視、霸凌、生活貧困、喪親、父母分居、父母其中一人有心理健康問題及/或物質成癮問題。童年逆境經驗影響著許多人。事實上,在英國,**幾乎有一半的成人**經歷過至少一次的童年逆境經驗,而且有將近10%的孩子將會經歷4次以上的童年逆境經驗。[4]

麥卡弗蒂說:「我心想,這就是我眼前正在面對的情況。我看到的是那些每天帶著焦慮走進學校的孩子,他們不需要我或其他人來增加他們的焦慮。[5]他們需要的是,有人願意傾聽他們、幫助他們學習調節自己的情緒,並真正去了解他們生活中發生了什麼事。我們開始告訴孩子,我們會在他們身邊,盡我們所能地幫助他們。」

於是她主動與老師、家長和孩子們合作,共同創造一份新的「關係協議」。這份協議以尊重與連結為核心,將「不乖」理解為一種需求的表現,並提升所有人對「行為背後的科學」的認識。與其一味處罰,學校更重視理解行為本身的成因。她表示,這樣的改變帶來極大的進展,不僅孩子們的行為改善了,連教師們也回饋自己更有信心、也更有能力用同理與關懷來回應孩子的困難。

並不是每個「行為失控」的孩子都在展現創傷經驗,但當我們願意將孩子的行為視為他們是在表達需求,一切就會開始改變。當我們的目標是**減輕**而不是激化孩子的痛苦,孩子們就會更願意真誠地跟隨我們的引導,也會成為在各方面都更投入的學習者。

班斯福德小學用「榮譽榜」取代了傳統的記過板。每個孩子都有自己的正向目標可以努力,他們的名字會被貼在牆上以表揚他們的個人成就。與其把孩子關進所謂的「隔離室」(我仍難以相信現在仍有學校允許這種做法),麥卡弗蒂校長讓學校改設「平靜室」(peace room),孩子如果覺得今天在教室裡無法集中注意力或狀況不佳,可以選擇帶著自己的作業進去,在這個較為安

靜的環境中調整自己。她說，這個做法為那些在家中經歷困難的孩子帶來了非常大的幫助。他們能夠短暫從混亂中抽離，進入一個安全、能專注的空間。被問到為什麼還有這麼多學校不採取這種更具同理與關懷的做法時，麥卡弗蒂回答：「因為處罰孩子，比花時間和他們好好談談發生了什麼事來得簡單多了。」主持人蓋瑞・羅賓森（Gary Robinson）也回應：「重點不在處罰，而是善意。[6]」

擁有健康的行為界限也是重點。**形式最簡單的界限，能協助孩子分辨哪些行為是可接受的，哪些則是不行的**。界限也有助於建立一個可預測的日常節奏，例如：「我們會在上床睡覺前，還有吃完早餐後刷牙。」界限也為孩子與父母和照顧者創造了安全的環境。當我們確信孩子清楚家中的界限與期待，就能更自在地**彈性應對**各種情境，也能更自然地展現「同理與關懷」。例如在治療室裡，我會邀請孩子釋放強烈的情緒，而我之所以能夠在那樣的情緒中保持冷靜與同理，是因為我事先與孩子訂好了界限與規則。我們稱這個過程為「契約設定」（contracting）。我也會確保自己的十大心法確實到位，就如同我在家中與自己的孩子相處時所做的一樣。

我將會在下一章「約定與危機管理」中分享更多相關內容，並向你示範如何進行。

選擇與自然後果

對孩子展現同理與關懷，我們就能在不感受到權威被挑戰的

情況下，給予孩子選擇權。舉例來說，如果孩子玩得正開心，卻要被你叫去洗澡，我們能同理他們在玩得這麼開心時，要馬上停下來不玩「確實很難」！

沒有界限，**我們自己**也會沒有安全感。這時，我們的狒狒腦會將孩子的任何「拒絕」解讀成對權威的直接挑戰。狒狒會腦補，若牠現在不掌控局面，後續就掌控不了。這時我們很容易就會運用強制力、恐嚇、威脅與控制等手段來管教孩子。我們可能會提高音量，生氣地說：「不要再玩了！我數到三時你最好就去洗澡！」我們會告訴自己：「如果我現在不掌控局面，等一下就會失控。」這就是我們看到的「狒狒式教養」：用力量、恐懼、威脅與控制來介入。這時，我們可能會暴怒大喊：「馬上給我停下來！我數到三，你最好立刻去洗澡，不然就……」

我們都經歷過這樣的情況，但不妨試著將這種「狒狒反應」與我們更富同理與關懷的「智叟貓頭鷹」反應做個比較。當我們站在貓頭鷹的角度、擁有全局視角與清楚的界限時，我們就不會那麼容易感受到威脅。我們能看見孩子正玩得多開心，也能理解要他們「立刻停止」是多麼困難的事。這時，我們就能以玩心與關愛來回應孩子的掙扎，展現出理解與彈性：「你現在玩得超開心耶！我聽出來了，你真的不想現在就去洗澡，對吧？好，寶貝，我懂。我們可以再玩5分鐘，然後就去洗澡，好嗎？」

當我們有自信能維持住行為的界限，就能更有彈性地給予孩子選擇，並清楚知道這樣做的過程中，我們其實是在幫助他們培養「自主感」，這對孩子未來的人生很重要。當孩子可以做出選擇，他們就能從選擇所帶來的自然後果中學習。

我們可以說:「好啊,寶貝。可以再玩5分鐘,但之後一定要去洗澡,好嗎?我們就這麼說定了。太好了~因為如果不趕快洗澡,我們就沒時間在浴缸裡玩小船囉。」

我們不是在威脅孩子,而是在教導他們每種行動都會帶來自然的後果。他們可以選擇繼續玩,但如果拖得太久,他們就會錯過其他可做的活動。

我們也可以耐心地(記住,這不是一蹴可幾的過程!)跟孩子說明,如果我們前一晚沒有先整理好明天上學的東西,早上可能會忘了帶體育用品。如果沒有準時上床睡覺,可能會睡不飽,隔天起來會很累、很容易不開心。如果沒帶外套,去公園時可能會覺得冷。反過來(我個人更喜歡聚焦在正向結果),我們可以示範給孩子看:當我們有良好的組織能力、睡得夠、懂得照顧自己時,生活會變得更簡單、更順利,也更好玩。

發展心理學家澤迪克博士指出:「我們因為文化的關係,習於將『後果』一詞視為負面詞彙,有如大人加諸在孩子身上的處罰。然而,所謂『自然後果』其實只是孩子行為會產生的自然結果。的確,有些後果可能會讓人不舒服,但也有一些是愉快的。孩子經歷這些自然後果後會更了解自己,並與世界建立更深的聯繫。這是更健康的方式。令人意外的是,我們的文化竟然很少這樣去看待『後果』這個概念。」

孩子做錯事時,如果我們能展現出無條件的關愛,而不是予以責罵或處罰,就能讓他們更勇敢地在生活中做出選擇,不再因為「可能犯錯」而感到恐懼。**當我們給孩子選擇的空間,並解釋這些選擇可能產生的後果,他們就有機會練習思考自己的行為。**

如此一來，即使他們犯了錯，也能記住經驗，下次就會做出不同的選擇。

做孩子的榜樣

如果我們處罰或羞辱孩子，我們就是在教導孩子他們唯一的選擇就是服從。這會讓孩子無法分辨自己喜歡和想要什麼，或不想要什麼。如果他們因為害怕被處罰或遭到公眾羞辱而害怕犯錯，他們就會變成符合大人期待的「乖孩子」，而不是他們本該成為的樣子。

正因如此，我們越是以同理與關懷對待孩子，他們就越能建立「自我認同感」。我們透過無條件的關愛，向孩子傳達了以下重要訊息：「即使你犯了錯，你仍然一如往常是被愛的、被接納的。」

當我們在孩子犯錯時，仍然表現出善意與關愛，並表達我們依然重視他們，這麼做也是在教他們：自己或他人犯錯時，都值得被理解與寬容。如果我們真的想培養出能自由思考、有韌性、會解決問題，並且能從失敗中學習的大人，我們就有機會培養出能為世界帶來正向改變的新世代。

人類之所以能夠存續，是因為我們懂得慈悲與同理。地球的未來也仰賴這些能力。孩子必須感受過慈愛，才有可能去關懷他人與這個世界。如果我們希望孩子未來能為打造一個真正「更好的世界」貢獻心力，他們就必須擁有大量的同理心與慈悲心。而這些東西，他們無法靠教條學來，只能透過與我們或其他能提供情緒支持的成年人相處與互動「感染」而來。

科學近期也揭露了為何關懷、同理心及善意等人類特質與價值,「是自己主動習得,而不是被教會的」。

1990年早期,研究人員發現我們的大腦中擁有一種名為「鏡像神經元」的細胞。當我們做出一個動作,或看到其他人做出這個動作時,鏡像神經元都會活化。舉例來說,我們微笑或是他人對我們微笑時,我們腦中的鏡像神經元都會活化。看到別人微笑,我們就能感受到微笑。「模仿我們」就是嬰兒學習的方式。

若我們想要孩子具有關懷、同理心及善意這類重要的人類特質,我們就需要示範給他們看。若社會與制度在孩子犯錯時持續處罰他們,我們也不必驚訝孩子會以同樣的做法對待其他人。

關懷與自我意識

自我決定論(Self-determination theory)指出,人類有3種基本心理需求[7]:
- 感受到與他人的連結
- 感受到自己能做到要做的事
- 感受到自己的生活是真實的

當我們以人本主義心理學家卡爾‧羅傑斯(Carl Rogers)稱為「無條件正向關注」(unconditional positive regard)來對待孩子時,便提供了讓他們感受到「連結」、「能力感」與「真實性」的最佳機會。展現無條件正向關注,指的是不論對方說了什麼、做了什麼,我們都能表現出同理與支持,並接納他原來的樣子。

當我們願意接納孩子原來的模樣,以及他們所展現出來的價值觀,我們就是在教他們接納自己。這樣一來,即使他們不小心犯了錯,也能用溫柔的語言對待自己與他人。

「善意對待」

善意是對人友好、包容與體貼的特質。這也是父母都希望在孩子身上看到的另一個美好特質。然而,若我們只是一味地告訴孩子要「善意對待」他人,卻不以身作則,是很難收到效果的。我們得讓孩子看到我們是發自內心這麼做,孩子才會有所仿效。

文學學者暨詩人蘇珊・基恩教授（Professor Suzanne Keen）在她的著作《同理心與小說》（*Empathy and the Novel*）中提到,「對統治、分裂與階級關係的欲望」削弱了人們的同理心。[8]她說,在過去被視為有同理心的人,現在更可能被視為會天真地相信「只要理解他人就能改變他人」的「多愁善感」之人。

然而,過去的社會並不是這樣的。人類社會最初是以小型的狩獵採集團體為主,孩子是由跨世代的大家庭共同撫養,這樣的家庭結構也帶來一股強大且具支持性的社會力量。心理學家常說,正是18世紀末的工業革命為這種更具合作性與社群性的生活方式畫下句點。當機械化生產改變了經濟結構,並在全球帶來成功時,也同步創造出一種全然不同的家庭生活型態——這種新模式對人們的「心理資本」（mental wealth）造成了深遠且廣泛的負面影響。在都市化的進程中,越來越多的人口集中到城市工廠中工作,人們被迫擠在狹小的空間裡生活。心理學家認為,這種擁

擠、缺乏人際安全感的生活條件,使得社會對「支配」的需求大幅增加,以便「維持秩序」、「掌控局面」。正是在這樣的背景下,整個社會開始見證慈悲與同理這些人性特質消逝,經濟也逐漸成為主導家庭生活的主要力量。

關懷與自我照顧

在我看來,持續追求科技進步,讓我們的孩子與我們的生活品質付出了極高的代價。雖然人們曾說科技能幫助我們節省時間、減輕負擔,但看看我那爆炸的收件匣,實在很難說服我科技真的讓生活變得更有效率了。老實說,我常常覺得自己更像科技的奴僕。如果我們的生活品質與工作／生活平衡已受到損害,我們就該好好思考:孩子是否也一樣受到影響了?

不是所有進步都是真正的進步。我們應當回頭看看過往,從中汲取教訓。作家暨神經發展顧問莎莉・高達・布萊思(Sally Goddard Blythe)在她的著作《養出快樂健康的孩子》(*Raising Happy Healthy Children*)中提到最近幾個世代的現象:「社會自古以來就不太重視『母職』。[9]在當今金錢掛帥的文化中,儘管女性與母親們對國民生產毛額的貢獻持續增加(無論對她們自己,或更普遍來說是社會),她們所扮演的母親角色對家庭穩定與未來社會的貢獻卻仍無法受到充分重視。」

既然我們早已知道孩子出生後的最初幾年,以及父母的支持對他們的大腦發展與日後的心理健康有多重要,那麼我們就能說重視孩子的照顧者的需求,也應該是健全社會的基本常識。

對許多父母而言,要工作、照顧孩子及滿足孩子的需求,還要同時想辦法滿足自己的需求,一天的時間根本不夠用。而自我關懷指的,就是對自己抱持一種溫柔、關照的態度,並認知到:不完美,正是人之常情。

但我知道,為了應付家務、處理學校聯絡事項與孩子的課業,許多父母已經感到吃不消。我們幾乎沒時間與他人連結,也常常沒時間尋求協助。

然而,我們不該在這趟旅途中獨自前行。我想我們能藉由關懷與社群的力量找到出路。我們能從更加關懷自己開始。就像練習更加關懷孩子從來不嫌晚,練習關懷我們自己也從來不嫌晚。

諮商最棒的禮物之一,就是可以為接受諮商者提供他們兒時可能從未有過的關懷體驗。當我們身邊有個懂得技巧又能提供情緒支持的人,以無條件的正向關懷對待我們時,我們就能慢慢開始學會如何用這樣的方式照顧自己。

不過,想要有這樣的體驗,不見得需要接受專業諮商師的協助。你也可以尋求身邊的社群與朋友的支持。去找一位你信任、能夠接住你的情緒的人——也許對方也會很珍惜你回饋給他的些許關懷。

有用小訣竅:關懷的對話

對那些感到壓力過大,迫切需要一個安全的空間來

釋放情緒的父母來說，這是非常有效的練習。在心理治療的訓練中，我們經常會進行一種稱為「雙人練習」或「專注傾聽」的活動。基本上就是兩個人輪流說話，一方在說話時，另一方只聆聽，不會出聲打斷。

當我們坐在一個值得信任的人面前，那個人願意給我們一個保密、安心的空間，讓我們不用急著解決問題、也不用擔心被評價，我們就能從中獲得巨大的力量。

如果你身邊有朋友，或某個你認為天生就很懂得關懷他人的人——他溫暖、親切、懂得傾聽，也值得你信任——那麼你就可以試著和對方一起進行這個練習。這是個練習自我關懷的好方法，能讓你有時間靜下來聽見自己的想法，並且把它說出口；在這個過程中，你往往也能找到問題的解方。

你可以這樣做：

兩人訂出各自說話的時間，30秒到5分鐘不等，只要你們雙方覺得自在即可。

兩人都要保密。這表示不能將彼此的對話內容告訴別人，也不能在其他時間向他人提起對話內容。

兩人都不能抱怨或批評對方或共同認識的人。

兩人討論好如何計算時間，以及如何提醒對方時間到了。舉例來說，先聆聽的人可以負責注意時鐘，

或在手機上設定計時器（如果不會被鈴聲嚇到的話）。然後，時間到時，輕聲告訴對方「時間到了」，或是用雙方都同意的方式表達。

然後一方開始說話，聆聽者不能出聲打擾。

你能說說你的心事，那天發生的任何事，或就只是你當下的感受。無論是誰先聆聽，就只要聽就好。負責聽的人就是不能說話，不能介入，也不能試圖幫忙解決問題，但能透過肢體語言向對方表現關懷之意。像是透過眼神交流（你們彼此能在前幾次嘗試的開始之前以及結束之後進行討論，看看你們喜歡什麼程度的眼神交流）、點點頭、輕聲說「嗯」，或是對方在分享一些痛苦的事情時，將手掌放在自己胸前示意。聆聽者的作用就是在當下表現關懷之意，無論與我們分享的是朋友還是伴侶。若說話的人說完時還有時間，就請保持安靜。

然後角色互換。

這會是非常強大的連結練習。我就認識有家長一開始只是非常不正式地練習了一次，現在則會與另一半排定時間練習，或是自發性地找個他們都有空的10分鐘一起練習。這是個功效良好的練習，能讓自己感覺被聽見，並卸下日常生活中的煩躁與憂慮。這個方法能幫你實際模擬如何表達關懷，然後你就能照著這樣的方式去

做。

若你覺得這個練習太困難,或是很難找到你能說話的人,還能試試另一種練習,就是帶著關懷之意對自己說話。

你能試著坐在鏡子前看著鏡中的自己,而且是好好地看著自己。

你能慢慢來,試著微笑一下,或做出看起來很悲傷的表情。只要注意自己的表情,以及你當下的內心感受。你可以對自己說些好話,例如「你真可愛」、「你人真好」、「我喜歡你笑起來的樣子」,或「我喜歡你現在的樣子」。你甚至能試著說「我愛你」。

你可能會覺得要對自己說這種話很困難,甚至會覺得蠢,若你確實有這種感受,也請留意這件事。你可以問問自己,為什麼你會覺得要說出或是聽到這些好話很難或是很蠢?你甚至還能進一步思考,自己上次有這種感覺是什麼時候?

注意你聽自己說話時的反應、你的用字,以及你說話的方式。注意你對自己說好話時內心的感受。也留意你是否很難找到能說的話,以及這些話是否不太算是好話。這個有深度的練習,能幫助你思考當我們這樣對孩子說話時,孩子可能會有什麼感受。

我們在成年後常常難以同理與關懷自己,其實根源於我們在童年時期未曾被溫柔對待的經驗。這並不是要責怪我們的父母——我們要記得:如果他們自己從未有過相同的體驗,又怎麼可能學會這麼做?但這不表示我們現在就不能為自己嘗試看看。正如前面提到的傾聽練習所示,我們可以透過另一位有同理心的大人來做體驗。而在這個練習裡,那位溫柔、慈悲的大人,其實就是你自己。

> **有用小訣竅:與內在小孩連結,並展現關懷**
>
> 如果這麼做不會讓你感到痛苦,請拿張小時候的照片,並花時間好好看看那張照片。有時看到我們小時候的照片,可能會為我們帶來難受的感覺或記憶,若是如此,尋求專業協助肯定會對你有幫助。如果可以的話,請試著對照片上的那個小女孩或小男孩說話,告訴他們所有你覺得他們當時需要聽到的話。留意你溫柔地對自己說話時的感受。只要你願意持續練習,讓這些對話持續下去,你就能連結並強化內心的自我意識。

你練習得越多,就越能為孩子示範這份自我關懷的力量。請記得,書中所強調的十大心法將能為你的孩子打下人生的根基。

正如麥卡弗蒂所展現的:撕毀舊有規則、走上一條不同的道

路，永遠不嫌晚。就像我們隨時能夠改變與孩子互動的方式一樣，我們也永遠可以重新選擇如何與自己相處。

我們不只能對所有人表達善意與關懷，也能對我們內心的聲音這麼做。

智叟貓頭鷹的智慧

- 同理與關懷是我們能夠關心他人痛苦的能力。
- 練習同理與關懷，對孩子未來的自我認知極為重要。
- 孩子需要體驗到同理與關懷，才能學會這兩種能力。
- 我們也需要對自己有所同理與關懷。
- 我們越常同理與關懷自己，就越能協助他人做相同的表達。

Chapter 11
約定與危機管理──
搞定孩子的崩潰時刻

孩子其實非常懼怕自己心中那股連他們或大人都控制不了的怒火

　　艾瑪會找上我，是因為她7歲的女兒塔拉在放學後「整個大爆炸」，艾瑪說塔拉「發了一頓超大的脾氣」。艾瑪想知道自己是不是哪裡做錯了，因為學校說塔拉就像個「小天使」，塔拉的祖父母也說她在他們面前「乖得不得了」。艾瑪覺得自己很沒用，因為「其他人好像都比我會帶我的7歲孩子」。

　　「為什麼小孩一到我手上就變得很難搞？」這是家長常會問到的問題，也是我們得好好解決的問題。

　　當孩子被迫一整天壓抑所有小小的壓力反應，還有腎上腺素皮脂醇的爆發時，他們常常一回到家就會整個宣洩出來。我請艾瑪想一想，她女兒在哪裡最能做自己、表達自己真實的感受。在學校，她是不是可能被罵或被處罰了？在親戚面前，她是不是也得「乖乖的」？而當她回家來到那個最愛她的人身邊時，她信任的那個人是不是不會批評她，也不會丟下她不管？

　　這聽起來可能很像帶點諷刺的恭維，但如果孩子回家會對你發脾氣，那常常是因為他們在你面前有足夠的安全感，所以才敢這麼做。麻煩的是，這常常弄得我們沒有安全感。

家長的反思

珍娜，9歲查理的母親

　　我是單親媽媽，每次我兒子出手打人，我就會緊張起來。因為他越來越大，我很害怕自己會管不住他，然後我們兩人都會失控。因為我實在太害怕接下來會出事，又沒有其他方法能讓他冷靜下來，最後我總會用力抓住他或推開他。我覺得事情一下子就失控了，我超討厭事後那種感覺。好像有什麼東西被打破了。

　　孩子失控或崩潰時，父母都會非常恐懼。這時我們的壓力反應就會被觸發，我們會發現自己的狒狒腦對上孩子的狒狒腦，並感到自己別無選擇，只好硬逼孩子低頭、沒收他們最愛的東西、把他們關在房裡，或甚至用力氣制伏他們。這些反應往往會讓局面惡化，讓我們覺得自己失控了，最終就會如珍娜所說的，有什麼東西被打破了。

協助孩子穿越情緒風暴

　　我們通常不知道，孩子其實也會對自己的行為感到恐懼。

　　8歲的詹姆斯告訴他的治療師：「我好怕自己生氣的時候會變得好大好大，大到連大人都不知道該怎麼辦。就像我身體裡有

隻怪獸,我管不住牠。」

當孩子失控時,他們往往會感到非常困惑,事後也可能對自己的行為感到非常羞愧。在我的治療室中,這種情況很常見。當怒氣大到「連大人都沒辦法幫忙」時,孩子常常會想知道自己到底怎麼了。他們是怪獸嗎?多可怕的想法。孩子心裡其實非常恐懼,他們好怕那股自己和大人都控制不了的怒火。

請記住,當孩子的壓力反應被觸發時,他們正處於情緒痛苦和身體極度激動的狀態。壓力反應會釋放出強大的神經化學物質和荷爾蒙,套用桑德蘭博士的話,它們會「像野火燎原般,迅速佔領身心」。[1]而孩子需要你幫忙滅火。因為這個年紀的他們,還無法自行滅火。

我會在本章中探討那些我們多數人都可能遇過、具挑戰性的行為。我會提供一些指引,讓你有信心設下穩固的界限,訂定孩子在情緒激動時,可以做什麼、不能做什麼,以確保你和孩子的安全。我會與大家分享我在治療時採用的介入方式,用些工具與情境模擬協助你在事發當下保持冷靜,就算是在孩子最激烈的情緒爆炸時刻也一樣。

無論如何,分辨孩子的行為究竟是學習情緒調節時的正常碰撞,還是真的需要尋求專業協助,非常重要。

如果孩子時常出現暴力行為,會傷害你或自殘,**請務必**尋求專業協助。當兒童對父母施暴時,就已經超出本書介入方式所能處理的範圍。如果你覺得無法保護你與家人不受立即傷害,可以尋求各地方政府的專業協助。

遺憾的是,兒童對父母施暴的情況越來越普遍,雖然施暴者

多為青少年，但目前也出現過12歲以下孩童的案例。兒童對父母施暴並非「一般」的挑戰性行為，被施暴的父母會感到恐懼、孤立無援、如履薄冰，並對家庭產生重大衝擊。

> **大腦益智盒**
>
> 「父母可能很難分辨家中孩子或青少年的行為怎樣才算暴力或虐待。身為父母，請相信你的直覺！你知道事情什麼時候不對勁。兒童與青少年暴力並非孩子成長過程中的常態。大多數孩子在某些階段會有不當行為，然而當他們展現出具威脅性、恐嚇性的行為，想控制你或讓你覺得不安全時，這就脫離常軌了。」
>
> ── www.whosincharge.uk

有很多專為父母設計的課程，特別是養父母，或是收養有特殊發展需求的孩童的父母。有位家長最近很苦澀地告訴我：「要是我能早點知道這些資訊就好了。」

讓你的十大心法就緒很重要，因為它們是本章所有練習的基礎，能幫助你建立親子間需要的連結和信任。如果你覺得自己能和孩子一起努力，也相信孩子會跟你一起努力，那我們就可以開始了。

我們先從預防開始著手。預防是關鍵,因為當我們發現孩子出現快要崩潰的跡象時,我們就能在他們到達「引爆點」之前先拆除炸彈。

孩子感到難受與痛苦的情況,一般來說可分成3個層級。

一級情緒風暴

當我們有心事,感到擔心或煩躁時,就會出現情緒低落、不舒服的感受。這類感受會讓孩子變得易怒。孩子互相(或對我們)爭吵或找碴時,我們應該要能看出這是孩子內心感到煩躁的徵兆。這就是為什麼我通常會專注在找出孩子行為背後可能的原因。我不會因為孩子放學後對我發牢騷、抱怨或甚至發脾氣,就罵他們「沒禮貌」,而是會好奇地問:

「你看起來有點生氣。還好嗎?」

「我注意到你有點煩躁。出了什麼事,還是你只是有點累了呢?」

「你好像很焦躁……有什麼是我能幫忙的嗎?」

「今日有發生什麼紅色代碼的事嗎?」

「我感覺你有點無聊了。要不我們來玩個遊戲,好嗎?」

你當然可以根據你跟孩子的情況,調整說話的內容和口氣,不過一般而言,我們想傳達的是以下訊息:「我注意到你好像跟平常不大一樣,我想知道自己能不能幫上忙。」

一旦你掌握十大心法,做這些對話就會變得很自然,你也很

快就會看到孩子敞開心扉說:「對!史密斯先生因為我忘了帶運動鞋就罵我。」或是:「才不是!我氣炸了,因為艾比說他不要當我最好的朋友了。」

接下來,有用的小訣竅就能派上用場,運用我們反思的技巧說出我們看見的,並射出正中紅心的實情之箭來產生情緒共鳴。然後,我們就能用同理心與關懷抹去孩子的恐懼與眼淚。

「噢噢!我想被史密斯先生罵一定很『可怕』吧?」你還可以說(這是我常用的招數):「其實忘了帶鞋是『我的』錯。我很抱歉害你被罵了,是我不好。」

你還能開玩笑補充:「史密斯先生應該來罵媽媽／爸爸,怎麼會去罵你呢!」

接著安撫孩子說:「確保這樣的事不會再發生是我的責任,真的很抱歉;我們把這件事寫下來,這樣下星期就不會再忘記了。」

如果是朋友的事,你可以這樣回答:「噢,親愛的,我想你一定覺得很難受,對不對?」

看出孩子之所以顯得煩躁不是因為他們「不乖」,而是受到情緒低落難受的影響,代表我們很快就能跟孩子站在同一陣線,幫孩子恢復冷靜。

如果孩子不甩你,或許他們會聳聳肩,依然怒氣沖天,你可以等等再找個一對一的時間(通常會是上床睡覺前),柔聲建議:「我們可以等等再談這件事,我真的很想幫忙。」

你要做的是幫孩子反思自己的行為,而不是羞辱他們。這麼做能讓他們連結到自己的行為。這就是我們教導他們內感受這門

重要藝術的方式，一種能夠思考自己內心發生什麼事的能力，還有重要的是，它會如何影響他們的外在行為。久而久之，孩子的小貓頭鷹就能學會安撫好自己的蜥蜴與狒狒，而你甚至還不需要介入。

如果我們沒注意到孩子的煩躁是心裡不舒服的徵兆，孩子的種種行為就會「疊加」，上升到二級情緒風暴。

二級情緒風暴

我們能從孩子較為激動的行為中，辨識出他們的痛苦已上升到第二級。他們會開始出現較不穩定或更加挑釁的行為，例如兄弟姊妹一起玩時會提高音量。在我家裡，可能會讓孩子很難受的情況有：

- 從公園回家時吵個沒完。
- 在足球營待了一整天後，「自己的球隊沒贏」。
- 開車出遠門時，我沒有帶遊戲給他們玩，讓他們覺得無聊。這會讓他們變得煩躁，最後甚至會在車子後座打起架來！
- 在一個很嗨的派對結束後，或是跟朋友玩得「太興奮」之後。
- 孩子覺得在社交場合中被排擠。或覺得被公開羞辱。

請記住，腦部神經影像處理研究顯示，情緒上的痛苦（特別是社交排擠引發的痛苦）所活化的腦部區域，跟我們身體感到疼

痛時所活化的區域是一樣的。²

我們已經看到失望、丟臉、難堪、愧疚、憤怒與刺激，都會引發讓人難以承受的強烈情緒。當我們保持冷靜並對孩子的體驗充滿好奇時，我們仍然能在第二級的痛苦發生之前介入，協助孩子冷靜下來。事實上，重要的是我們應出手幫忙孩子，因為若沒有我們的關懷和介入，孩子的痛苦還會再升級。

但我也知道，要是孩子的行為惹毛我們，啟動了我們的壓力反應，就很難用同理心來回應孩子。這時我會在回應之前，想像自己穿上了「超強同理心防護衣」，以便拋開個人情緒！

超強同理心防護衣

在我心中，「超強同理心防護衣」就類似電影中拆彈小組清除爆裂物時所穿的防護衣。在我的想像中，這件防護衣鋪滿了關愛，能彈開任何攻擊我們的狠話或傷人話語。在這件防護衣的保護下，我們能在房間裡「穩住現場」，接住孩子將痛苦或受傷感受投射出來時所宣洩的強大情緒波動，卻不會受傷。

不過，穿上這件防護衣，並**不代表**我們就能接受孩子攻擊或傷害我們。我們等等就會談到如何設下界限。

當我在家聽到孩子們提高音量，或是大叫不公平、生氣時，我就會想像自己穿上這件防護衣，緩步小心地前往爭執現場。這時我所展現的身體語言將會很關鍵。步伐邁得太快，站著俯視孩子，大吼「你們在幹嘛?!」，不但無法化解僵局，反而會讓情勢升溫。

慢慢走過去，張開微微彎曲的雙臂，手掌朝外，擺出一個準

備擁抱的姿勢,能讓我以一種不具威脅性的方式在房裡穩住現場。張開雙臂讓我能「接住」和容納房間裡強大的憤怒能量,同時也是邀請孩子走向我。我的身體語言在傳達一項無聲的訊息:「如果你傷心了,就來我這裡吧。」一旦你練就了十大心法,你就會覺得這樣做既自然又簡單,因為彼此之間的信任與連結基礎會穩穩地建立起來。孩子相信你能在他們受傷時接住他們的痛苦時,就會願意走向你。

你說話的聲音要強而有力且鎮定。如果你介入時說話的聲音太平緩,即便聽起來很溫柔和善,孩子卻可能「聽不見」你的聲音。孩子痛苦時的能量層級會提高,若我們想介入,就要用同樣的能量層級去應對。這不是說你的聲音要很凶,而是要立即傳達出你懂他們的感受,也「感受到」他們有多憤怒／生氣／難受。

這時我們該做的是要包容孩子的強烈情緒,然後將他們從爆炸的邊緣拉回來。要做到這一點,我們必須先得懂得「駕馭孩子生氣的能量」。

舉例來說,我的孩子最近有一次用衝的回家,進門時還互相推擠。他們都剛從足球營回來,雙方都指責對方是「史上最差勁的」弟弟／姊姊!

克萊蒙西衝進浴室,一路上大吼著「換她」先洗澡了。威爾伯氣炸了!他大叫:「克萊蒙西,我現在超級無敵討厭你!」

這顯然是我該介入的時候了!

我走向威爾伯,表情充滿同理心,沒有因為他大吼或說了「討厭」這個詞就責備他(我討厭他們說這個詞)。

我用跟他同等的能量、語氣與音量來**說出**我看到的:「噢,

親愛的小威,你現在很生氣!」

(請記住,像親愛的、小可愛、我的寶貝等用語,或是其他你為孩子取的暱稱,都能立即有效地讓他們的狒狒退一步,好讓你能與他們的小貓頭鷹對話。)

認同他的難受:「你真的真的很想去洗澡,卻被克萊蒙西搶先了,對不對?」

安撫:「噢,小可愛,這一定很讓人難受。你真的很想先洗澡!媽媽都知道。來我這裡,讓我幫幫你。」

用這種方式同理孩子,並不是包庇、溺愛,或是打迷糊仗,而是我**能理解**威爾伯想洗澡卻被克萊蒙西搶先的那種不快。孩子生氣的原因似乎常常微不足道,有時甚至有點好笑——「她比我先進門,我想當第一個!」——但我們還是得不動聲色並忍住笑意,因為我們知道孩子難過的原因通常比我們表面上看到的還要複雜。

因為我展開雙臂,所以威爾伯走向我,我對他身後的克萊蒙西點點頭,示意她先去洗澡。事情的對錯,我等會再處理。當下我只想先化解威爾伯的情緒,而我發現最快的方式就是說幾句話、給他滿滿的同理心,再加上一個溫暖又包容的擁抱。

孩子處在第二級的痛苦中時,他們的狒狒常會因為太過火大而聽不進我們說的話,所以這時我們**說話要簡短,語氣也要鎮定**。

此時絕對「不是」提醒威爾伯昨天是「他」先洗澡的好時機,即便事實就是如此!

我們不能強迫孩子在受傷時來找我們。對某些孩子來說,擁

抱會比安撫更容易惹毛他們。如果你的孩子不喜歡被別人抱，我們會在稍後談談該怎麼做。

如果你的孩子願意投入你的懷抱，你在抱著他們時能輕輕地搖啊搖，並說一些安慰的話。我喜歡輕輕說著「沒關係的，沒關係的」，這通常就足以讓威爾伯或克萊蒙西冷靜下來。

這就是孩子感受到被你看見、接住與聽見的時候，他們在這時常會透露「真正」讓他們難受的原因。那一天我抱著威爾伯時，感受到他的身體放鬆了，他抬頭看著我，下唇顫抖地說：「還有，克萊蒙西拿到了足球獎盃，我都沒有，還有別人的釘鞋踩到我的腳了！」

噢！原來是這樣！現在他能放聲大哭了。

威爾伯哭不到半分鐘，就已經能從沒能像姊姊那樣拿到獎盃的難過，以及腳被釘鞋踩到的疼痛走出來。然後他笑著抬頭看我，告訴我他的一記「超帥」進球。我幫他脫下足球鞋時，皺起鼻子假裝他襪子臭得要命，我們都笑了。然後他高高興興地去洗澡，他的叫喊與傷痛都已經是過去式，他也不再生姊姊的氣。

如果孩子被迫把第一級的小小痛苦都壓抑下來，沒能健康地釋放出來，痛苦就會升到第二級，就像威爾伯及本章開頭提到的塔拉那樣。以下可能是讓孩子進入二級情緒風暴的原因，例如：

- 孩子覺得很丟臉。
- 孩子覺得很失望。
- 孩子過度激動，不知道該怎麼處理滿滿的情緒能量。
- 孩子覺得無聊，他的大腦認為這很讓人「痛苦」。
- 孩子今天一直壓抑著他所有第一級的痛苦，現在他所有的

煩躁不得不爆發！

做個能保護孩子安全並讓他們信任的人，做個不會拋下孩子並能讓他們依靠的人，穿上超強同理心防護衣，給孩子大大的擁抱，那顆滴答作響的情緒炸彈很快就能被拆除。

在孩子跳傘之前抓住他們，你身為父母／老師／照顧者的工作就會輕鬆一些。曾經困難的溝通，現在反而能提供豐富的機會，為未來的情緒調節與韌性，奠定穩固的信任基礎。

在理想的世界中，我們總能先一步發現孩子的痛苦，隨時準備好穿上超強同理心防護衣，並在孩子需要時提供支持。在理想的世界中，我們能阻止任何崩潰發生。然而，有誰是活在理想中的世界呢？

三級情緒風暴

沒有大人的情緒支持，孩子的痛苦很快就會上升到最高層級。你會看到孩子做出語言攻擊，大吼「放開我！」、「離我遠一點！」、「我討厭你！」，或更糟的話。他們也可能會亂丟東西、打人或自殘。要化解第三級的情緒風暴得用上十大心法，這樣我們才能帶著孩子（和自己）安全降落。

再次強調，如果你的孩子時常表現出你無法掌控的痛苦，或是他們會傷害你或其他家人，或自殘時，請務必尋求專業協助。這很重要，因為這麼做不只能幫你的家庭獲得協助，你的孩子也可能會受益於專家的協助，而解決其他潛在問題。

萊文博士將孩子面對悲傷與失去時的反應,以及孩子受創時的反應,做了重要區別。我將在第十三章中對此做更進一步的探討。我們必須為自己提供必需的所有資訊,才能用適當的方式幫助自己與孩子。

我在這裡提供指導方針,是為了讓你有能力接受和承受目睹孩子的悲傷、失落與憤怒,讓你能在孩子適當宣洩情緒時,確保你和孩子的安全。你需要運用本能與直覺,在當下判斷你能適當處理哪些事情。因此,我希望我在此分享的指導方針,仍能給你信心和孩子一起努力,也賦予你勇氣與直覺,知道什麼時候可能該找人幫忙。我的指導方針雖然無法取代專業治療,但它是建立在身體經驗與創傷知情照護的原則上。而我分享的練習,都是我會跟自己的孩子及一些個案在適當情境下一起做的練習。你需要對哪些情況是你能處理的,以及哪些方式對你的孩子最有用做出判斷。

最後,孩子需要相信我們能在他們受傷時為他們穩住情緒的空間,並且知道即使他們情緒爆發,我們也不會崩潰,他們也能預期事情會怎麼發展。正如8歲的治療個案詹姆斯所說的,當孩子感覺不到自己在情緒上被接住和包容時,那會是非常可怕的事。我的前心理治療師艾莉是這樣形容的:「如果我們不替孩子劃出界限,孩子會覺得自己好像隨時會從世界邊緣掉下去。」

回頭想一下跳傘的比喻,想像一下你沒有受過任何訓練就要從飛機上跳下來時會有什麼樣的感覺。不知道接下來會發生什麼事,真的很嚇人;當我們發現自己在半空中,沒有東西也沒有人能協助我們阻止自己掉落時,真的會讓人驚慌失措。

儘管這聽起來有些戲劇化,但神經科學確實顯示,當孩子大腦中的「蜥蜴」和「狒狒」失控時,他們真的會有如墜深淵的感受。如果我們希望孩子學會調節自己的強烈情緒,他們就需要練習,而這段練習過程中,他們也需要我們在一旁陪伴與引導。

我會教你如何成為那位冷靜的指導者——在孩子做情緒自由落體時,與他們一同跳下,溫柔而穩定地引導他們安全著陸。這或許聽起來令人害怕,特別是我們也從未學過如何好好地承接或管理憤怒時。但正因如此,我們需要一份我稱為「危機管理計畫」的東西。這份計畫就像一份我們與孩子的協議或契約,讓我們知道當我們彼此都陷入情緒失控的情境時該怎麼做。就像麥克在他工作時常說的那句話,我們之所以需要它,是因為「沒做好準備,就要準備好失敗」。

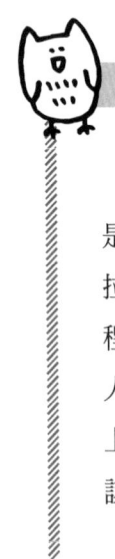

與麥克一起練習

我的公司負責訓練即將前往衝突地區的記者。我就是在這樣的背景下認識凱特的,當時她正準備前往伊拉克擔任戰地記者。當時她參與了「危險環境訓練課程」,其中一個環節是實境模擬,包括遭遇槍擊與模擬人質綁架等情境。這類訓練意在幫助記者在心理與生理上都做好準備,讓他們能在危機發生時,清楚知道自己該做什麼、扮演什麼角色。

在安全的環境中進行模擬練習,目的在鍛鍊一種

「肌肉記憶」：即便在現實中真的遭遇槍林彈雨時仍會讓人感到極度恐懼，但事先的訓練與準備能幫助我們啟動「睿智貓頭鷹腦」，記得該怎麼做，即使「蜥蜴」和「狒狒」一開始會慌亂失控。

我認為凱特將這套「危機管理」的概念應用到教養上非常有創意，因為我完全能理解前面提到的珍娜所描述的情況：當她的兒子情緒爆炸時，她自己的「狒狒」也是一瞬間就被引爆了。當威爾伯發怒、在家裡跺腳大吼時，我也會跟珍娜一樣感到害怕——如果現在我不展現權威，那等他長大後，我是不是就會完全控制不了他了？我認識很多當爸爸的朋友也都有這種擔憂。

凱特的方法——事先為教養中的「危機時刻」做準備——真的很有道理。當孩子的大腦被「蜥蜴」與「狒狒」劫持時，我們必須幫助他們，而要做到這點，就得先打好基礎。我訓練記者在「遭到槍擊」時保持冷靜，而凱特正在為父母做的事，本質上也是一樣的。

危機管理計畫

事先跟孩子一起擬定家庭危機管理計畫會非常有幫助。這麼做有助於建立行為的「基本準則」，因此當孩子下次情緒失控時，你們都能預期會如何做處理。

我在診療室與孩子們進行第一次治療時，就會與他們約法三章。簡而言之，就是明確地界定我是誰、我們見面的時間與地點，以及我們會做什麼。這不僅讓我的行為受到約束，也在治療空間中創造出一種安全感，讓孩子了解自己需要遵守什麼，也清楚知道可以期待我會做什麼。由於我的工作是要邀請孩子釋放那些強烈的情緒，所以我更需要事先設下一個清楚的行為界限。我會告訴孩子，這裡唯一的規則是：「我不傷害你，你不傷害我，我們也不能破壞這個空間。」

為行為設下界限或說清楚規則，能幫助孩子獲得身體上的安全感，並在心理上覺得「被接住」。孩子會「知道他們身在何處」。事實上，我們多數人在有明確的生活規範時，也會更有安全感。

大腦益智盒

「沒有規範的社會是孕育不良行為的溫床。[3]沒有規則與法律的規範，文明就會崩壞。孩子也是一樣。他們需要家規與常規的明確規範。」

——《教養的科學》作者兒童心理治療師　桑德蘭博士

我在治療室中與個案訂下的約定，與你將在家中和孩子訂下

的協議不太一樣。但基本上，你就是要制定出一個危機管理計畫，在孩子出現難以承受的痛苦時，給予他們最好的支持。

危機管理計畫有三大目標：

一、幫助你和孩子一起思考及協議，每個人在（情緒）緊急事件中所扮演的角色。

二、建立孩子對你的信任，讓他們相信你在他們最脆弱的時候不會丟下他們。

三、幫助你建立什麼是能接受、什麼是不能接受的行為界限，即使孩子正處於情緒失控狀態。

在這個階段，你必須有信心自己已掌握十大心法，因此，在尚未確實練就這些關鍵心法之前，請不要急著進行下一步！接著，你可以在和孩子正處於平靜、放鬆、親密的狀態時，不著痕跡地說：「我最近在想，要怎麼樣做，才可以在你有很多情緒想表達的時候，更好地陪伴你、幫助你。但同時我也希望你在表達情緒的時候，能確保我們雙方都是安全的。」

「我希望你有一個安全的地方，可以讓你自由地表達真正的感受。還記得我們說過，所有的情緒都是被歡迎的嗎？所以我在想，當你有些情緒真的太大、太強烈，我們是不是可以一起去一個特別的地方，把它們安全地釋放出來？」

創造一個安全空間

請孩子在家裡找個房間或空間，是他們會有安全感，也有空間表達出情緒的地方。你要向他們說明：「我希望在你有強烈的

情緒時，有個我們可以一起去的地方，一個你認為可以安全邀請情緒進來，並安全地把它釋放出來的地方。」**安全**是這裡的關鍵詞。它對狒狒有正向觸發的作用，因為對狒狒來說，安全就是一切，並且能讓牠冷靜下來。

理想狀況下，你和孩子一起選擇的空間應該鋪有地毯、柔軟的地墊或抱枕，也不要有尖角家具或易碎物品。臥室通常是不錯的選擇，但最重要的是，你和孩子都要對這個空間感到安心與自在。哪怕只是房間的一個角落也沒關係，只要孩子在那裡能夠感受到「被接住」，而且除了你之外，不會有人在一旁觀看。這和「把孩子送進房間冷靜」完全不同，這是你們一起面對情緒的空間，是一場團隊合作。一旦你們決定好空間，你們甚至可以幫它取個名字，在門口或牆上掛個牌子，標明這是孩子的特別空間或「避難所」，如果情況開始失控，他們就能到這裡來。

然後你能溫和地提醒孩子界限。「好的，現在我們有個地方可以釋放情緒了。如果你感到生氣或憤怒，你能答應我只會在這裡表現出來嗎？」然後再次強調：「唯一的規定就是我們不能互相傷害。我不會傷害你，你也不能傷害我，我們也不能破壞這個空間。」

說話的時候要看著孩子的眼睛。你的語氣要能展現出自信與威嚴。這是關鍵。你是孩子的跳傘教練，你正在教他們在高空跳傘時要怎麼做。你可以很幽默，但在說到不能跨越的限制與界限時，就要非常堅定。如果有需要，你可以說：「如果爸爸／媽媽覺得不安全，很抱歉，我們就不能陪你了。我想幫你表達你的強烈情緒，但是如果你傷害我，我們就得停下來。我會盡我所能幫你記住不能打我或傷害我，但如果這個情況真的發生了，很抱

歉,我們就得停下來,知道嗎?」

接著你可以開朗地說:「好,所以我們不能打人或傷人,但我會告訴你我們能做什麼!」

你甚至可以用點開玩笑的語氣。你要吸引孩子內心的「小獅獅」,告訴他:在危機發生時,他可以做些什麼!語氣裡沒有責備、沒有羞辱,你正在做的,是教孩子如何「好好生氣」,如何以一種健康的方式表達憤怒。

你可以提醒孩子,他的身體在壓力來襲時會出現反應,那股能量會變得非常強大,有時甚至讓人覺得有點可怕。向孩子強調會這樣是正常的,然後溫柔地告訴他:「當你覺得情緒太滿、快撐不住的時候,就是爸爸/媽媽要留下來幫你一把的時候。」

你可能會發現,參考一些涵蓋情緒調節主題的書籍與電影非常有用,例如電影《腦筋急轉彎》或《青春養成記》(*Turning Red*),這些電影用輕鬆的方式講述了情緒調節及世代創傷的主題,以及一些適合9至12歲孩童的主題。

一旦孩子選定他們想要的安全空間,你就可以思考有哪些活動適合幫助他們安全地釋放強烈的情緒了。這裡有一些我跟自己的孩子以及臨床個案一起做過的活動。你可以提出一、兩個你認為孩子可能願意嘗試的活動。你也可以請孩子提出他們自己想要的活動。

枕頭發洩法

這是我孩子們比較小的時候都覺得特別有用的一種方式,現在偶爾也還會用到。他們可以選一個枕頭或抱枕,在生氣的時候

狠狠地打它。他們也能選擇拍打床墊。當我的孩子因某件事很生氣時，我會把枕頭放在床上，邀請他們「盡情發洩」，我還會大聲幫他們說出讓他們生氣的原因，例如「我好氣弟弟搶走我的玩具！」，或是「我討厭寫作業！」。我在第三章也提過可以用瑜伽長抱枕來發洩，抱著用力摔或是使勁擁抱也不錯。我有時還會鼓勵他們大聲喊出讓他們憤怒的事，如果他們願意的話。

丟玩具

把軟玩具用力丟向牆壁，是釋放負能量的好方法！邀請孩子挑選幾個合適的軟玩具或豆袋，然後跟他們說可以將這些玩具丟到特定牆面。玩具要柔軟、有點重量，但不能太硬，用力丟的時候不會壞，也不會弄壞其他東西。重要的是要讓孩子自己決定哪些玩具可以丟，因為有些玩具可能具有情感或紀念意義。

在治療室裡，我會準備一大桶的軟玩具和布偶，當孩子情緒爆發時，我會蹲在桶邊，一個一個把玩具遞給他們。這提供了很棒的合作，甚至是連結的體驗，我有時甚至會看到盛怒中的孩子在知道他們可以用最大的力氣丟玩具來發洩怒氣時，露出會心一笑！這樣的活動提供了我們體驗深度連結的機會。這是孩子向我們表達創傷與憤怒的寶貴方式，但你必須陪在他們身邊。這樣的經驗會形成強大的連結，當然唯一會受傷的只有可憐的玩偶或絨毛玩具。

空氣拳擊

這些練習的目的是鼓勵孩子從「用身體表達憤怒」，進一步

發展為「用語言表達情緒」。我發現「空氣拳擊」是一個不錯的起點。我會站在孩子或個案身旁，與他們一起對著空氣揮拳，左右、左右地出拳。同時，我會大聲說出我知道讓他們受傷的事，不論是朋友間的問題，或是其他讓他們生氣的事件。有時候甚至是跟我有關的，例如：「凱特今天沒帶彈跳床來，她讓我很失望！」

當我們點出與我們有關的傷害時，效果尤其強大。孩子也許會因為我們沒說或沒做某件事而生氣，而當我們主動說出這件事，就像是在幫孩子「戳破」那顆情緒膿包，使情緒得以釋放。例如你可以代替孩子這麼說：「爸爸說我很挑食，這讓我很受傷！」

在進行這項活動時，也要持續提醒孩子行為的界限，溫柔但堅定地說：「我們可以打空氣，但不能打彼此喔。」我們的目標是給孩子一個安全的出口，讓他們能夠練習發洩與說出怒氣。如此一來，我們就能幫助他們從「用拳頭講話」變為「用語言表達情緒」。這樣的練習能讓孩子在日後學會為自己劃下明確的語言界限，且效果十分顯著。有位家長曾告訴我，在做過這些練習後，她有次無意間聽到5歲的小兒子（原本總是被哥哥們過度粗魯的玩法欺負）竟然能大聲又清楚地說：「不！夠了！這樣不行！」

當然，如果你覺得某些方法不適合你或你的孩子，也請不要勉強。但希望這些活動能激發靈感，幫助你找出更適合你們的替代方式。比如，有些孩子在生氣時喜歡撕紙。我有時也會在治療室的牆上貼上長紙卷，讓孩子在憤怒時把它撕下來。也有些孩子

喜歡用水「畫」自己的手掌，然後把手印抹在牆上，當做一種抗議。

你也可以和孩子一起準備一個「專屬情緒箱」，裡面只放孩子親自選擇的玩具，並且只有在他們需要釋放情緒，或想跟你一起玩時才拿出來。你們可以用心照不宣的方式打開這個箱子，比如對孩子眨眨眼說：「嘿，我們來把那個箱子拿出來，好嗎？」這樣一來，你就能透過遊戲，化解原本可能演變成的情緒風暴。

規律地搖啊搖

請記住，任何與孩子一起進行的具模性式、重複性與規律性的活動，都能有效安撫孩子被過度刺激的神經系統。如果你發現孩子變得暴躁，並察覺到可能會升級到三級情緒風暴，不妨建議孩子一起踩腳走到你們的安全空間，你可以帶頭，一邊走一邊咆哮、嚎叫、哼唱，或是高聲唱歌。

另一個可以嘗試的活動是我在第三章中曾提到的「莎莎抖抖舞」（salsa shimmy），用搖晃身體的方式把憤怒或緊張的能量釋放出來。如果你的孩子年紀較小，你也能讓他們在床上跳，但要牽著你的手，這樣同樣能達到釋放情緒的效果。關鍵在於：**你們要一起進入那個安全空間，一起處理那些強烈的情緒。**

界限與限制

記得要講清楚空間中的哪些東西是不能丟、不能打，或跳上去的。提醒孩子如果要跳，一定要牽住你的手，因為你的職責就是確保他們的安全。

對孩子說「我的職責就是確保你的安全」，你就是在告訴孩子：「由我來守住這個空間。即使你覺得自己身體裡藏著一頭可怕的怪獸，我也能處理。」讓孩子知道他們的行為沒有嚇到你，孩子就不必對自己的強烈情緒感到害怕。

這需要一點練習和時間，如果孩子在氣頭上時忘了「規則」，你可以堅定但平和地提醒他們：「記住，不能打人或傷人。我會盡全力幫助你，但是如果你打我或是弄傷我，我們就得停下來。」這麼說通常就足以讓孩子改用枕頭來釋放能量了。如果孩子無法遵守界限，那麼你就要停止並離開現場。你可以毫無愧咎地說：「我很抱歉，我很想留下來，但我不能讓你傷害我。」

孩子希望獨處時怎麼辦

如果你的孩子進入了三級情緒風暴，並且在你前往他們的安全空間時對你說「走開！」時該怎麼辦？對很多人來說，當我們處於痛苦情緒中時會感到非常脆弱。我們應該能夠理解，孩子們通常不希望被我們，或甚至任何人看到自己處於這樣的情緒狀態。

讓孩子在受到情緒困擾時仍能掌控情境是很重要的。如果他們要求我們離開，我們要尊重他們的意願；同時，也要傳達出我們的愛是無條件的——就算他們處在最低谷，我們依然愛他們、願意幫助他們。你可以這樣說：「我猜我在這裡可能會讓你覺得不太舒服。如果你覺得這樣比較好，我可以縮在角落。我來是為了保護你，所以如果可以的話，我想留下來。但如果你真的希望

我離開，我會照你說的做。你來做決定。」

重要的是要讓孩子有選擇權。讓他們決定情緒來襲時該怎麼辦，比由我們來決定更能幫助他們喚醒內在的「小貓頭鷹」。只要還在安全的行為界限內，我們可以按照他們的要求離開安全空間。你可以這麼說：「我會在外面等你一下下，以防你需要我。你可以來找我。」

這裡的重點是要強調：「如果你希望我回來，我隨時都在。」孩子需要知道我們的愛與支持是無條件的。要將這個強而有力的訊息傳達給孩子：「即使你覺得自己很糟糕、很可怕，我都不會害怕，我也不會在你受傷時丟下你。」

有時候，孩子可能會想離開這個空間。如果孩子進入「逃離」模式，就可能會發生這種情況。同樣的，事先討論可以幫助你和孩子設定基本的安全守則。你可以解釋，如果他們在極度憤怒時離開房間，可能對自己或他人不安全——例如，孩子一怒之下衝出房間，可能會不經意傷到其他手足。

你可以和孩子約定，在離開安全空間之前，要做一個快速的「安定練習」，例如深呼吸五次、跳開合跳五下，或扭腰跳舞等動作。要做什麼樣的動作由孩子決定。這個快速釋放練習能幫助孩子在離開房間之前稍微回到理性狀態。你也可以讓孩子知道：「我會等你一會，以防你想回來。」這樣的安排往往會成為孩子回來的動力。你可想像在跳傘時，你會比較想獨自旋轉墜落，還是希望有個冷靜的「教練」在你身邊，幫你穩定下來？

如果孩子在大庭廣眾或是親戚朋友面前大崩潰，你的狒狒腦也很難不抓狂。我們的狒狒腦和孩子一樣不喜歡丟臉。這時要先

找個「安全」的地方,如果你們在別人家,就帶孩子到另一個房間,如果你們是在公眾場所或派對上,最好找個安靜點的地方,這樣能減輕你和孩子的壓力,你的智叟貓頭鷹才有機會出場。想在獅獅掌控大局的情況下成功處理孩子的情緒風暴,根本是難上加難。

你可以跟孩子一起腦力激盪,想想有哪些地方曾經讓他們覺得難受,例如:吵死人的生日派對、擠爆的人群、購物中心、吵鬧的火車或街道、慶典、跟朋友約好一起玩的當下,或在親戚家中。你可以這樣問孩子:「如果我們在逛街時,你感覺心裡很煩,你覺得我們該去哪裡比較好?」或是:「如果我們在派對上,身邊都是你的朋友,要怎麼辦呢?」

你可以提供一些提議,看看彼此是否都認同,例如沒有人會看到孩子的另一個房間,或在購物中心時,可以找個有隔間的廁所或是安靜的角落。雖然不可能每種情況都能立即找到對策,但在彼此冷靜時先討論,就能讓我們在情緒危機中更直覺地做出反應。**這種一起討論、預先沙盤推演的過程,能建立信任和理解,讓孩子更願意跟著我們走。**就像跳傘時,如果我們信任教練,更可能願意抓住對方,而不是獨自亂飛。

你可以模擬「你不能傷害我,我也不會傷害你」的規則被打破時,會出現什麼情況。你在認同孩子強烈情緒的同時,還是要提醒他們界限。

「你氣炸了!那就用你自己的話來告訴我你氣炸了!還是踩腳讓我知道你有多氣。但不能打人,打人會傷到別人。」

你也可以告訴孩子:「我不會讓你打我,如果這對你來說太

難了，我可能要先站遠一點，等到你覺得自己能確保我跟你的安全時，我再回來。」

你可以考慮帶個枕頭或瑜伽長抱枕來保護自己，如果你覺得沒問題，也能抱著它讓孩子捶打。之前在治療室有個孩子很難控制自己的行為時，我就這麼做過。我先把一個大坐墊舉在我面前，然後輕柔地將坐墊降到地板的高度，讓那孩子捶打坐墊。

如果孩子在情緒過度激動時不願意被碰觸，你也應該避免碰觸他們。第二級情緒失控時，擁抱和安撫可能有效；但第三級，也就是完全失控時，任何觸碰都可能火上加油。你在這個階段的角色，是維持穩定的「存在」。就像跳傘教練一樣，保持安全距離，但在孩子需要時隨時準備靠近支援。只要你能「守住空間」，往往就已經足夠。

剛開始實作這些方法時，你和孩子可能都會忘記計畫內容，這時你需要即興應變、信任直覺。記得，在孩子情緒激動時，不需要說太多話──因為他們根本聽不進去。

你只要簡單描述他們的狀態就好：「你現在看起來氣炸了！爸爸／媽媽看得出來。記得我可以幫你。」

但也別忘了，當孩子過度激動時，我們自己也很容易進入戰或逃的狀態。這時，你可以這麼做：

記得先**深呼吸**。緩慢地深呼吸，能讓我們冷靜下來。

在心裡默念：「**這一切都會過去。**」你可以把第三級的情緒風暴想成海上洶湧的波濤，這道波濤最後在到達岸邊時，就已經釋放完所有能量。

記得保持柔和謙遜，抗拒那種想要佔上風、展現控制權的衝

動!孩子陷入情緒風暴時,**保持低姿態與緩慢的動作**,遠比用身體控制孩子更有效。

堅守立場。當孩子像在茫茫大海中載浮載沉時,他們需要你堅定地守住這片空間。冷靜下來,相信你安定而自信的存在,會傳達出強大的訊息:「我們撐得過去。」

不要驚慌!你需要時間及練習,才能打從心底相信「你正與孩子在做一件非常重要的事」。

將個人情緒放一邊。請記住,孩子說出「傷人」的話時,常常只是反映出他們內心的「傷痛」。無論他們吼出什麼,孩子不是真的討厭你,或是想要一個新的媽媽或爸爸。孩子沒有「不乖」。孩子只是不知道要怎麼處理內心的傷痛、恐懼與無力感,所以他才會脫口說出最糟糕的難聽話,這樣你就知道他有多難過了。當孩子意識到自己無須提高音量、攻擊別人,就有人願意傾聽時,他下次就更能好好說話了。

先連結,再指導。別跟孩子嘔氣。如果孩子把枕頭丟到地上(而不是說好的牆上),或是用無禮的字眼或語氣說話,請記得看穿行為的背後,專注在你跟孩子的連結上。你可以用有活力的語氣指著牆說:「你可以把玩偶往那邊丟喔!」

如果我們希望教導孩子情緒調節的藝術,他們必須先有機會「練習」。而練習的方式,就是經歷情緒崩潰的過程,然後由你陪伴、協助他們一起走向平靜。

就像我們經歷腎上腺素飆升後會極度疲倦一樣,孩子在大爆發後也會感到虛脫。你會看到他們的能量達到高峰,然後慢慢釋放,最後孩子通常也會筋疲力盡。這種現象有時被稱為「腎上腺

素大釋放」，這時你可以在感覺合適的情況下慢慢靠近孩子。此時不需要說話，孩子還在「那股情緒餘波」中，只是現在離岸邊近了一點而已。在這樣的時刻陪著孩子，你常會發現這時孩子會主動靠近你尋求安慰。有些孩子在經歷三級情緒風暴後會感到如釋重負，甚至可能會笑出來或開心地跳舞——這是個充滿力量甚至有些神奇的時刻。你甚至可能會想加入他們！

和我們過去所想的相反，孩子情緒爆發的時刻，反而提供了最好的修復契機。當我們知道孩子內心感到受傷時，我們就會相信只要做法一致、保持冷靜、依循彼此共同訂立的契約，我們一定會知道該怎麼做。我們越能保持冷靜，就越能自然地展現本能。

家長的反思

馬克，8歲雷克斯的父親

雷克斯是我們的獨子，有時我真的覺得陪玩的壓力很大。我喜歡陪他玩，但是當他12歲的表哥喬來我們家時，我能從他臉上不同的喜悅神情看出，那是只有跟年紀相近的人互動、有人可以崇拜與連結時才會有的表情。

最近喬來我們家住了幾天，他和雷克斯玩得非常開心。但喬一離開，雷克斯的心情馬上就變了。他轉向我太太，指著胸口的一道擦傷說那裡很痛。我太太表達了同理心，但當她說看起來沒什麼問題時，雷克斯突然大發脾氣，對我們兩人大吼：「我討厭

你們！你們超無聊的，都不陪我玩！」

我當場傻眼，因為那天早上我才和他跟他表哥一起踢過足球，所以我真的覺得很受傷！我想吼回去為自己辯解。但我太太使了個眼色阻止我，我意識到這不只是擦傷的問題。他想念他表哥，因為感到失落和痛苦，所以才會把氣出在他身邊的人身上。

他衝進房間大哭一場，可憐的孩子。我那時還是滿生氣的，但不知為何我還是想安撫他。我想我意識到我在他這個年紀時，也經歷過那種強烈的失落感。他的反應讓我覺得他很難過。當我走進雷克斯的房間時，他朝我丟了一個絨毛玩具，叫我「滾開！」。我走到房門外，但某種衝動又讓我折返回去。我爬上他的雙層床，就這樣靜靜躺在他身邊。我沒有說話，也沒有碰他。我覺得那一刻重要的是讓他自己去處理那份悲傷，但我也讓他知道我會在那裡陪著他。

不知道為什麼，氣氛好像變了。雷克斯還是把臉埋在枕頭裡哭著，但他朝我這裡伸出了小手。我們一句話也沒說，我輕輕握住他的手。我內心非常感動。慢慢地，我的孩子回到我身邊，我們擁抱在一起。他經歷了他的悲傷，現在終於平靜下來了。

在這個動人的故事中，我們能看到雷克斯正在經歷表哥離開的失落。我們也能注意到他指著自己胸口的象徵意義，那是在告訴他媽媽「他的心在痛」。他的心可能真的受傷了。當我們體驗到生活中的喜悅以及我們在意之人的陪伴後，緊接而來的失落感可能會非常強烈，這種情況也會刺激大腦釋放乙醯膽鹼

（acetylcholine），進而讓孩子（和大人）變得易怒、充滿敵意。而當孩子受到安撫時，乙醯膽鹼就會回到正常濃度，孩子也會平靜下來。[4]有時候，我們只需要靜靜地坐在孩子身邊溫柔地說話，他們就會感到安全與被接住；但有時，我們的出現可能反而讓他們更加惱怒。在這些時刻，請不要害怕嘗試不同方式，無論是稍微退一步或靠近一點。只要你夠冷靜，就能像馬克那樣依靠直覺，用自己平穩又充滿愛的存在幫助孩子調節情緒。

當你越有信心、語氣越溫柔堅定，孩子越有可能跟隨你的引導。當孩子相信你能接住他們的情緒時，他們就願意展現最脆弱的自己。

大腦益智盒

「只要我們安全地感受到愛我們的人心中有我們，我們就能翻山越嶺、穿過沙漠，熬夜完成計畫。孩子和大人都願意為他們信任的人做任何事，他們也會珍視這些人的意見。」

——《心靈的傷，身體會記住》作者、精神科醫師　范德寇博士

不管要花幾個月，甚至幾年的時間（我們當中有多少成年人至今還在學習如何調節情緒與脾氣？），能夠在孩子傷心難過時

陪伴他，而不是把孩子送去房間獨自面對情緒，不但能幫助孩子復原，也能改善你們的親子關係。我們能夠也必須幫助孩子學會負責任地處理自己的怒氣，而這麼做也是在幫助我們自己。

當孩子願意在我們面前展現脆弱，願意把內心醜陋的一面顯露出來、而不是藏在心裡，神奇的事情就會發生。如果他們試圖把我們推開，卻發現我們仍然堅定地守在那個空間裡，保持冷靜、穩住局勢，就能趕走他們內心的恐懼。當你信守「所有情緒都受到歡迎」的承諾，信守在孩子「失控」時不會拋棄他們的承諾，我保證孩子會回饋給你那份千金也難買到的感激。

與麥克一起練習

如果不是親眼看到，我可能不會相信這一切。有一次，我不小心把威爾伯的最後一片披薩丟掉了。這件小事原本足以讓他大爆炸，而我也可能會立刻以「狒狒腦」回擊，罵他「別這麼無理取鬧！」沒想到威爾伯居然在快要吼出來時停住了，他深吸一口氣，說：「對不起我剛剛大聲了，爸爸。只是我真的很期待吃那片披薩。」

就像我們鼓勵威爾伯用語言說出他的情緒一樣，我們大人也要練習。如果孩子在情緒來襲時忘記了所有「規則」，請不要處罰或責備他們。畢竟我們大人也會失控，更何況是孩子。這需要

時間與練習，但只要你持續陪他們練習，他們的小貓頭鷹會變得更強壯，你看到的失控情緒也會越來越少。

要獲得真正的情緒調節能力需要時間，這需要我們投入感情、信念與耐心。在這段過程中，你也需要照顧好自己，特別是你也有過「自己都失控了」的經驗。第三章提到的各種練習，都能幫助你穩住自己。一定要先花時間打好自己的基礎，才能試著幫孩子打基礎。[5]如同創傷學大師萊文在《防止孩子受創》（*Trauma-Proofing Your Kids*）一書中所說的：「我們在治療成人個案時發現，兒時經驗中最可怕的往往不是事件本身，而是父母臉上恐慌的表情！[6]孩子會『讀取』照顧者的表情，做為判斷當下危機嚴重性的依據。」

智叟貓頭鷹的智慧

- 預防是處理孩子情緒困擾的關鍵。
- 請留意孩子進入「戰鬥或逃跑」狀態的徵兆，並迅速採取行動。
- 用同理心面對孩子，而不是升高衝突。
- 想像自己穿著一件厚厚的同理心防護衣，能幫助我們保持冷靜、給予安撫。
- 執行危機管理計畫，將能幫助你跟孩子像團隊一樣一起面對情緒風暴。
- 事先擬定策略不保證一切都能按計畫進行，最重要的仍是確保你和孩子的安全。只要你與孩子越常練習，你們就會越有

信心。

🎯 你跟孩子在家裡都應該要感到安全,若有需要,請務必尋求專業協助。

Chapter 12

關鍵對話──
什麼時候該說什麼話

看透孩子行為的背後,你將會看到內心的傷痛

有時候,知道「什麼時候該說什麼話、該怎麼說」真的非常有用!當孩子情緒激動或「行為失控」時,我們往往來不及好好思考該如何回應。以下提供一些可以隨時派上用場的話語範例和對話句型。

雖然這份清單不可能涵蓋所有情況,但希望這些建議能幫助你在需要時進行關鍵對話。你也可以思考一下,孩子曾對你說過哪些讓你難以回應的話,並事先寫下你希望自己能說出的回應。這麼做有助於你在關鍵時刻快速召喚出內在的「智慧貓頭鷹」。

複述

反映或重複孩子的話給他們聽,記得要用類似的口氣和音量。

舉例來說,當孩子說:「派對超爛的!」你可以這樣說:「哇!派對超爛的嗎?」

把句尾的音調稍微提高,然後停頓一下,讓孩子主動再多說

一些。必要時也可以補上一句:「你可以再多告訴我一點嗎?」

這樣的「反映式對話」有助於開啟溝通,幫助你了解那些隱藏在「刺耳話語」後的受傷或失落感。

把個人情緒放一邊

如果我們的孩子說出傷人的話,例如「我討厭你」,我們可以這樣回應:「我知道了!因為我不讓你做……,所以你超生氣,我猜你很失望。我懂你真的很想做……但我說不行。我知道這很難,媽媽很抱歉。媽媽很愛你,但有時候我還是得對你說不。」

你也能這樣回應:「噢!你心裡一定很難受,才會對我說這種話。我想知道,你是不是覺得要說出世界上最難聽的話,才能讓我知道你有多難過。告訴我你為什麼難過。我會在這裡聽你說。」

做開放式提問

封閉式問題只能以「是」或「不是」來回答,開放式問題則能引導出更豐富的回應。例如,與其問:「你喜歡香蕉嗎?」不如改問:「你喜歡哪一種水果?」

「你喜歡學校嗎?」,可以改成:「你覺得學校怎麼樣?」「納森是你最好的朋友嗎?」,可以換成:「你想聊聊你在學校的朋友嗎?」

與其問:「今天是不是不太順利?」不如問:「你今天過得如何?」或「今天最好玩的事是什麼?」

我們接孩子放學時,若是問孩子「今天好嗎?」,卻只得到簡短的「好」或「不好」,很可能會讓人覺得有點小挫折。這時試著換一種問法,會更容易打開對話的大門。

我可能會問:「今天最棒的事是什麼?」如果我看到孩子皺起眉頭,感覺不太對勁,我可能會試著問:「今天最糟的事是什麼?」或是「今天有碰到什麼你不喜歡的事嗎?」

不要預設立場

與其問:「爸爸不在這裡,你是不是感到難過?」你可以改問:「爸爸不在這裡,你有什麼感覺?」或是:「沒有爸爸在身邊,感覺怎麼樣?」

又例如,與其問:「她那樣做你是不是很生氣?」你可以改成:「她那樣做的時候,你有什麼感覺?」

如果孩子正在面對失落或哀傷,你可以試著發射幾支實情之箭來探探情況,但務必要溫柔地進行。

「爸爸不在的時候,我們會覺得好難過。」或是:「她那樣做的時候,你一定覺得非常生氣吧?」

「是啊,你很傷心。媽媽也因為外婆離開而感到難過。媽媽有時候也會哭。」

或是:「我也覺得難過。會有這種感覺很正常。你可以告訴爸爸╱媽媽你什麼時候覺得傷心,我們可以坐在這裡,一起把難

過的感覺發洩出來。」

「我明白,親愛的。會想他是很正常的。我也很想他。」

「因為他過世了,我們再也見不到他了,所以會難過。這真的讓人很傷心。」

「你的難過在哪兒呢?我的難過就坐在這裡。可以讓我看看你的難過在哪裡嗎?」

「我們一起跟你的難過坐一會兒吧。如果你的難過會說話,它會說什麼?」

「跟我們坐在一起的是很強烈的感覺,不過別擔心,我在這裡。我會一直在這裡,我們可以跟難過坐在一起。」

「我們來看看有沒有辦法把難過發洩出來。我們只要靜靜地坐著,感受它,感覺它在我們身體的哪個地方,就能安全地把它發洩出來。我們可以一起這樣做。」

避免問為什麼

千萬不要直接跳到「你為什麼要這麼做?!」這種問題。你可以換個方式說:「噢,親愛的,你心裡好像有很多很強烈的感受。要不要跺跺腳讓我知道你現在的感覺,或是用一種顏色告訴我你現在的感受好嗎?」

先別急著解決問題

當孩子和我們分享一個問題時,務必留意自己是否「立刻就

提出解決方法」。重點是**先同理**。想一想，如果你對朋友或伴侶敞開心扉，分享自己的脆弱，他們卻馬上開始給建議、出主意（即便是出於好意），而不是先認真傾聽、真正理解你的感受，你會有什麼感覺？再想想，如果你分享了一些困擾，而朋友或伴侶的回應是這樣的，那會有多大的幫助：

「喔，那聽起來真的很不容易。我很難過你經歷了這麼困難的事。」

或是：「天啊，那一定很棘手。你現在感覺怎麼樣呢？……」

然後，我們可以不要說「你不應該做X或Y嗎……？」，或「如果是我，我會……」，而是說「你當下覺得你想怎麼做？」，或「你覺得怎麼做會有幫助呢？」。

在同理之後，我們才能開始提出一些可行的解決辦法。重點不是要給孩子「唯一正確的解方」，而是邀請他們自己選擇一個對他們來說合適的方式。

你可以輕輕地提出疑問，像是：「你覺得如果你試著這麼做……，會發生什麼事呢？」、「你希望事情最後變成怎樣呢？」、「你覺得如果你跟他們談談這件事，會怎麼樣呢？」

如果這個問題對孩子來說太難獨自解決，你可以提出一些可能的選項，但重點仍是讓孩子自己選擇怎麼做。

我可能會這樣說出我的想法：「哇，這聽起來真的很難。我可以理解為什麼你會擔心。我在想，我怎麼做可能會幫得上忙？」

接著說：「我猜我們可能有幾個選擇。你可以自己和他們談談，或者你可以讓我幫忙，或是找學校裡的老師聊聊。看看你覺

得哪個選項比較適合？」

「我在想」

使用「我在想是不是⋯⋯」、「我想知道是什麼⋯⋯」、「我在想怎麼會⋯⋯」這類句型，能讓我們發出幾支實情之箭，看看有沒有射中核心，同時也替我們爭取一點思考空間，特別是當孩子說了一些讓我們不太確定該如何回應的話時。

例如，當孩子說：「我不喜歡學校。」你可以這樣回應：「嗯⋯⋯我在想，是學校裡哪件事讓你不喜歡嗎？」

盡可能順著孩子的話說下去，保持好奇的態度，善用停頓，這樣孩子通常會在感覺安全時，自己補上那個「空白」，告訴你更多。

這類「我在想⋯⋯」的句型，也是第八章中介紹過的有力對話工具。

用「部分」來表示

不要說孩子整個人都在生氣或難過，我們可以說他們「有一部分」在生氣或難過。這麼做能幫助孩子理解，他們不是完全被這種感覺吞沒，並且正確看待自己的情緒。

你可以這樣引導：「我在想，是不是有一部分的你感到難過（或生氣、擔心）？」

這麼做也能幫助孩子將那個「部分」具象化並分離出來，甚

至在你的陪伴下開始和它對話。這麼做也能讓孩子好奇，為什麼「這個部分」會難過、生氣或感覺糟透了。

所以你可以這樣引導：

「我在想，你在生氣的那個部分，是不是能寫下它到底在氣什麼？」

「我在想，你在難過的那個部分，能不能讓我知道它哪裡受傷？」

「我在想，你在擔心的那個部分，能不能告訴泰迪熊它在擔心什麼？」

如果孩子在學校做了一些事，結果被老師責備，你也可以用這個方式來談這件事，避免讓孩子覺得自己整個人都很糟：「我在想，發生這件事時，有一部分的你是不是覺得很難堪／丟臉／糟糕／愧疚？」

當你替孩子點出這些負面情緒時，你只是在讓他們知道有這些感覺沒關係，而且我們也能放下這些感覺。你不是在批判他們，只是在同理他們某一部分的感受，而且他們也能跟你談談。

別把你的感受強加在孩子身上

我們常會不小心把自己的感受強加在孩子身上。舉例來說，如果孩子說他們不喜歡學校，而我們小時候也不喜歡學校，我們可能就會說：「學校讓你不開心嗎？」但情況有可能是孩子大部分時候都喜歡學校，只是不喜歡明天的拼字考試而已！

認同並接納孩子的情緒

向孩子表達你想了解他們對事物的感受,是讓他們冷靜下來最快也最有效的方法。

你可以這麼說:「小威,我看得出來你現在氣炸了。你是想要我陪你玩嗎?」

然後停頓一下,讓孩子能發洩一下怒氣:「對!我想要你過來一起玩,可是你都沒有!」

記住,我們不一定要同意孩子的要求,但我們要尊重他們因此產生的感受。

然後我們可以安撫他們:「我很抱歉讓你這麼生氣。爸爸忙著做晚餐,沒辦法跟你玩。我很抱歉我太忙沒空陪你玩,讓你這麼難受。我真的很喜歡跟你在一起,但我現在要做晚餐,要不我們在上床睡覺前,再來玩個特別的遊戲好嗎?!」

不要擅自解讀孩子的畫

當孩子從學校帶回畫作或勞作,或是跟你一起畫畫或做勞作時,不要急著去解讀!

我們可以用「讓我看看你的畫!可以跟我說說你在畫什麼嗎?」,來取代「噢!那個人看起來很難過!」,或「這是我嗎?」,或「你用了好多黑色,你不開心嗎?」。

你可以說出大致的觀察發現:「所以你在這裡塗了藍色,在那裡塗了橘色⋯⋯」這是在向孩子表示,你真的有注意到他們畫

了什麼。

若畫中有人物，你還可以問：「跟我聊聊這個人〔或狗或怪獸〕吧。」你甚至可以好奇地問：「他們感覺怎麼樣？」

請孩子為他們的畫作命名，會是個很有意義的活動。這能協助他們為自己的創作畫下「圓滿的句點」，也能提供有趣的見解。不過我要再次強調，你無須去解讀！

說話精簡

如果孩子的蜥蜴在嘶嘶叫且狒狒在亂跳，請記住，這時他們的「思考腦」是插不上手的。這就好像在電腦硬碟嗡嗡運作時，硬要輸入指令一樣。

因此，請記得：講話要簡單明瞭。句子要短。聲音要溫柔。只有在我們的聲音帶有暖意，才能與孩子的邊緣系統（掌管情緒的大腦區域）建立連結，傳遞我們的關懷同理與好奇心。

避免陷入情緒陷阱

7歲的麥克斯拒絕寫功課。他在作業紙上亂畫一通，從桌旁站起來衝進庭院裡。他跟媽媽說：「我不管！我就是不要寫功課。」

麥克斯的媽媽工作了一整天，現在又要盯兒子的功課，狒狒腦全面上線，跟在麥克斯身後大吼：「回來！你現在就給我寫功課！」

最後,她使出殺手鐧:「那我只好打電話給你老師,說你都不寫功課!」

麥克斯的媽媽感到徹底挫敗又不被尊重,於是問我:「我還能怎麼做?」

首先,我要提醒父母,為了做功課這件事與這個年紀的孩子槓上,很容易讓孩子對學校與學習產生負面聯想,長遠來說非常不利於教養。在這個年紀需要家長盯的功課,常給辛苦工作的父母帶來不必要的壓力,並造成親子間的對立。與其如此,不如每天晚上一起玩10分鐘,效果還比較好。

當我們發現自己快要掉進情緒陷阱時,可以提醒自己保持玩心,發揮創意並運用好奇心。

麥克斯的媽媽可以先讓自己冷靜一下,再拿起兒子亂畫的作業紙說:「嗯,看起來麥克斯畫了一隻瘋狂的章魚耶,牠看起來超級生氣的!」她可以假裝自己是那隻章魚說:「我氣炸了!我討厭寫功課!」

現在,麥克斯的媽媽能跟「章魚」對話了。

「噢,天哪,章魚先生,我很抱歉。你看起來好像卡住了。等我一下,我去找麥克斯,他也許可以幫幫忙。」

媽媽現在轉向麥克斯說:「麥克斯,可以麻煩你幫幫忙嗎?章魚先生很不開心。我們要怎麼幫牠?」

麥克斯可能還是氣呼呼地看著媽媽。媽媽這時可以用充滿同理心與關懷的語氣說:「小寶貝,你還好吧?你看起來也有點生氣。要不要過來跟我一起坐?」

你可以提醒孩子,你的工作就是確保他們安全,並且在他們

需要的時候聽他們說話，還有他們可以跟你一起在安靜的角落坐一下。坐在孩子身旁，讓孩子感受到你就在他身邊、你想幫他，他們會因此感到安心，這麼做遠比任何處罰或威脅都來得有用。

當你們一起坐在「安全空間」時，你可以想想孩子的行為或許不是「故意唱反調」，而是他真的在功課上遇到了困難，或在學校發生了不愉快的事。亂塗鴉可能正是在表達他內心的挫折與傷心。

這時媽媽可以說：「麥克斯，我在想，你畫的東西是不是就代表你寫功課時的感覺？」

媽媽能指著自己的胸口說：「你是不是覺得自己有點挫折？」

「我知道我覺得挫折的時候，也會超想把東西撕碎，因為那種感覺會讓我覺得很糟，我有時甚至還會想尖叫，把那種『糟糕的感覺』全部發洩出來。」

她也可以用「我想知道」的問句來引導孩子：「我想知道，有沒有別的事讓你不開心？」或「我想知道，你可不可幫我搞懂這是怎麼一回事？」

做這類對話需要練習，需要花時間和耐心，而且我們也無法每次都做得很好。我知道，當孩子跟你說不要的時候，我們的直覺反應絕對不會是拿出同理心！但如果我們能預先想好這些「情緒陷阱」的應對策略，將有助於你把重要的十大心法牢記心中，也能幫助你用關懷同理及好奇心來回應孩子，而不是讓你的狒狒掌控大局。

大人也要懂得道歉

所有人都會犯錯,每次犯錯都是我們學習的好機會。我們可以向孩子示範,當他們犯錯時,我們會希望他們怎麼做。

「我很抱歉,我想我剛剛說的話,讓你更不開心了。我們能不能一起看看什麼方法會有幫助?這樣我下次就知道要怎麼做了。」

孩子在氣頭上的時候,這樣的回應會比你說「好啊,隨便你!」,或「去房間待到你冷靜下來為止!」更有幫助。

承認我們也是人,也會犯錯,並為自己的錯誤道歉,能讓孩子知道犯錯是人之常情,他們也能夠犯錯。

如果我們害怕道歉就會喪失「權威」,那表示我們的權威一開始就不夠穩固。我希望父母能有「掌控感」,而不是「控制欲」,這兩者有天壤之別。我們可以透過「先建立連結」來獲得真正的掌控感。當你熟練了十大教養心法,你就會像一位真的懂得掌舵的船長,這樣你才有辦法穩住「瘋狂擺動的船帆」。

孩子通常都會想跟我們一起合作。他們知道自己需要我們,沒人關照的生活是很可怕的!所以,如果你的孩子跟你「作對」,第一步不該是施以更強高強度的控制,而是帶著好奇心,去理解孩子是否正在經歷某種斷裂。先連結再管教,並且親身示範你想要看到的行為。我們要能夠對孩子及自己承認,我們跟孩子一樣也會犯錯。

對孩子來說,跟你並肩作戰的感覺,一定比他們自己孤軍奮戰要好得多了。

理解與陪伴

孩子有時會說出「我討厭自己」、「我不喜歡自己」、「我剛剛大吼好糟糕」、「你罵我讓我很難過」這樣的話。身為父母，當我們聽到這類令人難過的話時，往往會下意識地進入以下4種反應模式：辯解、忽視、否定、貶低。這些反應並非出於惡意，而是我們急於想幫孩子脫離痛苦。

但如果我們真心想幫助孩子走出這些沉重的感受，就需學會「直面痛苦」，並且調頻進入孩子的情緒，而不是轉身離開。唯有協助孩子好好傷心，放下那些感受，他們的痛苦才能真正得到釋放。

如果你覺得自己能承受，情緒不會被觸發，不妨試著說出以下這些句子：

- 我不值得被愛。
- 我好糟糕。
- 我不喜歡自己。
- 我很糟。
- 沒有人喜歡我。
- 我討厭自己。

這些話語確實令人心痛。但遺憾的是，許多孩子的心中幾乎每天都會浮現類似的念頭。事實上，可以說大多數孩子在成長中的某個階段，都會經歷這些負面自我評價。那麼，你會希望孩子將這些痛苦壓抑在心中，還是願意與我們分享，然後學會如何放

下呢？

當孩子說出讓我們心疼的話時，其實是在向我們敞開內心。他們之所以這麼做，是因為他們信任我們，覺得與我們有連結，希望我們幫忙。忽略、否定、貶低或辯解無濟於事；真正能幫上忙的，是你的「同理心」。

對許多父母來說，要做到這一點不容易，特別是當我們自己從未被允許正視並釋放內在的痛苦時。我過去在接受心理治療初期，學會了如何與那些長期壓抑的感受連結——透過想像我內在有一個小女孩，負責承擔了我所有的痛苦。這種做法基本上就是精神分析學者克萊恩所說的心理上的「分裂」（splitting），現代也稱為「內在家庭系統」（Internal Family Systems, IFS）。

那麼，當孩子對我們說「我覺得自己很糟糕」時，我們到底該如何回應呢？

首先，先順著孩子的話說「你覺得自己很糟糕嗎？」，表示你聽到了，也準備好聽孩子繼續表達。

如果孩子只是看著你，請記住，他們的大腦正在審視你的表情及身體，來判斷你的反應。你在那一刻傳達給他們什麼？你在批評他們嗎？你覺得他們很傻嗎？你真的認為他們很糟糕嗎？

所以，請記得保持你的臉部表情柔和，帶著真誠的關懷，語調溫暖，注意你的肢體語言，避免觸發孩子的「獅獅腦」。孩子可能從未像此刻一樣展現出脆弱的一面。如果他認為你會忽視或否定他，他心裡那扇好不容易打開的門，很可能就會再次關上了。

如果你的孩子好像卡住了，說不出話來，你可以接著說：「你心裡一定覺得很沉重。你能和我分享這件事真的很勇敢。是

發生了什麼事情讓你覺得很糟嗎？」

能夠停留在「糟糕」這個感受上，並將它說出來，會讓你的孩子知道你並不害怕面對它，且能夠不帶任何批判地去談這樣的情緒。當你這麼做時，曾為此感到羞愧的孩子可能會感到如釋重負。你可以說：「如果你覺得很難受，我很難過。或許你可以告訴我，為何有一部分的你覺得很糟，或是畫在紙上給我看也行。好嗎？」你可以畫個代表孩子的火柴人，在它上面加個對話框，並寫上孩子剛剛說的話：「我很糟糕。」

看著紙上的字，讓自己對這個痛苦陳述感同身受，能幫助你進一步引導對話。

現在，你可以針對紙上的圖像開啟對話。這麼做能減輕孩子的壓力，也讓我們能用更象徵性的方式交談，但你其實仍然是在跟孩子對話。

「喔，艾丹，我真的很難過。你有這樣的感受一定很痛苦。你能告訴我，是不是有什麼事情讓你這麼想？你能幫我了解這種想法是從哪來的嗎？或是發生了什麼事，才讓你有這種想法？」

這時孩子可能會脫口而出，或低聲咕噥一句：「因為昨天我對妹妹很壞，你就罵我。」

「所以昨天我罵你時，你不只覺得難過，還覺得自己很糟糕。因為我罵了你，你就覺得我會認為你很糟糕嗎？」

留意孩子的反應。如果你說中了，孩子會點頭。你可能也會看到孩子流眼淚。眼淚讓我們知道實情之箭正中紅心。

「小寶貝，你心裡真的藏了好大、好大的事。我很抱歉。我當時說的是你的行為，而不是你這個人。這兩者是有很人差別

的。我們當然要照顧妹妹,因為我們關心她。但我也關心你,如果我說了什麼讓你難過的話,你可以告訴我。我不希望你因為昨天的一個行為,就覺得自己很糟糕。我們可以改變自己的行為,這跟我們是什麼樣的人沒有關係,那就只是我們有時會有的反應,而我們都能做出改變。」

永遠記得**不要將孩子與他們的行為畫上等號**。

我們能這樣回答:

「我很抱歉,你昨天一定很難受。」

「我很抱歉,讓你以為是這樣。」

「我很愛你。世界上我最愛的就是你們了。(小心別在這裡說你更愛哪個孩子!)我永遠不希望你們得承受那些痛苦的感受。我很高興你願意告訴我。謝謝你。媽媽有時候也會犯錯。現在你告訴我昨天的事,我真的能明白,也許你只是想和朋友們玩,不想讓妹妹待在旁邊。」

當孩子聽到你真的「理解」他們的感受時,你會看到孩子眼中閃爍著認同的光芒!

在這些時候,你能跟孩子真正建立起連結。孩子可能會像打開了話匣子一樣,脫口說出更多他們自己「腦補的故事」。

「我丟球打破花瓶時被你罵了!」

「你跟帕美拉姑媽說我很『不乖』!」

「老師說我很懶惰!」

還有,還有……當你看清這些痛點,你就能幫助孩子找到釋放的出口。

選擇與後果

我們可以透過給孩子選擇,賦予他們更多的自主權:「你想現在收拾房間,還是等一下再收?」或「你想現在去洗澡,還是吃完晚飯後再洗?」

如果我請孩子幫忙收拾廚房時,他們沒在聽,我會停下來提醒他們:「孩子們,我今天睡前想跟你們來一場閱讀馬拉松,但是如果我們不一起合作,我得一個人收拾廚房,那我就沒時間陪你們了。」這時候,孩子就能動動他們的「小貓頭鷹腦」想一想,然後做出選擇。

如果孩子在氣頭上弄壞了東西,我們可以鼓勵孩子想想該如何為自己的行為「買單」,像是存錢買個新的,或是幫你修好那個東西。

千萬不要陷入選擇與後果的角力之中,你要像智叟貓頭鷹一樣與小貓頭鷹對話,一起評估所有的選項,然後看看這些行為可能會帶來什麼樣的後果。這麼做能幫助孩子學會自我調節,獨立解決問題。

最後請記住,**說話要有智慧,記得多讚美,不要批評!**

用說故事的方式來說理

當孩子釋放完強烈的感受後,你可以用說故事的方式,幫助他們回顧當時的情境,並告訴他們,如果改用「更好的方式」,會得到什麼樣的結果。

例如：「你那時候很想吃餅乾，我說不行。你覺得很難過、很失望，也氣炸了。這些感受都很強烈。我有看到，也有聽到你有多生氣。但是你做得很好。你用說的，也記得不能打人，真的很棒。每個人有時候都需要好好哭一場。現在你覺得好多了。謝謝你願意用安全的方式讓我知道你的感受。」

很多年幼的孩子其實很喜歡聽這種「他們生氣又哭了，後來又好了」的故事。只要故事是充滿同理，而不是說教，這樣的回顧可以幫助他們更了解自己，也感受到「我被看見、被理解了」。

Part 3
實戰演練時刻

　　現在，我們不在孩子身邊的時間變多了。在第三部中，我們來看看孩子在這些時候會踏入哪些大型競技場。我們會一起探索如何有效地幫助他們，並建立起對心理健康非常重要的東西：健康的自我意識。

　　本書無法鉅細靡遺地講完孩子在小學階段會遇到的每一種情況，所以我會把重點放在最常讓我們一個頭兩個大的地方。

Chapter 13
上學相關問題

「羞愧是最深層的『負面情緒』,是我們最想逃避的一種感受。」
——《當身體說不》(*When the Body Says No*)作者麥特博士[1]

5歲的喬伊拒絕上學,他的媽媽克絲汀透過IG連絡到我。「他老是喊肚子痛。我們好說歹說,搞到自己都快崩潰了。我跟老公很擔心要是我們現在就投降,以後是不是就沒完沒了了。」克絲汀說她雖然討厭這麼做,但還是使出渾身解數威脅利誘孩子。(像是「校長要來罵人了!」)她也承認,這麼做只會讓兒子更火大,最後在她與先生試圖把孩子哄出門時,就引爆了激烈的親子衝突。

克絲汀表示,醫生說喬伊的身體好得很。於是我請她換個角度,用5歲小孩的大腦來想想兒子的行為。如果喬伊不是「故意搗蛋」呢?如果只是他的狒狒嚇壞了呢?那又是什麼把他的狒狒嚇成這樣?一直以來,克絲汀都把喬伊的行為當做「不乖」來處理,我建議她不如試試我的「台階安撫法」。那天晚上睡覺前,克絲汀坐到最上層的台階,讓喬伊窩在她膝蓋上,前後地搖啊搖,然後她問道:「親愛的喬伊,看到你這麼不想上學,媽媽好心疼。你可以告訴我,是什麼讓你這麼難受嗎?」

克絲汀跟我說了接下來發生的事。

「我輕輕地抱著他搖啊搖。我又問了喬伊一次,他是不是能告訴我,為什麼他這麼討厭上學。結果他馬上說有另一個小孩一直打他!他開始大哭,哭到停不下來。他肯定把這個恐懼和傷痛藏在心裡好久好久了,想到他獨自一人背負著這麼沉重的心事,我心都碎了。我與先生一直認為他『不乖』,用那種態度對待他,但他是因為害怕回教室時又會被打才這樣。」

接下來克絲汀運用了SAS技巧,她先說出她看到的:「噢不,喬伊。那一定讓你覺得很難受、很害怕。別人打你是不對的!」接著,她認同他的難受:「難怪你不想上學!」克絲汀告訴我,她還為自己沒能早點理解喬伊,鄭重向他道歉。然後她安撫他:「沒事的。你能告訴我們,真的很勇敢。記住,保護你的安全是爸爸媽媽的責任。我們會幫你解決這個問題。沒有人可以在學校傷害人,我們會幫你的。」

克絲汀告訴我,喬伊窩進她懷裡,感覺好像卸下了重擔。我們協助孩子卸下情緒負擔時,孩子也會放鬆下來。克絲汀說喬伊停止哭泣後,轉頭對她說:「沒關係的,媽咪。這就好像野外有頭公牛一樣,我知道自己得學著不去管牠。」

聽到兒子提出這樣的比喻,克絲汀驚訝到說不出話來。雖然只有5歲,但孩子確實比我們想像的更敏銳,他們常常會用複雜的方式,思考自己當下正在經歷的一切。我也在想,對一個小男孩來說,如果他覺得自己每天都得面對一頭「狂暴的公牛」,那壓力該有多大。難怪他這麼難踏出家門!

克絲汀跟校方開了會,在兩個男孩都同意處理方式的情況下,問題很順利地解決了。

孩子的行為都是有原因的，當我們能解讀孩子的行為密碼，我們的工作就會輕鬆許多。

不管你的孩子是剛上小學，還是準備上中學，或是介於兩者之間，在學校的每一天都充滿了各種可能觸發他們壓力反應的狀況。可能是老師在課堂上對他們又吼又罵，或是跟其他孩子起了衝突（就像可憐的喬伊那樣），還是任何可能讓這年紀的孩子激動起來的問題。當孩子感覺到自己被理解時，他們大腦裡跟獎勵、正向感受、社交連結相關的區域活動就會增加[2]，這不僅能改善你們的關係，最後也能改善他們的行為。

分離焦慮

如果孩子與你分開時有分離焦慮，你第一個要問的問題應該是：為什麼？是孩子沒有安全感嗎？在處理這些問題的時候，你可能會想起孩子第一次跟你分開時也有過一段過渡期，那可能是在幼兒園的時候。別忘了，狒狒會累積負面記憶，而且跟正面的記憶比起來，負面記憶會更快被標記與記住。所以在孩子開始上小學時，任何過去的難受經驗，都有可能被觸發及投射出來。請拿出你的好奇心及關懷，陪孩子一同坐下，溫柔地問：「我想知道，有一部分的你是不是還記得以前跟我分開時那種難受的感覺？」

小心翼翼且溫柔地去探究這些難受的感覺，是化解它們最萬無一失的方式。記住你現在手上有的所有工具。你可以請孩子告訴你，他們在校門口要跟你分開時，他們的身體有什麼感受，如果那種感受會說話，它會說什麼？**分離焦慮不是軟弱的象徵，單**

純只是孩子腦部表達出沒有安全感的徵兆。

　　解決分離焦慮需要時間。這件事沒有捷徑，但確保你們有強大連結，保持順暢的溝通管道，就比較能夠協助孩子一步步建立起韌性與自信心，而不是眼睜睜看著他們被迫獨自應付焦慮。還是一樣的老話，不要害怕求助，無論是找學校或是支持團體，還是連絡兒童治療師或輔導老師。你與孩子能獲得的協助越多，就能越快解決問題。

　　你可能會聽到這樣的建議：「別管孩子，他們一下子就好了！」請你努力拋開這些雖是出於好意，但很遺憾的卻是認知不足的建議。我們已經知道孩子害怕時，他們的大腦與身體會湧入大量的壓力荷爾蒙。我們也知道，降低壓力荷爾蒙最好的方法之一，就是跟一個能夠提供情緒支持的大人在一起。如果孩子信任的老師在場，老師也有時間了解情況，並且能用一些安撫技巧，確保孩子能平順地度過這段時間，那就太棒了。如果不行的話，還有個方法值得你試試，請學校允許你陪孩子到學校的某個角落，在那裡幫他調節情緒，直到他有信心獨自走進去為止。

　　我知道，家長常常會焦慮地想：「要是我今天這麼做，他以後是不是每天都要我這樣做。」但根據你學到的所有知識，你知道大腦不是這樣運作的！當孩子感覺良好時，他們就「沒有問題」了。這代表我們要做的就是讓他們放心，讓他們知道自己是安全的。**一旦他們有安全感，焦慮（通常還有搗蛋行為）一般都會消失。**

　　研究顯示，孩子從幼兒園過渡到小學時，會體驗到壓力賀爾蒙皮脂醇增加，而皮脂醇的濃度要恢復正常基準，需要3至6個

月的時間。³這就是為什麼我想在每間幼兒園、學校接待處，以及一年級教室門口外，都放張「連結長椅」。讓孩子能在進學校之前與家長在這裡坐一會兒，離上學人潮遠一點，少點壓力及他人的眼光。家長與孩子能在這裡，用用我在第三、四、五章中提到的任何身體活動一起來調節情緒。不是每個孩子都需要，但對於處在焦慮中的孩子來說，有個他們能跟父母一起唱歌、開合跳的安全地方，用一些有創意又好玩的方法，來釋放他們那隻嘶嘶叫的蜥蜴和上竄下跳的狒狒的能量，絕對會有很大的幫助。沒錯，我們需要在一開始投入額外的時間，但從現在就開始投入時間幫孩子冷靜下來，都比讓孩子在跟我們分開時總是充滿焦慮，搞得一整天腎上腺素和皮質醇都在體內狂飆來得好。⁴

對難以調節強烈情緒，或是有創傷經驗的孩子來說，這一點尤其重要。有個老師告訴我，一個在跟寄養家長分開時總會在校門口製造「混亂」的小女孩，只要讓她在操場攀爬架上玩個5分鐘的障礙訓練，就能冷靜下來並變得專注。

只需要5分鐘，就能讓在過渡期煎熬的孩子，更有自信也更為平靜地迎接一天的校園生活。

給家長面對分離焦慮的自我照顧指引

身為家長，我們會想知道，為什麼我們在校門口得費盡九牛二虎之力，才能把孩子「哄」進學校，但後來老師卻告訴我們「他進教室後一切都很好」。如果老師既溫暖又會照顧人，也了解依附關係的心理意義，那真是太棒了！因為孩子在學校建立了新的連結，所以他們真的「感覺很好」，那你就能放心了。但你要

跟孩子確認一下,因為我們也知道,孩子有時候其實「心裡」還藏著壓力反應,卻刻意掩飾那種「不好的感覺」。如果是這樣,你就得去處理這個問題了。

有些學校會短期在入口教室裝設攝影機,讓在校門口大廳的家長能夠安心地坐著,看到孩子安頓下來、開開心心的樣子。分離是件大事,當每個人都感受到被包容,自己的感受也都能被重視和傾聽時,就能對所有人有所助益!

我們知道,在這種時候,孩子會特別注意我們的身體語言、臉部表情和語氣。你的神經系統會直接跟孩子的神經系統交流,所以最好注意一下我們自己小時候是不是也有分離焦慮,因為壓力是會傳染的。跟孩子的新老師或會在孩子教室擔任關鍵角色的助教會談,或是在門口與他們多聊個5分鐘,都會有幫助。如果孩子看到你跟老師能輕鬆交談,他們的腦部及神經系統就會標記:「爸爸/媽媽認為這個人很安全,所以我跟他們在一起也很安全。」

跟孩子一起努力,認同孩子的不安並安撫孩子,讓他知道在生活改變及過渡期時會覺得難熬很正常。記得發揮你的創意,想些有趣的解決辦法,讓孩子覺得跟你有連結,協助他們度過與你分開的時間。

惦記著孩子的猜猜遊戲[5]

來自「你的空間治療」(Your Space Therapies)的兒童心理治療師艾瑪・康納(Emma Connor),為有分離焦慮的孩子設計了一個可愛的遊戲「惦記著孩子的猜猜遊戲」,玩法如下:

請孩子在一天當中選定一個時間，讓你在那個時候專心想想他們當下在做什麼（你可以開玩笑地做出非常專注的表情！）。

你在那個時間點，畫下你覺得孩子當下正在做的事，然後把畫摺好，在放學接孩子時帶過去。

在接孩子時把畫給孩子看，並看看你猜對了沒有，讓孩子為這個「隆重的答案揭曉時刻」感到興奮。放學接人時顯然是孩子情緒容易爆發的時刻，這個遊戲能在這個時候提供美好的連結，也為圓滿的親子重聚增添了趣味性。

你很可能會猜錯答案！但是，猜對猜錯根本不重要，最重要的是讓孩子知道你一整天都惦記著他！你可以對孩子說，下次你會更用心猜。

孩子可以把這些畫作（不管猜對或猜錯）集結成冊收藏起來，記錄下所有被大人惦記在心的時刻。這會是一份充滿創意的紀錄。

有創意的連結

威爾伯上小學的第一週，我編了一首歌，讓我們在上學前可以一起唱：「我愛你，你也愛我，3點鐘我就會來接你啦！」年幼的孩子常常只需要知道我們會回來接他們！記住，他們的狒狒沒戴手錶，在沒有準確的時間觀念下，5分鐘對他們來說可能跟5小時（或5天）一樣長。

連結手鍊

我知道有學校會提供學童「連結手鍊」，讓孩子戴著上學。

每天早上，爸爸媽媽可以親一下手鍊，把愛「儲值」進去。這樣孩子在學校裡需要爸爸或媽媽的愛來安撫時，就能將手鍊貼在臉頰旁。無論是上小學，還是大一點的孩子要上中學，只要你在頭幾個星期的過渡期中做對了，就能讓你吃到長期紅利。在孩子開始上學的頭一、兩個星期，請個假或是協調早點下班，親自去接孩子放學，能幫助你們建立穩固的親子關係。（不過，如果孩子已經11歲了，你最好先問過他的意願，不然可能會弄巧成拙喔！）

拒學

我們看到有越來越多的孩子拒學。前幾年新冠肺炎以及長期封城，造成了巨大衝擊。「上學不開心組織」（Not Fine in School）為有上學困難的學童家庭提供了資源。這個組織在2018年有100個成員；解封後，成員爆增至近40,000人。

該組織的網頁提到：「上學困難通常與未滿足的特殊教育需求及身心障礙有關（已確診或疑似），也與身心疾病、霸凌及施暴、創傷、課業壓力過重、過於嚴格的行為規範、缺乏歸屬感，以及不相關的課程有關」。[6]

心理治療師暨作家菲利帕・佩里（Philippa Perry）曾寫道：「當前的英國教育系統似乎以為問題出自個別學生，卻沒有去思考，部分問題可能出自學校環境，還有那些對學生無益的政府政策。」[7]她接著說：「一種方法不可能適用所有孩子。很多學校的環境並不適合我們的孩子——太吵、太嚇人、太令人不知所措，

畢竟資源太吃緊，學校能做的也有限。」

雖然我很想深入探討這個議題，但這超出了本書的範圍。我想說的是，如果孩子覺得學校環境很難熬，請不要覺得你和孩子得獨自面對這個困境。每個學校和地方政府都應該有所謂的「情緒性拒學」（Emotionally Based School Avoidance；EBSA）指南。情緒性拒學者泛指因為焦慮等負面感受，而導致上學困難的兒童與青少年。[8]

如果你的孩子拒學，背後一定有原因。當我們正視孩子的感受並尊重他們，我們就是在增加他們的安全感，讓他感受到自己更被理解。與學校合作，確認孩子能與信任的大人在一起，滿足孩子的安全感，非常重要。

霸凌

所有孩子在學校裡都應該要有安全感。每間學校都應該採取良好防範措施，避免孩子被霸凌或成為霸凌者。在這方面，你絕對可以也應該尋求孩子學校的協助，不過，將你的十大心法準備就緒，能幫助孩子增強自我意識，他們也會更有能力引導別的孩子。如果孩子遇上麻煩，請他們務必向你求助。

英國兒虐防治協會（NSPCC）將霸凌定義為：「會傷害其他人的行為，包括：辱罵、打人、推人、散布謠言、威脅或迫害他人。無論是在學校、家裡還是線上，處處都可能發生霸凌。霸凌的情形通常會持續一段很長的時間，並對孩子造成身心傷害。」

任何孩子都不該容忍霸凌。我們知道，有些孩子被霸凌後會產生創傷後壓力症候群。[9]如果孩子在學校沒有安全感（就像喬伊那樣），可能就會出現睡眠問題、飲食問題、肚子痛、頭痛，以及其他症狀，因而影響孩子的學習能力，最終嚴重損害他們的健康。

霸凌最常發生在下課期間，這也是孩子在校時最缺乏老師關注的時段。威爾伯曾對我說，有個孩子總是在操場打他。威爾伯說他「跟老師說了」，但老師只簡單回他「要跟同學好好相處」，也要「友善一些」。後來我跟老師約了會面，並真誠地問她：「如果有位家長到學校打你，然後你向校長報告這件事時，校長對你說要對家長『友善一些』，你會有什麼感受?!」

想了解我們的孩子，我們就必須設身處地為他們著想，不只因為他們年紀還小，也因為他們的腦部還未發育成熟。下課時間是最容易觸發孩子威脅系統（杏仁核，也就是狒狒腦）的時刻。

當霸凌或太過粗魯的行為發生時，只告誡孩子要「好好相處」是不夠的。如果學校及社會想認真處理霸凌行為，那麼在下課時間就必須有足夠的人力明確地看顧孩子。這些人員需受過衝突處理訓練，並且了解霸凌對孩子發展中的腦部會造成何種破壞性衝擊。[10]

如果孩子獨自承受遭到排擠的感受，他在情緒上會經歷更加強烈的痛苦。這可能會導致孩子將他們的羞愧和痛苦，投射到其他孩子身上，用他們受到傷害的方式去傷害別人。我們在心理治療中理解到，人們常常會因為自己無法承受，而去攻擊別人。這

> ### 大腦益智盒
>
> 「腦部體驗社交痛苦的神經網絡，與辨認身體疼痛的神經網絡相同。古語說棍棒與石頭會打斷我們的骨頭，但責罵不會傷到我們，這句話根本大錯特錯！社交挫折與遭到排擠的經驗會帶來羞愧感──我不夠好、我不被別人接受、我不可愛、我不重要。這些感受確實會影響我們肯定自我的能力，也就是會影響自尊的根本。很重要的是，當孩子出現被霸凌的跡象時，我們一定要認真看待，同理並認同他們感受的真實性，即使我們對事情的看法完全不同。有了社交支持，身體疼痛與情緒痛苦都會獲得改善，當有人以這樣的方式與我們連結時，我們對疼痛與痛苦的敏感度就會降低。」
>
> ──英國創傷知情學校（Trauma Informed Schools UK；TISUK）教育與國家策略主任（Director of Education and National Strategy） 朱莉‧哈米森（Julie Harmieson）

解釋了為什麼孩子容易選上那些看起來好欺負的人。哈米森說，這就是為什麼「在發生霸凌事件時，需同時協助受害者與施暴者，我們要去關懷他們經歷的情緒痛苦，因為這種痛苦會驅使你用自己受害的方式去傷害別人」。

如果你的孩子遭到霸凌，或你懷疑孩子可能是霸凌者，一定

要尋求協助與治療,接受這方面的輔導會很有幫助。英國兒虐防治協會指出:「若你發現孩子做了傷害別人的事,你可能會很生氣、很失望,或出現其他各種強烈的情緒,並且無法接受孩子的所作所為。但孩子與青少年不一定能意識到自己正在霸凌別人,或是知道自己的行為有多傷人。」[11]

及早協助孩子,能避免他們日後發展出不受歡迎且有害的行為特徵。值得注意的是,認為學校能提供幫助的學生,通常較願意向老師報告霸凌行為。[12]我們還必須考慮,**如果想避免孩子反覆出現攻擊性或控制性行為,我們必須先積極了解驅動霸凌行為的原因**。霸凌別人的孩子,有可能是家暴或其他暴力行為的受害者,或是自己也曾被別人霸凌。針對孩子的行為做出處罰,或許會帶來「短期效果」,但對孩子與他身旁的人來說,恐怕無法帶來良好的長期效果。[13]

大腦益智盒

「處罰能做的,最多就是當下壓制住行為。但研究顯示,麻煩之處在於:這些行為會不斷重複發生。」[14]

——耶魯大學兒童心理學暨精神科史特林教授暨耶魯教養中心主任　艾倫・卡茲汀博士(Dr Alan Kazdin)

手足之間也會出現霸凌行為，而且大人多半不知情。我們必須意識到，「受過創傷的孩子之後可能會去傷害別的孩子」。越來越多的研究顯示，手足霸凌加劇了霸凌的流行。小時候被霸凌，會產生終生的嚴重影響。這裡的重點在於解決與處理根本問題，而不是只跟孩子說「噢，他們只是在開玩笑啦！」，就想輕描淡寫地帶過霸凌行為。如果孩子被手足霸凌，而且他們還沒有一個夠力的「智叟貓頭鷹」能告訴你他們內心深處的情緒痛苦時，他們就有可能出現嚇人的狒狒狀態，接下來也可能會去霸凌其他孩子。[15]

我會在第十五章與你分享更多能建立健康手足關係的實用訣竅。

羞辱與孩子的自我認知

很遺憾地，許多小學還是會用羞辱孩子的方式來維持秩序。不讓孩子下課、在同學面前威脅孩子「不准下課」，或將孩子的照片貼在教室中的「秩序表」上，都被認為是「有效」的措施。但如果沒有適當引導，並協助孩子了解前因後果，反而會打擊孩子的自我意識，讓他們認為「我做了這件事，就是壞孩子」。

神經科學的研究顯示，孩子對羞辱感這種心理創傷的身體反應，跟身體真的受傷相同。如果我們想讓孩子擁有心理健康和幸福，用立基於實證的神經發展方式來取代這些規範，會是更明智的選擇。這些方式能協助父母、教職人員與孩子，並確保孩子在課堂中循規蹈矩並樂於學習。

> **大腦益智盒**
>
> 「羞辱感與愧疚感密切相關，但兩者有個關鍵的性質差異。[16]引發愧疚感不需要觀眾，別人知不知道都沒關係，對懷有愧疚感的人來說，那是他自己的判斷。但羞辱感不是。他人的反對或嘲笑，是造成羞愧恥辱感的必要條件。」
>
> —— 心理學家　艾克曼博士

面對別離

老師是孩子人生中非常重要的存在，認同老師對孩子的發展與幸福有重大價值及影響，是相當重要的事。如果孩子跟某位老師有著特別強烈的連結，孩子在學年末或學期末，可能就會經歷失落感。這一點請家長務必牢記在心。

我們得騰出空間包容這些情緒，並幫助孩子釋放因為看不到老師所產生的失落感。有些父母告訴我，聽到老師對孩子這麼重要，他們心裡有點不是滋味。但我希望，家長能夠坦然面對孩子不在我們身旁時，能從其他能給予他們情緒支持的大人那裡獲得溫暖這件事。**由於「說再見」會對孩子在未來人生中如何處理一段關係的結束造成影響，所以理解並接納結束的過程非常重要。**

如果你的孩子即將離開現在的學校，這裡有些建議能幫助孩子更容易面對分離。

首先，**如果孩子得轉校或你們要搬家，千萬不要突然告訴孩子，或等到最後一刻才說！**對我們大多數人來說，改變都不是一件容易的事。孩子有越多的時間去醞釀結束，通常就能越平順、越容易地度過那段過渡期。在心理療程中，我從跟孩子見面的第一天開始就在為這段治療關係的結束鋪陳！雖然對孩子而言，經歷別離可能很難受，但這是一個重要的過程。這最終將幫助孩子建立起韌性及自信，讓他們能向前邁進。如果我直到最後一週才讓孩子知道我們的治療關係要結束了，那麼結束所帶來的震撼可能會對孩子造成極大的傷害。

同樣的，不管是你知道有老師在學年結束時要離職，還是孩子的小學生涯即將畫下句點，你都可以開始跟孩子談談結束這件事。

無論孩子表現出（或沒有表現出）什麼樣的情緒，你都要為他們撐住這個空間，包容他們的眼淚，甚至是他們的沉默，讓他們知道你一直都會在這裡，與他們共度難關。

老師可能會請你的孩子畫一張畫或寫一些字，跟班上的同學說再見。那張畫可能會讓孩子帶回家，或是留在班上給同學做紀念。你也可以在家裡進行類似的活動。

你的孩子能將課堂作品集結成冊，這象徵他們所體驗的一切都值得關照與保護。

班上的其他孩子可能會準備特別的卡片送給你的孩子。在送卡片時，可以請班上其他同學說說他們欣賞及記得孩子的哪些

事。

　　就像大人會覺得改變不容易，孩子也是一樣。在十大心法（以及保持好奇心）的協助下，我們能引導孩子度過人生重大事件與轉折。

Chapter 14
螢幕使用時間、社交媒體與自我形象

「你的行動電話已經取代了你的相機、月曆、鬧鐘。別讓它把你的家人也取代了。」[1]

智慧型手機與螢幕使用時間

蘋果執行長賈伯斯在2007年iPhone的首度發表會上說:「每隔一段時間就會出現徹底改變一切的革命性產品。」他說得沒錯。智慧型手機已經徹底改變了我們思考、工作、玩樂與溝通的方式。但有趣的是,包括賈伯斯、Google執行長桑德爾‧皮查伊(Sundar Pichai)、前臉書高階主管查馬斯‧帕里哈皮蒂亞(Chamath Palihapitiya)與Snapchat執行長伊凡‧斯皮格爾(Evan Spiegel)在內的科技巨頭,其實都會限制自己孩子使用電子產品。[2]

根據《賈伯斯傳》作者華特‧艾薩克森(Walter Isaacson)的描述,賈伯斯家的晚餐是「在廚房的大長桌上享用,大家會一起討論書籍、歷史和各種話題。沒有人會拿出iPad或筆電。孩子看起來也沒有對任何電子產品成癮。」[3]

這裡用了「成癮」一詞相當有趣,因為智慧型手機和螢幕的設計就是要讓我們(及孩子)成癮的。我們透過智慧型手機看到

的內容,以及我們吸收資訊的方式,都會利用腦中由多巴胺所驅動的回饋迴路,讓我們沉迷其中。社群媒體網站跟吃角子老虎機甚至是古柯鹼一樣,都是專門設計來啟動腦中的同一個機制。[4]

像凱瑟琳・普萊斯(Catherine Price)所著《如何斷開手機》(*How to Break up with Your Phone*)這類書籍的暢銷,顯示出人們逐漸意識到,手機對我們的時間、睡眠、自我意識、注意力與心理健康有負面影響。然而,我們的孩子使用螢幕的時間卻在逐漸增加。新冠肺炎封城期間,孩子的螢幕使用時間更是顯著飆升。哈里斯民調公司(Harris Poll)在2020年所進行的一項調查顯示,在5至17歲孩子的父母中,每10位就有7位表示他們孩子的螢幕使用時間增加了,還有60%的父母覺得自己「別無選擇,只能讓孩子這麼做」。[5]一項全球分析報告指出,小學生的螢幕使用時間,平均一天增加1個小時20分。[6]

許多學校持續採用更多以科技及螢幕為主的教學模式,且校內校外都是如此。但這麼長的螢幕使用時間,到底會對孩子的大腦造成什麼影響,最終又會對他們的行為造成什麼影響呢?

美國國家衛生研究院有一項從2018年開始的指標性研究,其中的早期資料顯示,每天螢幕使用時間超過2小時的孩童,在語言與思考測驗中取得的分數較低。而每天螢幕使用時間超過7小時的一些孩童則出現了大腦皮質變薄的情況,那可是與關鍵思考及推理有關的大腦區域。[7]

說真的,現在已經有夠多的研究讓我們必須質疑,讓孩子長時間坐在螢幕前被動學習究竟是不是好事。卡洛塔・尼爾森(Carlota Nelson)是《腦的重要性》(*Brain Matters*)這部早期腦

部發育專題紀錄片的導演。她在為聯合國兒童基金會撰寫的文章中總結:「不像閱讀書籍能給孩子時間去消化文句、圖片及朗讀的聲音,持續不斷從螢幕接收影像和訊息,會影響孩子的專注時長和注意力。[8]」她還補充:「螢幕會削弱孩子控制衝動的能力,因為孩子需要經歷一定程度的無聊。無聊能教導孩子如何應付挫折與控制自己的衝動。如果年幼的孩子持續受到螢幕的刺激,他們會忘了如何自得其樂,或從別人那裡獲得歡樂。」

當我們重複做一件事的次數越多,我們的腦部就會產生更多相應的改變。神經心理學家唐納‧赫布(Donald Hebb)在1949年就說明了,腦中的神經路徑如何形成,如何經由重複而強化。他的名言就是:「一起活化的神經元,就會連結在一起。」

我父親是有照的倫敦計乘車司機。為了取得證照,他必須通過「知識」考核。你得開車穿梭在由25,000條街道組成的倫敦迷宮中許多年,才能把它們全都記下來。倫敦大學學院的神經科學家團隊在2000年發表了一項研究,他們追蹤了79位有志成為計乘車司機的人長達4年。研究結果顯示,成功取得證照的受測者,他們的海馬迴(狒狒的部分記憶庫)要比放棄取得證照的受測者來得大。波士頓大學的神經生物學家霍華德‧艾欽鮑姆(Howard Eichenbaum)看過這項研究後說:「這表示你能經由訓練,讓腦部產生重大改變。這可是件大事。[9]」

這確實是件大事。因為孩子的腦部尚未成熟,每天卻花越來越多的時間被動地盯著或滑動螢幕,所以我們真的應該好好思考這一點。

前Google設計倫理學家崔斯坦‧哈里斯(Tristan Harris)

後續與他人共同創立了人道科技中心（Centre for Humane Technology），致力於喚起人們意識到電子產品對我們的操控，我們甚至可以這麼說，智慧型手機成癮症是造成「人類降級」的原凶。[10]

就像我在第一章所說，我們做父母的得考量孩子腦部的發育情況，所以我們和學校真的有必要好好協助孩子。

當然，有越來越多人意識到智慧型手機和其他電子產品會讓人上癮及分心。如「安全的螢幕組織」（safescreens.org）這種由家長帶頭的團體，就希望所有跟智慧型手機相關的廣告都能像香菸廣告一樣，加上關於螢幕使用時間的健康警語。

然而，對於規範螢幕使用時間，最常見的一個爭論點就是，這應該是父母的責任，由父母來監督和限制孩子的使用時間。但你也知道，要控制螢幕時間真的不容易，特別是當你有一個快要從國小畢業的孩子，他會因為同學幾乎人手一機，而感受到強大的同儕壓力。還有，一些比較不擅長社交的孩子，或許能從網路上建立的同儕關係中得到慰藉。我也知道，確實有些遊戲及應用程式，無論從學術或娛樂的角度來看，都讓孩子很受用。

我們需要更多縱貫研究來釐清，對年紀稍大的孩子來說，到底怎樣才算是「健康」的螢幕使用時間。[11]

這部分由於目前還沒有專為小學生量身打造的專業正式指南，父母就只能自己決定怎樣對我們和孩子最好。我個人的經驗告訴我，因為孩子現在無論是做功課還是娛樂，都越來越常使用螢幕，要為此設下界限真的非常困難。

我們不是要完全否定電子產品的好處。當我們忙得不可開交

時，它們確實能幫上大忙，讓孩子看個半個小時適合他們年齡且又有趣的影片，能隨時為我們所有人提供急需的片刻安寧。當我們摯愛的人遠在天邊，或是對那些想在學校之外尋求連結的孩子來說，智慧型手機與其他電子產品就成了社交生活的救星。誰不喜歡在生日或過節時，跟世界各地的家人視訊呢？或是用手機直播，讓奶奶看到孩子在運動會上的精采表現？

那麼，我們到底能做些什麼，來確保孩子的螢幕使用時間是合理的呢？

對年紀稍大的孩子來說，跟他們聊聊研究發現可能會有幫助，向他們解釋這些電子產品並非單純無害的「好東西」，它們的演算設計就是為了讓人沉迷其中。我們還可以根據孩子的年紀，用他們能理解的方式，告訴他們腦部的知識，以及他們的腦部未來要健康成長需要什麼樣的刺激。你可以告訴孩子，他們所做的活動會如何改變他們的大腦。就像他們在學鋼琴及閱讀時，「少量且頻繁」的練習能讓他們表現出色，但如果他們只是被動地坐著盯著螢幕，他們的大腦就會變「懶」。如果孩子反駁你的話，你可以向他們解釋，就像保護他們身體安全是你的職責，確保他們的腦部能安全健康地發展也是你的職責。你可以讓他們知道，有研究顯示若我們一直「掛在線上」，手機會如何擾亂我們的記憶力和專注力，並降低我們對外在真實世界的參與感。

很多父母告訴我，他們不只很難拿走孩子的電子產品，甚至會因此和孩子發生衝突。有位母親甚至傳給我一段影片，是她5歲兒子在她威脅要拿走電子產品時「大發脾氣」的樣子。我們拿走孩子「想要的東西」時，孩子所表現出的痛苦是真實的。他們

不是因為「不乖」才大吼大叫。使用電子產品能讓腦部釋放出多巴胺，還會對衝動控制產生負面影響。了解這些知識，能幫助我們更客觀地看待現實，並對孩子多一份關懷。若孩子現在已經成癮，他們就需要我們協助他們「戒除」癮頭。身為醫師的凱瑟琳‧羅倫茲博士（Dr Kathryn Lorenz）表示：「如果孩子很難停止使用電子產品，這通常是個警訊，表示他們的腦部非常渴望這些產品，可能已經成癮了。[12]」

如果你過去讓孩子自由使用電子產品，但現在正考慮如何以最好的方式減少使用時間的話，請你務必要同理孩子。你可以從週間加入時間限制（如果可以的話，就直接收起來）開始，然後週末也設下時間限制，並且向孩子說明原因。我們不希望孩子跟我們對立。我們與孩子不是敵人。但我們必須意識到，我們給孩子使用的電子產品，就是設計來讓人上癮的。會上癮不是孩子的責任，是我們的責任。

若我們誠實一點（！），我們也會意識到，其實自己也成癮了。要成功限制孩子的螢幕使用時間，有一部分取決於我們自己是否以身作則。在孩子面前關掉電視並收起手機，是示範我們期望看到的行為最有效的方法。

社交媒體

目前幾乎所有社交媒體平台開設帳號的最低年齡限制都是13歲，所以我們的孩子現在還不該使用社交媒體。不過我知道，如果你家有中青少年，或是落在書中所針對年齡層後段的孩子，社

交媒體將會是你關注的問題，因此有必要在這裡討論它的一些面向。

社交媒體可以是非常有幫助的工具。我就經常利用社交媒體與其他兒童心理健康領域的專業人士建立連結，也透過自己的頻道分享我希望對一些家庭有幫助的教養工具。但如今也非常清楚的是，社交媒體同樣可能對孩子的心理健康造成嚴重傷害。

一張2019年張貼於Facebook內部留言板的簡報投影片就寫著：「我們害得每三個青少女，就有一人不滿意自己的身材。」2007年加入Facebook，曾負責提升用戶人數的帕里哈皮提亞，在2017年也表示自己對參與創建這間公司「深感罪惡」：「我認為我們創造出了正在撕裂社會運作方式的工具。[13]」

如果我們關心社交媒體對孩子自我形象的影響，那麼也應該對自己在上頭分享關於孩子的資訊保持警覺。今天我們發佈的那些「無害」訊息，未來可能會被搜尋演算法重新挖出。

兒童保護團體提醒家長：我們今天上傳的「可愛」照片，將來可能會被其他孩子拿來開玩笑，或讓孩子在上中學時遭到霸凌，或甚至在將來影響到孩子求職。此外，還有數位綁架的風險——孩子的照片與身分資訊有可能被盜用、甚至被放上令人不安的網站或論壇，其中有些甚至專門張貼兒童色情內容。

最後，我們在網路上分享孩子的資訊時，也是在交出他們的數據。他們在長大成人後可能會對此感到不滿，因為他們也許會希望能掌控自己的數位足跡。

孩子到了可以討論是否使用社交媒體的年齡時，你們可以一起做功課。查閱相關研究，了解哪些社交媒體應用程式對心理健

康的影響，甚至比「螢幕時間」本身更嚴重。

一起閱讀研究結果：被動滑動社交媒體頁面，通常不會讓人更有連結感，也不會更快樂；還有這些社交媒體應用程式是如何盡可能增長人們沉迷其中的時間。

如果孩子非常想要上網並使用社交媒體，你可以問問他們的動機與目的，了解對他們而言什麼最重要。如果適合的話，也可以用「我想知道……」這樣的好奇語氣問他們：「我想知道，有一部分的你是不是想得到『你很漂亮』、『你很受歡迎』或『你很酷』這樣的讚美？」

很多孩子在治療室裡會談到自己很想「變有名」，我就會好奇地回應：「噢，那我想知道，你覺得變有名可以為你帶來哪方面的好處？」

孩子的回答通常非常率真。他們通常有著某種天真的渴望，也有著想被看見的內在需求。這時我們可以進行所謂的「心理教育」，幫助他們認清現實與他們內心編織的幻想故事之間的差異：「所以你覺得，只要你變有名，大家就會認識你、喜歡你？嗯，事實上很多名人一開始也這樣以為。但如果一個人內心並不快樂，光是變有名也不會改變什麼。」

你甚至可以溫和地問一句：「所以，我是不是有聽見你覺得自己現在還不夠漂亮／不夠受歡迎／不夠酷？我們可以再聊聊這件事嗎？」

這樣的對話能幫助你和孩子展開關於自尊、自我形象，或其他他們內心脆弱面的真誠交流。

當你熟練十大教養心法，就能在孩子到了想使用社交媒體的

年紀時,帶領孩子一起穿越這些複雜的線上與社交世界。好好做功課,不要害怕尋求協助。

Chapter 15

手足問題

「要孩子與別人一同分享父母,是件非常非常困難的事。[1]事實上,當年幼的弟妹出生時,幾乎所有的孩子都會擔心,是不是自己不夠好,不然的話,為什麼父母要再多生一個年紀更小的孩子?」
　　──臨床心理學家　勞拉・馬克漢姆博士(Dr Laura Markham)

不管我們立意多好,做了多少心理準備,家裡蹦出一個新成員,就是會徹底改變家裡的生態!

我在自己的第一本著作中,曾將新手足的到來比喻為丈夫帶了另一個女人回家,我可不是在開玩笑!

手足間的競爭有演化上的根源。我們在動物界的所有物種中都能看到,(多數年長)手足甚至會在競爭中殺死對方以求生存。所以,我們的孩子會覺得受到威脅並爭奪資源,都是很正常的,無論是食物、玩具,還是爸爸媽媽的注意力與關愛。

和兄弟姊妹一同長大確實是很棒的學習機會,可以幫孩子學會不用吼叫或動手就能表達自己的需求,學會等待,學會跟人好好相處。但孩子同時也會有深深的矛盾情緒。年紀較大的孩子雖然很愛弟弟妹妹,但同時也會為了失去爸媽的專寵而感到難過,甚至生氣。而年幼的孩子從一出生就得跟人分享父母,所以會想盡辦法吸引爸媽的注意。這種無意識的手足大戰一旦開始,而父

母又沒有察覺的話（或甚至不經意地鼓勵），可能會持續一輩子。

我在看阿諾史瓦辛格的Netflix紀錄片時就想到這點。[2]阿諾很坦白地說出自己的成長過程，還有他父親如何一直讓他與其他兄弟做惡性競爭。他難過地說，他們從來沒真正親近過，最後還疏遠了。

許多手足天生就愛比較，倘若我們希望孩子能成為彼此一輩子的好朋友，我們就必須用健康的方式引導孩子內在的競爭能量。我們在家可以學學日本作家村上春樹所說的：「你唯一要打敗的對手就是自己，也就是昨天的你。[3]」

孩子打架或對彼此不友善時，先別急著處罰他們，記得先拿出好奇心，去看看真正驅動他們做出傷害行為的原因。諸如「我討厭她！」或「我希望她去死」這類的話，會讓我們想了解孩子心裡到底有什麼樣的感受。我們已經知道，傷人的話語與憎恨的表現通常源自恐懼。把「我討厭你」這句話解譯後，可能的意思就是「我討厭你在我打了弟弟後，你只安慰他，卻不安慰我」，或「我討厭妹妹，因為她是小寶寶就可以不用上學，一直跟你在一起」。孩子的憤怒其實是在對抗「我害怕你可能比較愛他們」這種深層的脆弱感受。就像神經科學家潘克賽普所說：「失落的言語，就是痛苦的語言。[4]」

如果你觀察到孩子之間存在過度的競爭與嫉妒，這通常是一個警訊，提醒你需要強化自己的「連結」心法了。孩子在我們的愛中感受到強大的連結和安全感時，就比較不會在我們稱讚他們的手足，或對手足的表現感到開心時，感受到「威脅」。嫉妒與佔有欲是缺乏安全感且情緒失調的表現。

有用小訣竅：「一對一」的魔力

手足會共享許多東西，無論是房間、玩具、吃飯時間、上學的路程，當然還有爸媽。給每個孩子專屬的一對一時間，真的能大大減少手足間的競爭。每天給每個孩子10分鐘時間跟你獨處，就足以滿足他們心中的情緒需求，確保他們與你仍保有持續且強大的連結，也能向每個孩子傳達我們重視他們每一個人的訊息。這麼做能協助他們建立強大的自我意識，也常常是促成重要對談的最佳時機。

我個人發現，洗澡時間與睡前時間，是最合適的「一對一時間」。除了了解孩子這一天過得如何，我也常常在這個時候講個療癒的故事，像是我自己的故事給孩子聽。這麼做可以幫助每個孩子與任何懸而未決的感受產生連結，而這些感受都有可能會影響到孩子的行為。

理想情況下，週末還可以花1小時的時間分別跟每個孩子玩。他們可以完全獨佔你1小時！在這個小時裡，他們能在不用考慮到其他兄弟姊妹的情況下選擇要玩什麼。在這段時間中，他們能重新體驗擁有你完整注意力的感覺。孩子可能會想要走走、爬樹、著色、讀書、玩桌遊，或是出去打保齡球。唯一的限制很簡單：不能太花錢，要安全，要適合孩子的年紀！

我在一對一的時間中發現了一種魔法。孩子在當下最常打開心扉，讓我知道他們的感受，而我因為只要專注在一個孩子上，就真的能做到將心比心。

我知道有些父母每年也會試著跟每個孩子度過一個完整的週末。他們可能會去露營，或是待在家裡，並且請祖父母幫忙照顧其他手足。

我非常讚賞能在忙碌生活中這樣做的父母，尤其若還是單親教養，因為一天的時間就只有那麼多。但是，盡可能與每個孩子建立一對一的時間能帶來極大好處，不只能減少手足間的競爭，也對身為父母的我們有益。

手足競爭與衝突解決

年紀相近、同性別且個性不同的手足，可能會比其他手足更容易發生衝突，但無論如何，我們總會在某些時刻目睹孩子間的競爭。如果你希望孩子快樂平靜地生活，未來能在工作場合及廣大社群中與他人好好相處，教導孩子健康解決衝突的藝術就極為關鍵。但要怎麼做呢？

如果你的孩子年紀稍大一點，想試著自己解決衝突，那你就先不要插手，在旁邊觀察就好，這是比較明智的做法。看看孩子是否能在你不介入的情況下，成功解決問題。

但如果孩子陷入困境，千萬別讓他們自己硬撐。這個技巧不容易掌握，在沒有引導的情況下，我們會看到年紀較大或是力氣較大的孩子「勝出」，這可能會在孩子之間形成不健康且持續終

生的力量動態關係。

如果你快爆炸了,請在行動前先暫停一下,想像自己穿上具有強大同理心的防護衣,並注意自己的感受,還有可能出現的戰鬥或逃跑反應。上場前先做個深呼吸,這是在向孩子示範我們如何調節情緒,並且想以平和的態度為他們解決衝突,這比起讓我們自己的狒狒上場來得有用多了。

傾聽每個孩子說話,並給予同理,不管衝突是「誰先挑起的」。當每隻狒狒都覺得自己被傾聽,要換小貓頭鷹上場就容易多了。當你「公平地傾聽」每個孩子說話,就能建立起信任感,讓孩子在遇到困難時更願意找你幫忙,而不是自己硬著頭皮處理。堅定平和地提醒孩子你們之間的約定(請參考第十一章)。這類約定也適用於手足之間的相處:「大家都不能打人、傷人,也不能破壞房間。」

在孩子告訴你發生什麼事之前,協助孩子調節情緒,做做「手掌暫停」或深呼吸都行。再次提醒,這些都是需要練習才能熟練的關鍵技巧。

有用小訣竅:用力跺腳,用力大吼

這是一種身體活動,如果我的個案在治療室中真的難以自行調節情緒,我本能地就會採用這種做法。如果個案在治療室中四處跺腳、大聲咆哮,怒不可遏地伸出

拳頭，我就會加入他們，用力跺腳並以同樣的力道重複他們的話，然後，我會慢慢緩和下來在原地跺步。我在深呼吸後，會大吼一聲將能量釋放出來，我只能說那就像用深深的一聲「喝」，將我的怒氣與巨大能量都釋放出來。然後我會走上前，想像自己「抓住」這股憤怒的能量，將它圍起來，放下來，再「推到」地底下。這是一種調節神經系統的好活動，我的個案也常常會停下來模仿我，他們在這種用力表現又安全的釋放後，常會欣喜地發現自己恢復了平靜。

（在適當時機下，）這是能向孩子們展示如何釋放自身憤怒的美妙（且有趣的）方式，讓他們在狂怒咆哮時四處跺腳，將所有能量都推到地底下，而不是將憤怒發洩到旁人身上。

我的孩子現在比較會調解問題與爭執了（因為他們有做「大量」的練習！），但有些時候，他們還是會因為太累、太煩躁，需要我出面幫忙解決。

最近，克萊蒙西打了威爾伯，威爾伯的手臂被打到紅腫，這真的很不像她。威爾伯唉唉叫地跑來找我時，我先用了SAS技巧，說出我所看到的情況。

「噢，威爾伯！我看到你受傷了。小可愛過來讓媽媽看看。」

我以溫柔的話語及擁抱來調節他的情緒，確保他的

狒狒會冷靜下來，他剛剛顯然跟姊姊打了一架，我不想讓局勢升溫。

接著我把克萊蒙西叫到房間。威爾伯被我圈在懷裡，這讓我能保持冷靜並發揮好奇心。我想讓克萊蒙西知道我值得她信任，雖然我關心威爾伯的傷勢，但也同樣會傾聽她的說法。我開始說出「我看到的」。

「克萊蒙西，威爾伯手臂上紅了一塊。他受傷了，而妳看起來氣得不輕。到底是怎麼一回事？」（我並沒有認同她做的事，這只是進行好奇對話的開場白！）

克萊蒙西大吼：「威爾伯老是跑來弄亂我房間！」

噢……現在我知道是怎麼一回事了。威爾伯無聊時，他的小狒狒腦會想「搗蛋」，他這樣折磨克萊蒙西只是為了讓她有所回應。

「哎呀，克萊蒙西，真的很抱歉！我懂妳為什麼會這麼生氣了，還有，我也很懊惱自己當時不在場，幫不上忙。」

當下我仍抱著威爾伯，安撫與調節他的情緒。

威爾伯知道我也會傾聽他的說法。我轉向他說：「好的，現在輪到威爾伯了，你能不能告訴我是怎麼一回事？」

在我懷裡的威爾伯看了我一眼，我就已經心裡有數了！

「嗯,威爾伯,你知道那是克萊蒙西的房間。如果你覺得無聊,你應該要來找媽媽。」

然後我轉向克萊蒙西:「好的,克萊蒙西,我知道這讓妳很不好受,但妳知道我們不能打架。如果妳請威爾伯離開時他拒絕,妳是不是能來找我,而不是打傷他呢?」

了解發生了什麼事,讓我們能運用冷靜的智叟貓頭鷹來著眼大局。克萊蒙西的智叟貓頭鷹有試著做對的事,她請威爾伯不要進去她房間。顯然在試過好幾次後,她的狒狒還是爆炸了。

像這樣的情況,我覺得不需要處罰。我希望孩子能夠反省,並從此次經驗中學習,去了解威爾伯已經受傷,而且媽媽不喜歡這樣的行為。我希望克萊蒙西去想想她在做出戰逃反應之前,應該先來找我幫忙。讓兩個孩子一同解決問題,協助他們了解事情從哪裡出了錯,以及他們要如何修復關係並往前走。

「威爾伯,你是不是能直接跟克萊蒙西說你希望她注意你,而不是靠捉弄她來達到目的?」

威爾伯:「我只是希望她跟我玩!」

克萊蒙西:「但我現在不想玩!」

我:「好,所以你們現在能談談,看看你們能不能找到解決辦法,而不是大吼大叫和打架,好嗎?」

> 威爾伯：「克萊蒙西，對不起。我很無聊，我只是想要跟妳玩。」
>
> 克萊蒙西：「對不起，我也發了脾氣。如果你乖乖坐著，就能在我房間玩。不過我現在不想玩，所以請你等我讀完書好嗎？」
>
> 我：「好，克萊蒙西，妳人真好。威爾伯，她說如果你做到她的要求，在她房間裡遵守這些約定，她在讀完書後或許就會跟你玩。但你覺得自己能坐那麼久嗎？還是需要我幫忙？」
>
> 威爾伯說：「沒關係，我可以讀本書。克萊蒙西，謝謝妳。」

要好好解決衝突需要時間與練習。對大人來說，要輕鬆自如地排解孩子的衝突，有時候也很困難！但傾聽雙方的說法，運用SAS技巧（說出你看見的、認同孩子的難受，然後安撫），能讓每個孩子感受到被傾聽與被重視。我同時也示範了，我在未來希望看到的冷靜行為，而不是因為克萊蒙西打了弟弟就吼她，或是因為威爾伯惹惱了姊姊就罵他。最後，兩個孩子都向對方誠心誠意地道歉。他們尊重彼此的想法，也學到以後在局勢升溫前要更快來找我。

我也提醒威爾伯，他那顆不停轉動的腦袋需要刺激，那是我的工作，不是克萊蒙西的。協助威爾伯反省自己的行為，能幫助

他了解自己的狒狒常常在無聊時搗蛋。我們可以一起了解這些情況，並找到方法來幫助他，給他更多要「動腦」的活動做，例如玩遊戲、解謎，以及能讓他一直保持活力的有趣活動。這麼做也能讓威爾伯在其他地方（像是學校）受益。這意味著他能更有自覺，以後他覺得無聊或想要人關心時也會來找我，而不是落入為了「找事做」就「搞破壞」的惡性循環。

克萊蒙西則學到，在她自己進入狒狒模式之前，她可以放心地來找我幫忙。用言語維持自己的界限，不要訴諸於拳頭。

我們的孩子都是獨立的個體，擁有自己的特質與個性，也會有不同的行為與處事方式。每個孩子的「教養情況」都不同，我們的第一個孩子在其他弟妹出生前，獨佔了我們的時間與關愛！而年紀較小的孩子只經歷過有其他孩子存在的生活，他們通常會學到，他們需要更努力地博取你的注意。

父母常會指出，家裡其中一個小孩「很難搞」或是「問題人物」。這種情況通常會發生在有3個小孩的家庭裡。這不只是給小孩貼上負面標籤，還可能讓我們忽略他行為背後傳達出的重要線索。或許那個孩子只是覺得被冷落了，所以才會做出任何能被看見的行為？

接受孩子是獨立的個體，有表現自我的獨特方式。有的小孩在生氣時可能會大吼大叫，有的小孩則是不發一語地生著悶氣。運用你的十大教養心法，鼓勵孩子用更健康的方式，互相溝通自己的感受，並確保他們每個人都有感受到被傾聽。

界限與如何劃下界限

教孩子如何在自己的空間與身體上劃出清楚的界限,非常重要。這不只能確保手足學會互相尊重,對於孩子的未來生活也很有幫助。

> **有用小訣竅:手掌力量**
>
> 這是我在克萊蒙西那次「無聊打架事件」後教她的方法。
>
> 如果其中一個手足,或是另一個小孩,入侵我們的空間,我們可以向前伸出雙臂,將手掌面向「對方」,同時很堅定、大聲地說「住手!」或「不行!」。這種方式不只能幫助孩子釋放出壓力反應中的「戰鬥」能量,還能明確表達出「不行!」。
>
> 手掌力量幫助孩子在自己與身體上設下一道虛擬界限,如果我們做父母的剛好在能聽到孩子回應的範圍內,這就是在告訴我們該出手幫忙調解的明確訊號了。

鼓勵孩子練習用不同的音量及語氣,說「住手!」或「不行!」,以後如果有其他孩子或大人越界,他們就能用同樣有力的聲音保護自己而無須動手。

我們都希望自己的孩子長大成人後,能用正常又自然的堅定口吻,劃出他人行為的界限。他們越常練習,就越能熟悉且自在地告訴別人「不行,我無法接受這種行為」,或「住手,我不喜歡這樣」。

有用小訣竅:解決衝突「從我說起」

我所上過的治療師訓練課程中,有一部分也包括了「團體治療」。這是學生與一至多個引導者一起互動,並討論各種主題的活動。有些主題正是為了引發爭論所設計。這個活動的目的在於讓每個人都感受到被傾聽,並且在有人因為別人說了什麼而感到被冒犯或生氣時找到解決辦法。唯一的「規則」就是必須從「我」說起。所以,別說「當你這樣說時,你傷到了我的感受」,或是「你這樣說真的很冒犯人」,而是要學著說「我對你這樣的說法,有了⋯⋯的感受」。

從「我」說起,能幫助我們掌控自己的感受,而不是抱怨別人「讓我們有了這樣的感受」。如果別人說了冒犯我們或是我們不同意的話,我們可以藉此表達出自己的需求。用這樣的方式,別人就能想一想,他們是否能用不同的方式表達自己的看法,或是多思考一下自己的話可能造成的衝突。這也能讓感覺受到冒犯的人審視

自己的反應,並反思這是否跟對方所說的話有直接關係,還是這可能是過去的創傷所引發。

至於手足方面,當他們試著要解決紛爭,或是當他們對彼此發脾氣時,我會鼓勵他們從「我」說起。克萊蒙西可能會對威爾伯說:「你拿走最大碗的粥時,我會覺得你是不是都沒有考慮到我。」或是威爾伯在公園崩潰後,可能會對麥克說:「不好意思我發了脾氣。你昨天帶克萊蒙西出去買了一台新腳踏車,讓我很嫉妒,因為我只能用她之前騎過的舊腳踏車。」(這是真實事件──現在9歲的威爾伯,已經有了能展翅飛翔的小貓頭鷹了!)

我們也能在成人的關係中有效地運用這項工具。就像我們在第九章〈溝通〉中所看到的,從「我」說起能幫我們解決自己覺得很重要的事,因為這些都是非常私人的事。因此,當伴侶在我們試著告訴他我們這天過得如何時明顯分心,不要覺得生氣或對伴侶發脾氣,我們可以對他說:「我想跟你說話的時候,你卻跑去接電話,我看得出來你只聽進去一半,我覺得被冷落了。」

這給了伴侶做出冷靜且防禦性較低的反應的空間。因為當我們展現出脆弱的一面(而不是用狒狒去防禦)時,我們就能讓智叟貓頭鷹對上智叟貓頭鷹,這是因為我們都能馬上心領神會,被冷落是什麼樣的滋味。

要以這種方式實現相互理解需要練習，但如果我們希望孩子學會這麼做，讓孩子看到我們的示範再好不過了。這意味著，我們正在幫助他們達成安娜・佛洛依德中心執行長（CEO of the Anna Freud Centre）福納吉教授名為「心智化」的重要人生技巧。[5]

一般手足爭吵的有效快速解決方案

車後座的爭吵

無聊會讓坐在後座的孩子做出令人崩潰的舉動！預防永遠勝於治療，所以與其只是讓孩子盯著螢幕，我們應該在諸如長途旅行這類情境前預先做好規劃，準備一些遊戲、有聲書、活動，並且積極思考有哪些事可以讓孩子的腦袋保持忙碌。

在車子的儀表板上貼一張寫著「冷靜！」的便利貼吧！當孩子們在後座打架時，長途旅行真的會讓人壓力爆表。我必須承認，這是我在教養時「狒狒腦」最容易被引爆的情境之一。如果孩子在車裡開戰，我建議你找個安全的地方停車，調節一下情緒。記住，我們的「狒狒腦」對任何讓人感到不安全的事都會特別緊張。所以當你開著高速行駛的車，還不斷有布偶或只有天曉得是什麼的東西從後座飛出來時，我們肯定會看到自己的狒狒跳到駕駛座上！

跟孩子談好乘車約定，列出誰該坐哪裡、多久要互換座位，如果孩子爭吵，看看是不是有人得坐到前座？如果是，又是誰要坐到前座？這份約定還要列入要說好話，而且不能打人（或踢

人！），還有，如果出現打人（踢人）的情況，又該怎麼辦？要不要找個安全的地方停車，讓每個人都下車拉拉筋，做個20下開合跳？就像麥克他們在軍隊中所說的，事前的萬全準備能避免事後表現不佳！

在孩子想睡覺時出發（例如一大早或半夜），也是讓他們睡覺的好方法，這樣你就會有個平和的旅途。

如果在長途旅行中別無選擇，而且所有方法都用盡了，那你就只能（辛苦地）盡力而為，用枕頭或行李隔開孩子，減少他們爭吵的機會。

分享

當孩子拒絕分享時，我們可能會有被觸怒的感受，因為我們覺得自己在教養出體面、有素養又大方的孩子上失敗了。然而，實際情況卻是，要這個年紀的孩子懂得分享還是相當困難的事，特別是具有情感依附的玩具。當我們希望孩子注意及滿足別人的需求時，我們不能讓他們認為因為別人這樣要求，他們就必須放棄自己珍視的所有物。基本上，我們不希望孩子受到制約，未來長為一個將他人需求擺在自己之前的大人。

但是，我們也想教導孩子同理心、控制衝動、團體合作，以及談判技巧。那我們要怎麼做呢？

給孩子權力，讓他們敢說出自己想要的東西，但同時也要幫助他們接受，如果他們的手足正在玩他們想要的玩具，他們就必須等到手足開心地把玩具交給他們時才能玩。有些心理學家稱這個做法為「長時間的輪流等候」。一開始我們可能需要協助孩

子,輪流等候是一種需要練習才能掌握的技巧。在我們家,這有時就代表著我必須坐下來,跟那個正在等待的孩子一起玩,但隨著時間過去,這件事會變得越來越簡單。這值得我們花時間投資,因為我們正在幫助孩子了解:

- 雖然他能用哭來耍賴,但不一定有用。
- 他可以坐著等待,相信「一切都會變好」(自我調節)。
- 如果他覺得這很困難也沒關係,因為媽媽和／或爸爸會在那裡幫他。
- 當他的手足將他想要的東西交給他時,他會覺得很棒。這表示,手足了解他的渴望,而且對他很友善。他也能學到以這樣的方式對待手足,並體驗到大方對待他人的感受。他還能了解到他的手足在等待時,是懷著什麼樣的感受。
- 他自己的東西要用多久就用多久,這讓會讓他覺得很棒,也會覺得自己擁有權力。

我們需要幫助孩子學習分享,去了解這件事可能做起來很困難,但當我們教導他們做「長時間輪流等候」時,我們就是在培養手足間的同理心及溫情,並理解什麼是友善待人。

手足有朋友來訪時

我喜歡自己的孩子在與朋友約好一起玩時,也能讓自己的兄弟姊妹加入,但我不會強迫他們,因為邀請朋友來家裡玩是很特別的事。我也了解,威爾伯覺得有趣的想法,克萊蒙西未必會認同,所以我會讓威爾伯體認到,姊姊安靜地和朋友在一起時,她

不會希望他闖進她房間裡。要一個孩子看著自己的兄弟姊妹跟別人玩得很開心並不容易，因此我會建議威爾伯跟我一起做些活動，共度我們彼此都很需要的一對一時光。

靈魂拷問：「你最愛誰？」

我們不希望自己的孩子覺得，我們最愛某個孩子。如果你的孩子正在擔心這件事，就表示你的十大心法需要加強了。我們之中有許多人都會對自己的孩子們說「我一樣愛你們」。這麼做雖然很好，但隨著孩子長大，我們可能需要把話說得更具體一些。

我可能會說：「嗯，這是個很有趣的問題，答案當然是我都非常非常愛你們。你們對我來說都非常特別，我不能失去你們任何一個人。在這廣大的世界中，不會再有任何一個像你這樣的人，所以我根本無法比較！」我還會再進一步強調：「你知道我的愛有多大嗎？它比天空中的所有星星都還要大。我的愛這麼多，足夠給你們每一個人！」

如果孩子還是不相信，我們可能得深入探討問題背後的「原因」。

「不過我聽到有一部分的你，好像懷疑這不是真的？」

「或許有一部分的你想要知道，我是不是比較喜歡克萊蒙西，我猜對了嗎？」

再次提醒，不要害怕射出小小的實情之箭。如果孩子流下眼淚，就表示創傷的泡泡爆開了，你可以趁現在好好去安撫。

「噢，小可愛，你竟然藏了這麼大的心事。小孩子有時會懷疑媽媽是不是比較愛哥哥或姊姊，這是很正常的事。不過你竟然

有這麼大的心事，我在想，是不是有什麼事情讓你這樣想？」

然後，你才有可能行進重要的對談。

運用好奇心，不只能幫助我們了解問題，也能讓我們找出問題背後的擔憂或恐懼。然後請相信自己溫柔安撫的話語，將比你以為的更有力量，能夠治癒任何創傷。

Chapter 16
背景差異、困境與發展障礙

「這聽起來很簡單,但我再怎麼強調也不為過:最重要的一件事就是,先搞清楚問題到底是什麼。」[1]

──臨床小兒科醫師 哈里斯

背景差異

我有個朋友,她的父親在她還是嬰兒時就突然去世了。她最近告訴我,她還在讀小學時,她會跟朋友說自己的爸爸是個很有名的流行歌手,所以才沒辦法陪在他們身旁。她一直到青少年時期還是對外人這麼說,她也因為這個謊言而有強烈的羞愧感,直到一位朋友溫柔地幫她卸下了這份重擔。

孩子天生就需要擁有歸屬感。古老的狒狒腦無法承受社交排擠的威脅。也就是說,孩子常常會意識到自己或他人的「差異」,而且對此非常敏感。他們的父母也許離婚了、在坐牢、分居,或是同性伴侶,又或者父母的年紀比同儕父母大得多,或是家裡的經濟情況不好。這些對我們來說不是什麼大不了的事,但是對孩子就完全不是如此了。因此,我們得考慮到每個孩子在學校的體驗,以及他們怎麼看待自己在所處環境中的位置。

《我的皮膚、你的皮膚》(*My Skin, Your Skin*)作者勞拉・亨

利—阿萊恩（Laura Henry-Allain MBE）為這個領域做出了很大的貢獻。她說：「我們有時都會忘記這件事有多重要：每個孩子都需要對自己的背景、身分認同，以及自己是什麼樣的人擁有自信。在我的旅程中，當我在探討身分認同的議題時，我會請孩子畫出、寫出或標記出自己的家庭。孩子們表現出他們了解誰是他們的家人，以及他們來自世界的哪個角落時，我總是感到非常驚奇。許多父母都說，這是他們的孩子第一次思考自己的家庭背景。這對孩子的自尊和自我認知都很重要。他們知道自己從哪裡來，即使自己的家族來自多個國家。當孩子談到形成自己文化傳統的食物、語言和慶祝活動時，應該要很有自信也很自在，而且他們要為此感到驕傲，而不是覺得羞愧。老師要了解每個孩子的背景（例如：孩子的種族、宗教與文化）是很重要的事。舉例來說，我們都知道，不是每個孩子都跟父母同住，孩子們生活在許多不同類型的家庭中，像是同性父母、親戚家或單親家庭等等，在此僅舉幾例。」

具有敏銳的好奇心，且能夠自在地針對孩子的經驗提出問題，對老師來說是必要的。班斯福德小學校長麥卡弗蒂表示：「我開始當老師時，去到了一個非常貧困的地區。沒有人告訴我，我照顧的孩子過著什麼樣的生活。有個男孩因為沒有交作業簿被我狠狠管教，當時我還以為我們都來自差不多的家庭。後來是校長把我拉到一旁，帶我去到小男孩的家，我在那個家裡看不到床，更不用說作業簿了。這對我是很沉重的打擊，但從此之後我就意識到，我們得開始用不同的方式來教育孩子。」

考慮到孩子的經驗（無論他們是受到寄養照顧的孩子、喪親的孩子、父母離異的孩子，或是生活困苦的孩子），並留意孩子

潛在的差異感受,有助於我們思考孩子後續的行為會產生何種差異。兒童精神科醫師佩里博士建議,學校教職員應記錄自身與有困難的學童正向互動的次數,特別是那些比較貧困的孩子,以確保需要協助與安全感的孩子沒有被落下。[2]

練就十大心法能幫助我們建立最強大的根基,不只能讓孩子更有安全感、更能與我們連結,還能讓他們覺得自己更被理解。

困境

我們大多數人在人生中的某些階段都會面臨困境。無論困境是來自差異、身心障礙,還是重大生活變化(例如離婚、分居、失去摯愛、搬家、轉學、生病、意外或任何其他變故),生活向來就充滿挑戰,很少有人能完全免疫。

研究顯示,當我們有能夠提供情緒支持的大人協助我們度過難關,我們就能走出這些艱苦時期。

失去與悲痛

我們必須意識到,孩子在感受到失去時,會體驗到深層的心理痛苦。失去包括喪親、雙親離婚、老師離職、好朋友搬家,或是因爸爸或媽媽在照顧其他孩子而感到「失落」。失去的痛苦確實會造成化學物質「乙醯膽鹼」大量分泌,導致我們非常生氣或具有敵意。

如果孩子難以適應家庭動態變化(或其他重大生活改變),

我們要關懷他們,這點非常重要。當孩子在生活中經歷失去或感到失落時,關愛、撫慰與理解(而不是處罰與批評)孩子,不只能幫助他們冷靜下來,也能幫助他們的大腦釋放出具有安撫作用的化學物質。

> ### 大腦益智盒
>
> 「提供悲傷的孩子肢體上的安撫,能協助他們的大腦釋放天然的鴉片類鎮定物質,還有美好的情緒化學物質催產素。[3]這些化學物質能阻止乙醯膽鹼此種有毒化學物質過度分泌。乙醯膽鹼會讓悲傷的孩子更加易怒。這就是何以讓感到失落的孩子得到安慰非常重要。」
>
> ──《協助孩子面對失去》(*Helping Children with Loss*)作者,
> 兒童心理治療師 桑德蘭博士

萊文博士與兒童治療師瑪姬·克萊恩(Maggie Kline),在他們出色的著作《保護孩子不要受創》(*Trauma-Proofing Your Kids*)中,探討了離婚與喪親這些主題。這是非常大且牽涉到許多層面的議題,如果你跟孩子正在面對失去所帶來的痛苦與悲傷,雖然我無法完全解決你們的問題,但能提供幾個大方向供參考。

如果你們親近的人過世了,你可以跟孩子一起畫畫來紀念對方(或寵物)。你們還能一起寫封信,寫出你們對逝者的所有思

念,並畫下你們最難忘的事。你們可以把信和畫都放在紀念盒中。無論是孩子最好的朋友搬家、老師離職,或是摯愛過世,你都能讓孩子想些方法來紀念他們思念的人。跟孩子一同尋找方法,陪伴他們度過人生的悲傷時刻,這往往正是他們在克服這道難關時所需要的。

如果你們正在**搬家**、**轉學**,或轉換家庭環境,你也可以先跟孩子談談接下來會發生的事。像是你們的新家會長什麼樣子、孩子想為新房間漆上什麼顏色的油漆、孩子在新學校會想嘗試什麼樣的運動,還有孩子會想念與期待什麼。上述問題都能開啟有意義的對話,協助孩子把改變融入自己的生活脈絡,並且讓孩子的蜥蜴及狒狒感到安心。只要你能穩定陪伴在孩子身邊,你們就能平安度過風風雨雨。還有,如果你也感到不安,不妨老實跟孩子說!向孩子展示你也有脆弱的一面,但仍然試著保持堅強,能教導他們寶貴的一課。

如果你的孩子在歷經喪親或家庭環境改變時遇到困難,可以向兒童喪親慈善團體和兒童輔導組織等單位尋求協助。我發現,桑德蘭博士的療癒故事也對孩子有很大幫助,特別是《大海出走不再回來的那一天》以及《渴望月亮微笑的青蛙》(*The Frog Who Longed for the Moon to Smile*)。

當你面臨困境時,也請不要忘記社群的無窮價值,無論是經由信仰、友誼、家庭或治療,找個人陪你度過這段辛苦的時期,能幫助我們更快走出困境,並且進一步協助我們的孩子。

如果孩子正在經歷重大改變,並出現固著行為,表現出想要傷害自己(或他人)的模樣;如果你發現很難接近孩子,或不知

該如何幫他,請積極向家庭醫師、其他健康專業人員及周遭的支援系統(無論是社區、網路或學校)求助。**尋求協助和指引,絕不是丟臉或軟弱的表現**。我以前的心理治療師艾莉常對我說:「最有勇氣的人才會尋求協助。」

尋求協助非常重要,因為經歷巨大壓力、令人恐懼或痛苦的事件,有時會造成創傷。就像臨床醫師與創傷專家麥特博士所說,創傷會「在你的神經系統、身體與心理留下痕跡,然後以各種對你的未來沒有幫助的方式顯現出來」。[4]

即便創傷不是造成孩童心理健康問題的最大原因之一,最終也會是導致孩子成年後心理健康問題的最大原因之一。

雖然這個話題很沉重,但我們還是要談談創傷。因為研究顯示,我們要麼可能認識有創傷的人,不然就是自己曾經歷過創傷事件。造成創傷的原因各式各樣,包括明顯的大創傷以及一些小創傷。大創傷包括了像戰爭或天災,還有那些不該發生在弱勢者身上的事,例如性虐待、情感或身體忽視,或是家暴。所謂的小創傷也可能對我們造成長期影響,包括覺得自己不被愛、被霸凌、家庭破碎、被言語霸凌、被嚴厲批評(即使父母是出於善意),或是被排擠。還有一些潛在的社會因素,像是生活貧窮、種族歧視,或是在家裡或周遭環境沒有安全感,這些都是我們現在談到創傷時會考慮進去的因素。

臨床醫師已經知道,造成創傷的並非確切事件,而是我們內心對該事件所產生的反應。臨床心理學家露西．約翰史東博士(Dr Lucy Johnstone)表示,這也包括我們怎麼去解讀發生的事。「一個受到虐待的孩子,如果無法向大人傾訴,也得不到安慰,很可能

會出現有害的想法，像是『我很糟糕，都是我的錯』。」

我們心裡會怎麼想，取決於我們從身邊的人那裡得到多少照顧和協助。這解釋了為什麼有些人會對同樣的事情做出不同的反應。麥特博士表示，創傷會影響我們的健康與行為，因為「孩子，特別是高敏感的孩子，會因為各種原因受到創傷，包括情感需求沒有被滿足，或感覺自己不被珍視、不被接納，就算父母其實很關愛他們。」[5]

未解決的童年創傷會對我們未來的健康造成重大影響。[6]美國疾管局與凱薩醫療機構（The CDC-Kaiser Permanente）所進行的童年逆境經驗研究，是關於童年虐待和忽視及家庭問題的最大型研究之一，並已重複經過多次研究。這項研究顯示，未解決的創傷對於人們的長期健康和幸福都有長遠的影響。

孩子對壓力與創傷特別敏感，因為他們的腦部與身體仍在發育。兒時經歷過多負面經驗，不只會影響腦部的結構與功能，還會影響孩子的免疫系統與荷爾蒙系統的發育，甚至還會影響DNA的讀取與轉錄方式。[7]

負面經驗與創傷是能夠克服的，但只有在孩子（或我們）無須孤軍奮戰的情況下才能做到。本書所提到的資訊和練習，其實都能算是「創傷知情」的照護方式。我大力推薦讀者看看由傑出的小兒科醫師暨前加州外科醫師哈里斯主講的 Ted Talk 演說，她在這個領域有卓越的貢獻。

哈里斯醫師形容自己做的是充滿希望的工作，我完全認同。因為，雖然創傷的成因可能極為複雜且令人難以承受，但解決方案往往比我們所想的還要簡單。她在檢視16,000篇期刊文章並進

一步研究後,發現**睡眠、運動、營養、正念、心理健康與健康關係,是從創傷中復原的最重要因素。**

創傷專家萊文博士說:「創傷可能是造成我們痛苦,最容易遭到迴避、忽視、貶低、否認、誤解與擱置的成因。」[8]

我想,這大概是因為我們對創傷感到恐懼,覺得創傷太難以處理的緣故。但實情並非如此。在我受訓及從事研究期間,我有幸見過成功克服重大童年創傷的傑出人士。他們(還有我)都是活生生的例子,雖然我們的童年經驗確實會影響我們,但這些經驗無法決定我們將成為什麼樣的人。

只要我們能在生活中確保上述6個要素的平衡,無論有時我們覺得自己有多偏離正軌,我們還是能產生正向影響,重獲方向感。

有用小訣竅:增加DOSE

我們能從增加快樂荷爾蒙的劑量(dose)開始,這些荷爾蒙包括:多巴胺(dopamine)、催產素(oxytocin)、血清素(serotonin)與腦內啡(endorphin),取它們第一個英文字母,剛好可以湊成DOSE這個詞![9]

當我們在做某些活動,像是跳舞、運動、聽音樂、按摩,或甚至只是做一個擁抱時,身體就會釋放這些荷爾蒙。從事這些活動能協助我們增加DOSE,這不只對我們「有益」,也被證實能化解有毒壓力帶來的衝擊。[10]

> 舉例來說，催產素已被證實能阻斷觸發戰逃反應的荷爾蒙。這表示我們具有可經由健康關係來對抗有毒壓力的生物潛能。事實上，哈里斯醫師的研究已經透過核磁共振造影技術，證實高品質的教養方式確實能改變孩子的腦部結構。[11]

這正是為什麼我會受到鼓舞，並決定寫這本書的原因！這也是為什麼我堅信，只要十大心法準備就緒，特別是關懷、連結與溝通的心法，你不只能改善你跟孩子的關係，更能有信心地相信，你的**愛**本身就具有療癒的力量。這就是為什麼我相信，無論面對任何負面經驗或困境，我們都應該時刻懷抱希望。

有用小訣竅：反覆地搖啊

> 另一個改變腦內神經網絡的方式，就是透過有模式的重複性動作。就像倫敦計程車司機研究所證實，任何持續活化的神經網絡都會產生改變。我們可以利用具有模式的重複性刺激，來介入因為壓力反應而失調的神經網絡，幫助歷經創傷的孩子調節情緒，打造出更有結構的腦部。

> 像是之前在第三章提過的蝴蝶擁抱法技巧,還有像眼動減敏重整(Eye Movement Desensitisation and Reprocessing;EMDR)這種強大的方法,都對自我調節很有幫助。在心理治療中,眼動減敏重整還能協助人們處理與痛苦創傷記憶有關的負面影像、情緒、信念及身體感覺。
>
> 其他具有重複與規律特性的活動,也能協助我們與孩子克服困難、維持情緒平衡。這些活動包括散步、聽音樂、韻律呼吸、瑜伽或跳舞、打鼓、撫摸寵物、跳彈跳床、盪鞦韆、按摩,以及其他許多可以在日常生活中安排的活動。舉例來說,我就是因為這個原因才在治療室裡放了一個小跳床。在每節治療課開始時讓有需要的孩子在彈跳床上跳個5分鐘,不僅能幫助他們調節情緒,也能協助他們面對棘手的記憶與情緒。

佩里博士在美國的研究顯示,有30%至40%的孩子在18歲之前,會經歷家暴、性虐待、身體霸凌、嚴重天災,或車禍等等大大小小的創傷。[12]

儘管面對創傷會讓人感到不舒服,但是當我們願意一起面對,就有可能克服。一起面對非常重要,因為就像精神科醫師暨《紐約時報》暢銷著作《心靈的傷,身體會記住》的作者范德寇博士所警告的:「當我們覺得自己不被珍視又不被理解時,創傷

就會發生。」

我們在診斷孩子是否有行為「障礙」時,最好要牢牢記住這句警告。

> ### 大腦益智盒
>
> 「這些律動的經驗很重要。腦幹與間腦具有數個與規律體感動作有關的強大連結,這些連結是在子宮內形成,並在生命早期強化。腦部會讓同時發生的神經活動模式產生連結。所有文化都會在治療和哀悼儀式中加入一些具有模式的重複規律性活動,例如跳舞、打鼓與膜拜(在唸經文時輕輕擺動身體)。眼動減敏重整與雙邊拍打,基本上就是這種具有模式的重複規律體感動作的變化版。在你重塑認知意像與被創傷事件影響的記憶時,同時加入這些強大的『調節性』記憶拍打,你就能阻斷『創傷』記憶。」
>
> ——兒童精神科醫師暨創傷專家　佩里博士

發展障礙

近幾年來,有許多孩子被診斷出患有神經發展以及╱或行為障礙[13]。你可能已經知道有注意力不足過動症、注意力缺失症

（ADD）、對立反抗症（ODD）、強迫症（OCD）、感覺功能處理障礙（SPD）、自閉症類群障礙（ASD）等等。如果你的孩子正陷入困境或可能已經確診，你自然會想知道這些病症究竟能否解釋到底發生了什麼事。

神經發展障礙被定義為，會影響腦部功能並改變神經發展的疾病，這種疾病會造成社交、認知與情緒功能上的問題。

臨床心理學家約翰史東博士熱切希望家長在聽到孩子的診斷時，能獲得充足的資訊。[14]她說：「了解一件事可能會很有幫助，那就是在整個精神病學領域，診斷本身就充滿了爭議。」大家都知道這些孩子確實在集中注意力、處理感受、交友還有與人互動上有困難。但問題的關鍵在於，將這些狀況都稱為心理健康或神經發展『障礙』究竟是否合理，或是，他們的問題，是否能被看做是在他們整個生活脈絡下，一種可以被理解的反應。」她補充道：「有些專業人士進一步指出，我們沒有任何科學證據顯示這些孩子的腦部有『連結差異』或基因遺傳問題。因此除了嚴重個案外，他們不願給出這類診斷，或開立像利他能（Ritalin）這樣的藥物。我們應當謹慎考量這些問題，因為每個孩子都是獨一無二的，每個孩子都需要適合他們優缺點的進步方式。」

要深入討論此複雜的議題，已經超出本書的範圍，但身為曾歷經複雜創傷，並正式確診患有注意力不足過動症的人，我想分享一些個人反思與研究，希望能帶給大家一些幫助和安慰。

首先，我必須重申，不管診斷為何，我們的孩子終究還是個孩子。他們存在的方式也許不太一樣，但**所有孩子需要的東西都一樣：安全感、被珍視、被愛與被理解**。每個孩子偶爾都會有情

緒調節問題,而平常就需要額外協助的孩子當然更是如此。當我們的十大心法都準備就緒,我們就能持續協助孩子並提供支持。

我理解,要教養高需求的孩子往往是項挑戰。我也知道,孩子在診斷後被貼上「障礙」的標籤時,我們心裡會有多困惑,或多恐懼。**我希望大家記住,世界上根本沒有所謂純粹的「正常」。沒有這樣的事。我們都是「人」;有些孩子只是以不同的眼光來看待世界,並且以不同的方式處世罷了**。歷史上某些有著最非凡腦袋的人士如果活在今日,可能會被認為「患有自閉症」。有很多關於腦的卓越性與「超能力」的故事題材,可以讓你與孩子分享。

我們能協助孩子建立韌性,讓他們深刻地理解和感受到,什麼是欣然接納自己。我們可以稱讚孩子的天賦與出色的腦袋,而不是覺得他們需要改變自己的樣子。

有了正式的診斷能讓我們鬆一口氣,因為那些我們看在眼裡、有時候卻很難處理的問題行為,終於有了一個名稱:不管是孩子難以靜心坐下、容易分心或情緒失控,還是孩子煩躁、打架、反抗、執著,對噪音、氣味、味道或碰觸物品高度敏感等等。診斷能協助我們更加了解這些行為的脈絡,也希望我們能因此變得更有耐心。

當我們理解到孩子的行為往往不是故意的,我們就能意識到他們正身處困境,並提供他們需要的幫助。無論我們是較外圍的家庭成員,還是學校的教職員,一個正式的診斷,都能協助我們提供更多的同理心與支持。

診斷確實能讓我們更清楚了解情況,但診斷也有風險,孩子

可能會被貼上刻板標籤，影響他人怎麼看他，也影響他怎麼看自己。標籤可能會造成不切實際的期待，我們也可能會因為標籤而對孩子期望過低，即便他其實有能力做到更多。有些孩子會「迷失在自己的標籤」中，認為它定義了他們是什麼樣的人。被貼上診斷標籤的孩子有時需要用藥，萬一這個標籤有誤，問題就更嚴重了。標籤也可能掩蓋了孩子真實的生活背景，我們可能會將他們的注意力問題歸咎於「注意力不足過動症」，但真相卻是他們可能目睹了家暴或是遭到霸凌。

我們需要嚴加關注誤診問題。舉例來說，對沒有注意力不足過動症的孩子用藥，嚴重侵害了孩子的健康和安全。以注意力不足過動症為例，它主要是依據孩子在問卷和面談中所給出的答案做出診斷，但這樣的診斷方式非常主觀。根據哈里斯醫師所言，注意力不足過動症的誤診率高得驚人。[15] 舉例來說，她表示每100個因注意力不足過動症轉介到她那裡的孩子，只有3個真正有這個問題。有些專業人士認為，這樣的診斷既沒有提供太多解釋，也沒有提供醫治方法，不過只是表示「孩子有嚴重困難」。

有許多孩子都因為自己的行為陷入困境，這點無庸置疑，但接下來呢？臨床醫師指出，這些孩子是處在創傷與精神診斷之間的「混亂」狀態。

所以桑德蘭博士才會說，在為任何孩子下診斷之前，臨床醫師一定要先問兩個問題：**孩子為什麼會有這樣的行為？孩子到底發生過什麼事？**

我們都希望誤診盡量不要發生，但童年逆境經驗的研究顯示，一個人體驗過的逆境經驗與創傷越多，就有越高的機率被診

斷為注意力不足過動症、行為障礙或自閉症類群。[17]

> ### 大腦益智盒
>
> 「許多因為人生創傷經驗而受苦的孩子與青少年，被貼上注意力不足過動症和／或注意力缺失症的標籤，有時還會在沒有人問過他們發生了什麼事、沒有人傾聽他們的故事的情況下，就開始接受藥物治療。麻煩的是，這兩種診斷的症狀，跟創傷性壓力及精神折磨所造成的症狀，有太多重疊之處。誤診常帶給受創的孩子／青少年更多的痛苦，因為他們被遺棄在創傷的餘波中，卻沒有適當的介入來協助他們獲得療癒。」[16]
>
> ── 兒童心理治療師　桑德蘭博士

舉例來說，一個出過車禍的小小孩可能會變得退縮、不愛說話。如果臨床醫師不知道他出過車禍，往往就會直接將他診斷為自閉症類群障礙，但其實孩子的選擇性緘默是因為創傷還沒有被解決。同樣的，一個總是生氣、不肯「聽話」的孩子，可能會被貼上「對立反抗症」的標籤，但真相可能是，孩子因為被虐待，心裡很痛苦，只是不敢說出來。

證據顯示，許多被貼上障礙標籤的孩子，只是在應付其他潛在問題，或者他們可能根本就沒有這種障礙。因此，如果我們太

快給孩子貼上標籤，我們可能就會忽略孩子的行為真正想告訴我們的事。

就拿7歲的艾拉來說，她因為很少跟人有眼神接觸、對噪音及社交場合特別敏感，在飲食上也出現問題，所以被診斷患有自閉症類群障礙。她的手會一直晃，日常生活中的任何改變也都會讓她很焦慮。但是當艾拉去拜訪她的阿姨時，她的所有症狀都消失了。

兒童精神科醫師薩米・提米密（Dr Sami Timimi）就質疑自閉症類群障礙及注意力不足過動症的概念，他表示「所謂的測驗」根本沒有確認這些行為是否在所有情境中都會出現。[18]他解釋，在評估自閉症類群障礙時，如果孩子的症狀時好時壞，比方說，在家裡能好好說話，在學校就不行（或反過來），或者他能跟某些人互動，跟其他人就不行，又或者他在某些環境下很放鬆，在其他地方就不行，那麼我們可能就要考慮到自閉症類群障礙以外的情況了。就像他說的：「如果你的神經受損，那神經真的就是受損了。不可能時好時壞的。」

我們希望，科技發展能協助進一步釐清神經性疾病，並改善診斷的準確率。重要的是，這樣也能防止沒有患病的孩子被迫用藥。

根據研究報告所示，對某些孩子來說，藥物通常能提供協助，至少一開始是如此。但這個議題極為複雜且充滿爭議，為了孩子好，身為父母最明智的做法應該是先把所有不用藥的方法都試過一遍。我們可以這麼說，這麼做長遠來看其實更有幫助，因為藥物不能「解決」注意力不足過動症，一旦停藥，行為往往就

會復發。[19]

> ### 大腦益智盒
>
> 「在兒童精神科的研究計畫中,針對有注意力問題的孩子使用精神興奮劑的研究數量,要比其他任何藥物的研究都多。結果好壞摻半。有超過5,000篇的研究顯示,這對許多孩子的專注力確實有立即正向的效果。然而,控制最嚴謹的縱貫研究卻顯示,精神興奮劑的效果,其實沒有比非藥物治療來得好,而且對孩子的發展明顯有負面影響。」[20]
>
> ──兒童創傷學院兒童精神科醫師　佩里

所以不管原因是什麼,無論是神經性問題或是創傷造成的,還是兩者都有,只要我們專注於協助孩子改善行為,就能給予孩子最大的幫助。我們知道,當孩子在我們的協助下去哀悼、處理和理解他們所遭遇到的事情,他們先前的症狀與令人苦惱的行為往往就會減緩。[21]

我了解心理健康議題有多複雜、多讓人困惑及不知所措,我也能理解當孩子出現我們不了解的行為時,我們會有多擔心,甚至害怕。但我知道,希望一直存在,當我們團結起來、互相支

持,就會找到答案。

只要我們了解驅動行為的原因,就有希望找到答案,這讓我們能更專注在了解孩子的真正需求,而不是那個標籤。我們的孩子不只是一個診斷結果。被貼上「標籤」或面對棘手的人生體驗,並不能定義我們是誰。

我在撰寫本書的過程中,訪問了多位臨床醫師與專家,也研讀了他們的研究。他們的研究都指出,兒童失調行為的增加,應該要從最近的文化變化脈絡來考量。這些變化包括,我們現在生活在孤立的核心家庭中,缺乏身為大型社群中一分子所具備的益處與緩衝。父母承受著巨大的壓力,他們的個人時間減少,能專心陪孩子玩的優質時間也減少了。由於全國性考試的競爭,造成了學校特別強調學業成績,還有社交媒體與電子產品的使用增加,讓我們孩子的生活方式變得更加靜態,學業成為優先考量,體育活動往往變成次要。現在的孩子在飲食上也攝入更多的糖及脂肪,必需維生素、礦物質與脂肪酸卻吸收得更少。我們試著了解是什麼影響了孩子的腦部發展與行為時,怎能不把這些因素全都考慮進去呢?

或許現在是時候去思考,不是孩子出現功能失調或障礙,而是他們成長的環境出了問題。

將近20年前,神經科學家潘克賽普就警告,孩子較常坐在教室不動,可能會導致注意力不足過動症的診斷率上升。[22]像已故肯·羅賓遜爵士(Sir Ken Robinson)這樣具有影響力的教育專家,就率先呼籲學校系統要改變,提供更多支持兒童健康發展的實證做法,而不是執著於排名及學業成績。他在一個熱門

YouTube影片中提到孩子日益增多的心理障礙時說:「孩子大多不是因為心理問題受苦。他們是因為童年經驗而受苦。」

臨床醫師也指出,環境中的壓力源會影響孩子的腦部發展。現在有大量的研究揭露,母親所處的環境、心理健康及情緒平衡,對孩子的腦部健康發展有多重要。舉例來說,我們現在知道,在子宮中的胎兒就能直接感受到母親的壓力。[23]

2004年就有研究學者表示,有壓力或憂鬱的女性生下的嬰兒,在學習發展和行為問題上的風險會增加,也「更容易在成年後有憂鬱或焦慮問題」。[24]

麥特博士在他的著作《正常的迷思》(*The Myth of Normal*)中,引用了卡爾加里大學(University of Calgary)護理學教授妮可・勒圖爾諾博士(Dr Nicole Letourneau)對他說的話:「我們知道,產前出現的憂鬱、壓力以及焦慮,可以用來預測孩子的行為問題。我們可以在幾年後才試著矯正孩子的行為,或是對孩子用藥,但也可以在一開始就給予懷孕女性她們所需的支持。[25]」

2018年,心理學家和曾使用過相關服務的人士,為了解答「為什麼我們所有人(不管是孩子還是大人)有時都會陷入各種無法承受的情緒」(這些情緒包括困惑、憤怒、恐懼、無助、情緒不安、幻聽、自殘、進食困難等等),發表了「力量威脅意義框架」(The Power Threat Meaning Framework;PTMF)。這個框架不使用診斷標籤,而是主張,想理解這些極為真實的經驗,就要從我們的關係脈絡、社交環境以及我們身處的社會文化標準下手。當我們填補了這些空缺,就能清楚了解孩子(還有大人)為什麼會有這樣的反應,也就能知道對他們最有幫助的方式。

力量威脅意義框架並未做出診斷,而是提出了4個核心問題,來協助我們更加了解自己的痛苦。這些問題包括:
- 你發生了什麼事?
- 它對你產生了何種影響?
- 你對此有什麼看法?
- 你要怎麼做才能活下去?

我們可以舉7歲男孩山姆為例來解釋這個概念。山姆在學校的狀況非常不好,已經被轉介進行注意力不足過動症評估。運用我們的好奇心與關懷,我們就能敏銳地探討前述問題:

你發生了什麼事?:山姆顯然在學校遭到霸凌。同時他也表示,自己的父母正在談離婚,根本沒空管他。

它對你產生了何種影響?:不管在學校或家裡,山姆都沒有安全感,還非常擔心爸爸與妹妹會消失不見。

你對此有什麼看法?:山姆擔心爸媽離婚是自己的錯,也擔心爸爸媽媽可能不再愛他了。他害怕那些霸凌他的孩子,也因為這些孩子說的難聽話而感到生氣。

你要怎麼做才能活下去?:山姆覺得不能告訴任何人他的恐懼,所以他只能選擇用發怒紓解心中的痛苦。他也希望這麼做能幫他避免被霸凌。

身為兒童治療師,我治療過許許多多像「山姆」一樣的孩子。當我們對山姆這樣的孩子到底經歷了什麼,以及是什麼驅動他的行為感到好奇時,我們就能想想,山姆的不當行為真的是因

為他有注意力不足過動症,還是由其他因素所引發的症狀。由於他生活中發生了那些事,所以我們會想知道,他爆發的怒氣是不是他面對威脅所產生的反應。

當家長或老師能取得山姆的信任,他們就能聽到他的恐懼,還能運用書中的一些建議解決霸凌問題,協助他度過家庭變故,增加他的力量,並建立他的資源。另一方面,注意力不足過動症的診斷,有可能會讓我們忽略掉真正的問題,還會讓孩子接收到跟自己被霸凌時一樣的訊息:是我自己有問題。

當我們考慮到孩子目前行為的複雜程度時,就會覺得「養大一個孩子需要一整個村莊的力量」這句非洲諺語,說得非常貼切且有先見之明。如果我們真心想解決越來越多的「失控行為」,我們就必須好好思考,該如何將孩子帶進這個世界,以及該如何為新手父母和他們年幼的孩子提供最好的支持。

Chapter 17
社群

「若我們能創造出一個社會,讓每個大人都能看到自己心中的孩子,也讓每個孩子都能看到自己心中的大人,那麼我們終將能開始讓社會變得更好。」

——威爾斯王妃

　　確保下一代的成年人能擁有成功快樂的生活,是符合我們所有人利益的事。事實上,社會的未來正根基於此。這讓教養的責任變得格外重大。然而,社群的變化讓現代人的家庭生活面臨更多挑戰,常常讓家長更感到孤單、不知所措。

　　不過,情況並非一直是如此。

　　我們是社會性動物,為了讓腦部健康發展,孩子需要大量豐富的關係互動,他們的父母也是。在最後一章中,我們要來談談第十個心法,也可能是最不可或缺的心法:社群。

　　作家大衛・布魯克斯(David Brooks)在一篇談到近幾十年來家庭與社會結構變遷的出色文章中,熱切地表示他支持回歸多代同堂的生活。[2]他說,這樣的生活型態能提供一個重要緩衝,幫助父母應付生活中的困境與壓力。他的文章用一段描述感恩節的家庭場景開頭:「許多人的家族歷史中,都有過這樣的場景:幾十個人一起圍在臨時加大的餐桌旁,慶祝感恩節或其他節日。

兄弟姊妹、堂表兄弟姊妹、叔伯姑姨，還有祖父母輩的親戚全都齊聚一堂。祖父母第三十七次講起古老的家族故事……用餐後，水槽堆滿了碗盤，一群孩子則在地下室裡搗亂。年輕的父母們聚在走廊上排定計畫。老一輩的坐在躺椅上打盹，等著吃點心。這就是那個錯綜複雜、充滿愛，也讓人筋疲力盡的大家庭。」

布魯克斯接著說，大家庭能賦予父母韌性，也能提供孩子穩固的社交力量。他指出，大家庭有更多成員能分擔意外的重擔，像是孩子在白天生病，或是家裡有大人失業。

大腦益智盒

「人類生存在地球上99.9%的時間裡，都是生活在由好幾個家庭組成的大型社群中，每個成長中的孩子身邊，平均會有4個發展成熟的大人。這是理想狀態。然而現在，如果5個小孩身邊能有一個大人，我們就會覺得很不得了，並且認為這樣就夠了。但那只滿足了我們大腦偏好與需求的十二之一而已。」[1]

—— 兒童精神科醫師　佩里

許多文化至今仍然維持多代同堂的生活，也享受著這種生活的美好優勢。對於那些能以這種方式教養孩子的朋友，我感到佩服（還有點羨慕）。然而，就跟我的家庭一樣，現代人普遍多為

獨立的核心家庭,我們只會偶爾拜訪住得較遠的親人。

這代表在很多孩子的生活中,能提供情緒支持的青少年或大人變少了,甚至在學校裡,一個老師對上30個學生的情況也是常態。再加上觀看螢幕與使用電子產品的時間增加,孩子與人之間的互動劇減。兒童精神科醫師警告,多代同堂的人際互動關係減少,正影響著孩子的能力,包括去愛、去同理他人,還有在廣大社會中健康發展的能力。

> **大腦益智盒**
>
> 「我們憂心忡忡,因為我們看到孩子在學校中的生活方式、孩子彼此相處的方式、孩子參與社群的方式、孩子參與活動及投票的方式都有所改變,而這一切都與同理的能力有直接或間接關係。若我們在沒有足夠機會發展腦部調節能力的文化中養育孩子,我們真的會走入歧途。」[3]
>
> ──兒童精神科醫師 佩里

那麼,我們該如何彌補「**自身**幸福及**孩子**健康發展的需求」與「現代社會目前所能提供的協助」這兩者之間的斷層呢?

為了創造以孩子幸福為核心的社會,所有會影響孩子和照顧者的政策,都應參考神經發展研究。我們可能也要堅持,所有照

顧兒童的人員都需學習兒童發展科學。我們應該更加肯定老師及照顧者能夠給予孩子的豐富經驗，以及他們對孩子社交、情緒與認知發展的影響。我希望看到，所有在教育和健康議題上盡心盡力的人士，他們的價值都能反映在薪酬上。我還要表揚父母在照顧幼兒與有額外需求的孩子上所扮演的偉大角色，以及志工、輔導老師、親屬照顧者、領養父母、寄養照顧者及導師的貢獻。

在學校方面，希望教室中能夠提供情緒支持的大人變多，讓孩子在一整天當中有更多機會與大人做一對一的互動。這不只對孩子有幫助，也能大大減輕辛苦工作的老師的壓力，因為當前老師每天在教室中要照顧20至30個孩子，還被期待要達成不可能的任務，去處理與滿足這些孩子的所有需求。我希望能看到學校有足夠的資金聘請更多的輔導老師，有更多的時間與資源投入在以遊戲為基礎的活動上，還有透過音樂與藝術來進行具有模式的重複性活動。如同我們所見，這將會讓孩子更懂得調節行為，因為當孩子的下層腦感到不安且失調時，孩子就無法專注、思考和學習。[4]

我還能列出一長串的願望清單，相信你也有一些想法。當孩子健康發展時，我們都會受益。這不是要政策制定者「做好事」，而是要他們制定好的政策。

只要我們團結起來，我相信我們能帶來改變。我們能給予孩子更好的協助，也能幫助彼此。

孩子的需求其實非常單純：有安全感、能被激勵、被珍視與被愛。我們可以想想神經科學家潘克賽普的那幅美好畫作，就像前言中提到的，他向父母保證，孩子的「正向神經化學物質（那

些能讓我們感受到快樂與被愛的物質）……就像睡美人那般，等著有人來喚醒它們」。[5]

當我們滿足了**自己**的需求，就更容易理解孩子的需求。我因為很關注這個議題，所以觀察到有越來越多人因為志同道合而團結起來，建立起自己想要的社群，像是「自創」家庭、共享住宅方案、生態村落、合作住宅、共識社區等等。人們齊聚於這些組織性的創建社群，用一種更投入、更互相支持的方式，用心地生活。

我們或許能夠經由活動課程、在地圖書館、交流中心、家醫診所或孩子的學校，找到其他志同道合的人。我們或許能辦個共享晚餐或野餐，在我們一起看孩子玩耍時，給彼此一點時間聊聊天。像mealtrain.com這樣的機構就運用了社群的善意力量，建立了一個線上平台，讓人們可以幫那些剛生完小孩、動完手術或生病的朋友安排送餐。

在我們期許的生活方式，以及如何改善今日我們養育孩子的環境上，我們還很多地方需要思考。除了讓我們自己更勇於尋求協助之外，還有一個很棒的起點，那就是關心一下我們的近鄰，並想想我們能為他們提供哪些幫助。

家長的反思

喬伊絲，5歲艾德與8歲舒拉的母親

我先生過世時，我的情緒非常低落。住在我公寓隔壁的一位

老太太帶了一些蛋糕來敲門,還說她可以每天過來「幫忙洗碗跟收拾早餐後的餐盤」。我當下就在她懷中崩潰,感激地大哭起來。她每天過來半小時,並告訴我,除非我想聊聊,不然什麼話都不用說。在我感覺如此孤獨的時候,能有這樣無聲但充滿關愛的支持,實在意義重大。我非常感激她這樣的善舉。

人與人之間這樣的互動,創造了長久的連結,並提供了強大的治癒機會。

我們也能運用科技在這方面做出貢獻。像我這條街的WhatsApp群組,就在凝聚社區向心力上發揮了功效,跨越好幾世代的居民都在上面互相幫忙,像是幫忙遛狗、領包裹、當保母,還有分享商品與資訊等等。現在是時候去思考各種方式,將更多大人與青少年的互動帶進孩子的生活中了。我們可以透過信仰團體、朋友,甚至是年長的鄰居來實現這個目標,這些長者可能會很樂意扮演祖父母的角色(當然是我們在場的情況下),緩解自身的孤單。不管我們希望做什麼,我們都應該運用社群的力量,以及它所能帶給我們孩子的禮物。

就像布魯克斯所說的,或許現在是重回大餐桌的時候了。

❦

謝謝你們陪我一起走過這個旅程。寫這本書所花的時間,比我的編輯原本預期的要久得多,但我在寫書的過程中,也兼顧了家人的需求,還有那些來找我做心理治療的孩子們的需求。我希

望，在某種程度上，這些努力都是值得的。

　　我熱切期盼我的孩子能擁有他們值得的童年，也同樣在意，你也能打造出心中一直希望擁有的快樂家庭。

　　作家兼美國律師羅伯特・英格索爾（Robert Ingersoll）曾優雅地表示：「我們經由提升他人而成長。」如果你在這本書學到的東西真的對你有幫助，我希望你能本著社群的精神去推動科學發展，並支持你身旁的其他家庭。

　　祝你一切安好，關愛你的孩子，並找到快樂。

資源

註釋中列出的書籍都是寶貴的資源，非常推薦讀者閱讀。

❣

以下是台灣可使用的相關資源：

1. 各縣市教育局家庭教育中心設有「家庭教育諮詢專線412-8185」（全台各縣市通用），提供民眾諸如親子溝通、子女教養、伴侶相處等免費諮詢服務，並不定期辦理相關主題講座、課程。

2. 衛福部社會及家庭署發展遲緩兒童通報暨個案管理服務網，可查詢各縣市早療相關醫療與療育資源：https://system.sfaa.gov.tw/cecm/

3. 全國特殊教育資訊網，可查詢各縣市「特教資源中心」、「鑑定安置」等相關資訊：https://special.moe.gov.tw/index.php

4. 創傷知情相關資訊：https://www.tcav.org.tw/OnePage.aspx?tid=156&id=298

5. 兒少保護相關資訊：https://www.mohw.gov.tw/cp-88-233-1.html

6. 兒童少年權益網：https://www.cylaw.org.tw/

7. 家庭暴力暨性侵害防治中心：https://topics.mohw.gov.tw/SS/cp-4620-49525-204.html

8. 社會安全網線上求助／通報：https://ecare.mohw.gov.tw/Help

*1~3項資源引用自《成為孩子的安全基地：心理師教你如何培養孩子的情緒彈性，陪你在育兒的路上好好照顧自己》，蘇鈺茹著，商周出版。

致謝

寫這本書是我職業生涯中最大的挑戰。我（幾乎每天）都惴惴不安地懷疑自己是否有能力，以及是否找得到時間寫書。我得感謝許多人，因為他們讓我能堅持下去。我希望能在此好好謝謝他們。這本書歷經2年的撰寫，以及20年的研究才完成。我在自家庭院盡頭的一個小房間裡書寫本書（在倫敦這樣的房間就是距離後門僅三步之遙的地方），我先生與孩子組成的啦啦隊（他們會在放學後過來看看我）時不時就會帶杯茶與巧克力給我。對我們所有人來說，這本書實在寫了太久，但我有太多話要說，也想確保內容正確無誤。我還期許自己在寫書期間，不要忽略家人，當然也要協助你與你的家人。

我的編輯蜜雪兒・西格諾雷（Michelle Signore）與她在邦尼爾圖書公司（Bonnier）的團隊，打從一開始就對我有信心，我也希望能夠撰寫出足以回報他們信任的著作。蜜雪兒盡心盡力，她甚至會特意帶著沙拉與三明治，以及「媽媽們會有的問題」來到我的「辦公室」，當我的建議「奏效」時，她會給予熱情的個人回饋，這也激勵了我。我個人的治療排程以及家中的「媽媽家務」，造成我拖稿無數次，她的耐心也因此受到多次考驗。蜜雪兒，謝謝你，跟你一同工作非常愉快。妳的耐心與信任確保我們創作出彼此期許的著作。謝謝邦尼爾圖書公司的整個團隊，尤其是Nikki Mander、Madiya Altaf、Natalia Cacciatore與Jake Cook，

感謝你們的熱情、活力與持續支持。非常感激你們在幕後付出這麼多的努力，才能讓我們突破界限！

我的經紀人Bev、Tom、Aoife、Liz與貝夫‧詹姆士經紀公司（Bev James Management）的出色團隊，在這條漫長崎嶇且孤獨的寫作路上，你們是支撐著我的信念的強大支持。其中還要特別感謝Tom，在我自我懷疑的當下，幫我穩住陣腳！

感謝Amy Warren與Adam Parfitt為我鬆散的初稿投注了寶貴的心力，讓我穿過「樹林」看得更清楚，也終於能寫書了！

由於我現在從事心理健康專業，所以身旁有許多為他人服務、支援有需要兒童和家庭的人士。我很榮幸跟他們不只是同事關係，我想謝謝他們如此慷慨地付出時間與專業知識。他們協助了我的研究、臨床實踐，也幫忙閱讀我的初稿，謝謝Noa Baum、科恩博士、康納、Diana Dean、福納吉教授、哈米森、亨利—阿萊恩、約翰史東教授、麥特博士、麥克羅瑞教授、JoMoon、佩里博士、Dame Benita Refson、Christina Rousseau、桑德蘭博士、提米密醫師、Sir John Timpson、Sarah Turner、Jo Watson、澤迪克博士，以及多位臨床醫師、同事與從業人員，他們都讓我獲益良多。

Noa，感謝今年有你這麼明智且包容的人來監督。感謝你慷慨付出時間、提供寶貴的見解與回饋，還有對我們所照顧的孩子的關懷。Sarah，同樣也要謝謝你。你的笑容、溫情與通情達理，讓我每週到校心情愉快。謝謝你讓我第一次的長期實習如此難忘。Jo Moon，要再次謝謝你不凡的堅持、溫暖的態度，以及總是睿智的言語。我想感謝我合作過的所有學校，以及你們交給

我照顧的孩子。對於與我一同努力的父母，我很榮幸能跟你們合作，親眼見證你們對孩子的愛與承諾。

謝謝治療與教育藝術研究所，以及Place2Be機構的所有人員，你們卓越的訓練與支持，讓我今日能成為合格的兒童輔導員。

Susan Law，妳的療癒天賦如此強大，妳的智慧是我的重要引導。感謝妳在這段旅程中一直陪著我，我也期待著未來的旅程。

謝謝那些已經不在我們身旁，但精神仍與我們同行的人，尤其是我的父親Terence George。你的精神永遠與我同在。

Korda Ace，感謝你所繪製的具有創意又極為優美的插圖。還有Martin，謝謝你為我指路。就像尤達大師所說的：「我很感恩。」

感謝我既傑出又才華洋溢的友人們，他們不但願意傾聽，也提供了他們的專業知識與經驗：身為家長與非凡牧靈關懷教育專家（pastoral educationalist）的Lisa Shortland、永遠充滿熱情、善良與具有創意的Rosie Nixon、滋養我靈魂並進行完美校對的Natalie Lesser，你們是最美好的人與朋友，謝謝你們。我也要感謝以下友人，即使你們忙於工作與個人事務，你們也一直都是我強大的支持來源：Dipika（非常感謝你的接送與玩耍邀約）、Saira、Caroline、Kim、Cinta、Claire、Lucinda、Dani、Jonty與Tye、Paddy與Mel、Ali M、Amanda、Susanna以及Sara。Cilla，謝謝你讓我們所有人都能保持理智，我們很想你。還有謝謝Karen與Ariele，我們也很想你們。

我想謝謝為孩子發聲的兒童慈善團體，他們讓孩子得以為自己發聲，並讓孩子的聲音確實被聽見。謝謝：The Anna Freud National Centre for Children and Families、Place2Be、Unlocking Potential (UP)、UsForThem、Barnardo's、Save The Children、the NSPCC、Action for Children、National Children's Bureau、the Children's Society、The Royal Foundation 與 Foundation for Early Childhood。

感謝許多家長與家庭，我很榮幸能提供協助。謝謝你們親切地允許我在書中借用你們的故事。也謝謝那些匿名的孩子，你們不只存在於書頁裡，也存在我心裡。

謝謝媽媽、Claire 與 Amy，我非常珍惜妳們的陪伴與關愛。

我也要謝謝克萊蒙西與威爾伯。我無法用言語表達出我有多愛你們，這或許能寫成一本書了，但我們就別這麼做了！謝謝你們讓媽媽分享你們的故事，謝謝你們的鼓勵與關懷，謝謝你們教會我的一切，還有謝謝你們仍在教我的事情。我非常以你們為榮，並十分期待看到你們變成青少年與大人的模樣。我愛你們——讓我們重拾烘焙吧！

最後要謝謝我的先生暨靈魂伴侶與最好的朋友麥克。我們一路上共同經歷了種種，未來還會經歷更多冒險。我們非常幸運擁有你，我們也非常愛你。謝謝你在這些年裡一直支持著我，給我不只一杯杯熱茶……（雖然它們也真的幫了大忙）。我愛你。很開心我們終於去鄉下度假了。我保證，不會再寫書……至少在孩子13歲之前……

商周教育館 83

孩子不是壞，只是被情緒綁架了：用腦科學與10大教養心法，化解孩子的情緒風暴與失控行為（給家有 5~12 歲孩子家長的 SEL 教養指南）

作者————凱特・席佛頓（Kate Silverton）
譯者————蕭秀姍
企劃選書————羅珮芳
責任編輯————羅珮芳
版權————吳亭儀、江欣瑜
行銷業務————周佑潔、林詩富、賴玉嵐、吳淑華
總編輯————黃靖卉
總經理————賈俊國
第一事業群總經理————黃淑貞

發行人————何飛鵬
法律顧問————元禾法律事務所王子文律師
出版————商周出版
台北市 115 南港區昆陽街 16 號 4 樓
電話：(02) 25007008・傳真：(02)25007759
發行————英屬蓋曼群島商家庭傳媒股份有限公司城邦分公司
台北市 115 南港區昆陽街 16 號 8 樓
書虫客服服務專線：02-25007718；25007719
服務時間：週一至週五上午 09:30-12:00；下午 13:30-17:00
24 小時傳真專線：02-25001990；25001991
劃撥帳號：19863813；戶名：書虫股份有限公司
讀者服務信箱：service@readingclub.com.tw
城邦讀書花園：www.cite.com.tw
香港發行所————城邦（香港）出版集團
香港九龍土瓜灣土瓜灣道 86 號順聯工業大廈 6 樓 A 室
電話：(852) 25086231・傳真：(852) 25789337
E-mail:hkcite@biznetvigator.com
馬新發行所————城邦（馬新）出版集團【Cite (M) Sdn Bhd】
41, Jalan Radin Anum, Bandar Baru Sri Petaling,
57000 Kuala Lumpur, Malaysia.
電話：(603) 90563833・傳真：(603) 90576622
E-mail:services@cite.my

封面設計————丸同連合
內頁排版————陳健美
印刷————韋懋實業有限公司
經銷————聯合發行股份有限公司
電話：(02)2917-8022・傳真：(02)2911-0053
地址：新北市 231 新店區寶橋路 235 巷 6 弄 6 號 2 樓

初版————2025 年 7 月 15 日初版
定價————500 元
ISBN————978-626-390-570-2

（缺頁、破損或裝訂錯誤，請寄回本公司更換）
版權所有・翻印必究　　Printed in Taiwan

THERE'S STILL NO SUCH THING AS NAUGHTY: PARENTING THE PRIMARY YEARS (Simple Steps to Support Your Child's Mental Health from 5-12) by Kate Silverton
Text copyright © Kate Silverton, 2024
Originally published in the English language in the UK by Lagom, an imprint of Bonnier Books UK Limited, London.
This edition arranged through BIG APPLE AGENCY, INC. LABUAN, MALAYSIA.
Traditional Chinese edition copyright © 2025 by Business Weekly Publications, a division of Cité Publishing Ltd.
All rights reserved.
The moral rights of the Author have been asserted.

國家圖書館出版品預行編目 (CIP) 資料

孩子不是壞，只是被情緒綁架了：用腦科學與10 大教養心法，化解孩子的情緒風暴與失控行為（給家有 5~12 歲孩子家長的 SEL 教養指南）／凱特・席佛頓（Kate Silverton）著；蕭秀姍譯 -- 初版 -- 臺北市：商周出版：英屬蓋曼群島商家庭傳媒股份有限公司城邦分公司發行，2025.07
336 面；14.8*21 公分 -- (商周教育館；83)
譯自：There's Still No Such Thing as 'Naughty': The Primary School Years (Simple Steps to Support Your Child's Mental Health from 5-12)
ISBN 978-626-390-570-2（平裝）

1.CST：親職教育 2.CST：子女教育 3.CST：情緒教育 4.CST：兒童心理學

528.2　　　　　　　　　　　　　　114007181

線上版回函卡